教育の今とこれからを読み解く57の視点

編集代表：多田孝志
編集委員：和井田清司・佐々木幸寿・青木 一・
　　　　　金井香里・北田佳子・黒田友紀

教育出版

はじめに——教育実践に自信と誇りを！

　学校教育をめぐる状況は，大きく変化している。多文化共生社会への課題が現実化し，不確実性の時代・混沌の時代・マニュアル化できない時代が到来している。一方，教師や教育関係者は，変化の状況を自覚しつつ，いかに対応し，どのような教育を推進すべきかに戸惑い，悩み，混乱しているのが実情である。
　本書の目的は，学校教育をめぐる大きな変化に適切に対応した教育実践を推進するため，その理論や具体的な指針・方法を明示することにある。
　編集にあたって共通認識していることは，多くの現場教師が自信と誇りを取り戻すことである。そのために用語の解説や学説の紹介にとどまらず，危機的状況にある教育現場の真実を直視し，その改善のための有用な方途を，勇気をもって記述することとした。

　学校教育をめぐる諸変化の背景や要因・現況として，特に以下の点について留意したい。
　第一は，グローバル化の進展とそれに適切に対応する課題についてである。
　人，モノ，情報，資本などの国境を越えた交流の増大は，政治・経済・文化や社会構造を変容させている。こうしたグローバル時代の到来，多様性との共存・共生社会の現実化を背景に，それに対応した新たな資質・能力・技能をもつ人間の育成が学校教育に期待されている。とりわけ注目に値することは，グローバル化への対応をめざした世界の注目すべき教育の潮流である。世界の多文化化の進展のなかで，各地で新たな教育の動向が生起しつつある。異質な集団での関係能力，イレギュラーを生きるための理念とモチベーション，マルチプルな見方・考え方，課題解決のための当事者意識と主体的行動力，意見・思想の異なる人とも論議できるグローバル対話力などの必要性が認識され，そのためのコンピテンシーやスキル重視の教育が普及してきている。こうした潮流から学び明日の実践に生かすことが重要である。
　第二は，政治主導の教育改革による教育制度の改変とその影響についてである。
　1980年代の臨時教育審議会答申以来，波状的教育改革が進行してきた。その改革の範囲は，教育基本法の改定をはじめ，教育理念・法，教育行政・経営，教育課程・方法（学テを含む），学校経営，教師教育（教員免許更新制を含む）等教育の全般に及ぶ。それらの改革の多くは，学校や教師のニーズとやや距離感のある政治主導の改革として企画され作動してきた。かかる教育改革は，子ども・学校・教

師の在りようを激変させ，学校現場の多忙感・疲弊感が増大している。「教育改革」や「教育再生」の動向が，真の意味で教育改善に向かっているといえるか，吟味が必要である。

　第三は，変動する社会環境における日本の青少年の現状と課題についてである。
　過度の競争・比較・効率重視，功利主義の蔓延，情報機器依存等の世相のなかで，青少年の内向き志向，自己肯定感がもてないモノローグ的傾向が指摘されている。対人関係に苦手意識をもち，過剰なほどに傷つくことを恐れ，自己表現しない青少年が増加している。こうした青少年に，自己を見つめ，他者と関わるよさが感得できる資質・能力，技能を育むことが学校教育の喫緊の課題となっている。
　このうち，グローバル化への対応において特に気になることは，政治家や企業家を中心に，世界大の競争社会と切り結ぶ「グローバル人材」の育成が強調され，教育行政もその推進に傾斜しがちなことである。だが，グローバル化の進行は，国内経済の空洞化や就業構造の変容をもたらし，貧困と格差の温床となる。また，少子化とも相まって，地域コミュニティの崩壊の危機を生む。貧困の連鎖を断ち切り，子ども・若者の成長と自立に向けた事業を進めるには，福祉・医療との連携や地域再生の営為が重要となる。地域を捨てる学力でなく地域を育む実践が重要になっている。
　本書編纂の直接の契機は，先述したような学校教育をめぐる社会的環境の激変に対応し，未来社会の種まきである教育という営為を確かな方向へと導く必要性を痛感したことにある。とりわけ，こうした状況下で，今，教育実践がやせ細っていることに危機を感じる。教師たちが慢性的に疲労感をもち，強いられた目標（多くは数値化され，アカウンタビリティとして提示される）に統制され，実践が形式化・形骸化しているように思えてならない。未来のあるべき学校像を展望し，そのための原理・課題・実践指針を探究することで，多様な変化に対応した学校教育の在り方を問い直す時期にきている。
　本書では，未来社会を希望あるものとするための重要なテーマを選定し，各項目について気鋭の実践・理論研究者に執筆を依頼した。今こそ，学校教育の改善に勇気をもって踏み出すときである。本書が21世紀の学校教育に関心のある方々に広く読まれ，教育実践への誇りと自信を復権し，学校が開放性に満ちた共創の場へと転換する契機となることを願ってやまない。

　　2016年1月

編者を代表して

多 田　孝 志

目　次

はじめに――教育実践に自信と誇りを！

第1章　21世紀の学校教育――基盤と理念
　1節　21世紀・教育実践の基盤はどのようなものか ……………… *2*
　2節　21世紀・教育政治と学校経営はどうあるべきか ……………… *6*
　3節　21世紀・教育実践をどう引き継ぎ進化させるか ……………… *10*

第2章　教育の今とこれからを読み解く視点――課題と展望
　1節　学校の今とこれから――未来の学校デザイン ……………… *16*
　　視点1　〔空間と時間の学校経営的デザイン〕
　　　　　　子どもの学ぶチャンスを生かす学習環境づくり ……………… *20*
　　視点2　〔授業づくりと子どもの学び〕多様性を生かした対話型授業とは ……………… *22*
　　視点3　〔地域社会のなかで育つ若者〕「市民」としての学習 ……………… *26*
　　視点4　〔教師の成長支援〕中堅教師をつぶさない，若手教師をやめさせない ……………… *28*
　2節　子ども・若者の今とこれから ……………… *32*
　　視点5　〔子どもの貧困（格差）〕「貧困の連鎖」を断ち切るために ……………… *36*
　　視点6　〔ネット社会の光と陰〕
　　　　　　デジタル・ネイティブ世代は「教える」より「促す」 ……………… *38*
　　視点7　〔子ども・若者の生活と意識〕
　　　　　　子ども・若者意識――国際比較から見えてくるもの ……………… *40*
　　視点8　〔不登校・引きこもり〕不登校・引きこもりは個人の問題なのか ……………… *42*
　　視点9　〔いじめの「防止」〕いじめをいかに緩和させるか ……………… *44*
　　視点10　〔子どもの権利条約（条例）〕
　　　　　　「子どもの最善の利益」をどのように具体化するか ……………… *48*
　　視点11　〔「学校から仕事への移行（school to work transition）」〕
　　　　　　子ども・若者の社会的自立のために ……………… *52*
　3節　教育改革・学校制度改革の現在と未来 ……………… *54*
　　視点12　〔教育基本法改正〕新しい教育基本法のインパクト ……………… *58*

視点13 〔6・3・3・4制と連携教育・一貫教育のゆくえ〕
学校制度の体系，学校間の接続はどうあればよいか ………… *60*

視点14 〔学校評価と教員評価〕
教員の職能成長のための学校評価と教員評価とは ………… *62*

視点15 〔新しい教育委員会制度〕
新しい教育委員会制度で地方教育はどう変わるのか ………… *64*

視点16 〔学校選択制，コミュニティ・スクール〕
学校と地域の関係で何が問われているか ………… *68*

視点17 〔教科書検定・教科書採択〕教科書制度の現状と課題 ………… *70*

視点18 〔教育予算と学校財務〕今後の学校財務をどう考えるか ………… *72*

視点19 〔株式会社立学校，NPO立学校〕
民間の教育参入で生まれる新しい学校の姿 ………… *74*

視点20 〔教職大学院と修士課程〕教師教育の高度化と学び続ける教員像の未来 …… *76*

視点21 〔国際バカロレア（IB：インターナショナル・バカロレア）〕
グローバル人材をどのように育てるのか ………… *78*

視点22 〔「子どもの最善の利益」をめざす幼保一元化の再考〕
なぜ，乳幼児期の教育の改革は進まないのか ………… *80*

視点23 〔新しい職の設置と教員組織の変化〕
新しいミドル層の登場と学校経営の変化 ………… *82*

視点24 〔少子化と学校統廃合〕
未曾有の社会変化のなかで学校はどう生き残るのか ………… *84*

視点25 〔県費負担教職員制度と教員人事システム〕
わが国の教員の人事システムの未来像とは ………… *86*

視点26 〔教員の勤務実態と職務負担の改善〕教員の長時間勤務は克服されるか …… *88*

4節　カリキュラムの現在と未来 ………… *90*

視点27 〔研究開発学校制度と教育特区〕特色あるカリキュラムの開発とは ………… *94*

視点28 〔これからの学校教育に求められるカリキュラム編成〕
子どもの学びの経験を組織する具体的な方法と作業とは ………… *98*

視点29 〔シティズンシップ教育〕
「地球市民」はどのように育てることができるか ………… *102*

視点30 〔能力開発指向の日本のESDをとらえ直す〕
ESDの新たな時代をひらくホールスクール・アプローチ ………… *106*

視点31　〔海洋教育〕人と海との共生はどうすれば実現できるのか ………… *110*

視点32　〔防災教育〕
　　　　災害に対応するための「生きる力」はどのように育むことができるか …… *112*

視点33　〔総合的な学習の時間〕
　　　　総合学習――教師はどのような授業を組織すべきか ……………… *114*

視点34　〔グローバル時代にふさわしい外国語教育・外国語活動〕
　　　　「グローバル人材育成」を超えた「地球市民育成」の教育へ ………… *118*

視点35　〔道徳の時間の教科化〕
　　　　道徳の教科化により教師の実践はどのように変化するか ………… *120*

視点36　〔隠れたカリキュラム〕
　　　　子どもたちは学校生活を通じて何を学んでいるのか …………… *124*

5節　未来の学校教育に求められる教授と学習の方法を問う ……………… *128*

視点37　〔21世紀型能力〕
　　　　未来を生きる子どもたちに求められるのは「○○型」能力なのか …… *132*

視点38　〔真正の学び〕今、あらためて既存の教科を問い直す ……………… *136*

視点39　〔芸術教育〕学校教育の中であらためて求められているものは何か …… *138*

視点40　〔学習科学〕
　　　　目に見えない一人ひとりの学びの実態にこだわる教育実践研究 …… *140*

視点41　〔協同学習〕
　　　　多様であることによって、一人ひとりがもっと磨かれる学び ………… *144*

視点42　〔対話型授業をつくる〕
　　　　伝え合う、通じ合う、響き合う、創り合う授業の実現のために ……… *146*

視点43　〔アクティブ・ラーニング〕
　　　　狭義の教授・学習方法を超えた教育のヴィジョンを示す ……………… *148*

視点44　〔ICTを活用した教育〕テクノロジーの活用で授業の何が変わるのか …… *150*

視点45　〔習熟度別指導〕
　　　　能力や成績で子どもたちを分けることの何が問題なのか …………… *152*

視点46　〔反省的実践家としての教師〕今、めざされる専門家としての教師像 …… *154*

視点47　〔授業研究〕日本の授業研究が乗り越えるべき課題 ………………… *156*

視点48　〔専門職の学習共同体（professional learning community）〕
　　　　教師が専門家として学び育つ学校を創造する ……………………… *158*

6節　民主的な公共空間としての学校の創造に向けて ……………………… *160*
　視点49　〔多様性を受容する学校づくりと特別支援教育〕
　　　　　特別な支援が必要な子どもとともに学ぶために ……………… *164*
　視点50　〔ジェンダー・セクシャリティと学校〕
　　　　　性的マイノリティの子どもは幸せに学べているか …………… *168*
　視点51　〔スクールソーシャルワーカーがつなぐ人と人〕
　　　　　子どもの問題に私たちはどう対応するか …………………… *170*
　視点52　〔ジェンダーと教師〕学校や教職は本当に平等か ……………… *172*
　視点53　〔新しい地域連携の在り方〕地域が子どもと学校を支えるしかけとは …… *176*
　視点54　〔評価と学校改善〕競争と管理を超えるためには …………… *178*
　視点55　〔米国の歴史や実践から〕民主的な学校を求めて ……………… *180*
　視点56　〔ホリスティックなアプローチの可能性〕つながりを回復する …… *182*
　視点57　〔学校教育におけるケアリング〕ケアと応答を中心に学校を組織する …… *184*

第3章　21世紀の学校教育──指針と展望

1節　教育実践研究とは何か，またどのように記述するか ……………… *188*
　A　教育実践研究とは何か　*188*
　B　教育実践論文の書き方　*190*
　C　教育実践事例の記録と活用　*192*
2節　東アジア型教育改革システムの変容と学校 …………………………… *194*
3節　東日本大震災（3.11）と学校教育 ……………………………………… *196*

引用参考文献　　*198*
あとがき　　*199*
索　引　　*200*

第 1 章

21世紀の学校教育

――基盤と理念――

1節 21世紀・教育実践の基盤はどのようなものか

1．教育実践への誇り

　教育実践者としての誇りは，「教育の真実は現場にある」ことを直視し，「事実として子どもたちを成長させること」にある。

　17世紀に京都で活躍した天才学者伊藤仁斎は，真理は日常生活のなかにこそあるとし，「高きに居る者は卑きを視る。故に其の言卑からざるを得ず。卑きに居る者は高きを視る。故に其の言高からざるを得ず。自然の符帳なり（身近であるからこそ内容があるのだ。高遠ならば，必ず内容がなくなる。だから学問は卑近であることを嫌ってはならない）」（伊藤仁斎著，清水茂校注，『童子問』上巻第十章，岩波文庫，1970）と記している。この仁斎の記述は教育実践の意義と使命を明示しており，教育実践者に勇気を与える。

　21世紀の教育を展望するとき，根源的問題は現代の教育実践の基盤が揺らいでいることにある。それは青少年の実態と，教師の状況に象徴的に表れている。

　2005年，上田紀行は『生きる意味』（岩波新書）において，現代社会の深刻な問題として青少年の実態を「生きる意味が見えない，物質的には豊かなのに幸福ではない」「透明な自己を演じる，自分の本音は決して出さない・他者の目を恐れ，自分を殺して生きている」と指摘した。この傾向は今も改善されてはいない。海外に雄飛したり，ボランティアに参加したり，起業する若者もいる。しかし全体的傾向として，自己肯定感がもてず，自己決定できず，受け身的で，表面的には仲間が多いように見えて，実は皮相的な人間関係にとどまる若者たちはむしろ増加しているのではなかろうか。

　21世紀の教育を担う教師たちの現状も座視できない。教育への市場原理の導入，数値目標による心的負担，理不尽な要求を繰り返す保護者の存在，子どもたちの多様化等により，教師たちは，疲れ果て，自信を喪失している。教師たちの疲労感，多忙感，自信の喪失は，型どおりの教育を無難として，創意を封じ込め，定められた内容を伝授していくだけの授業を展開させている。

　今，グローバル時代，多文化共生社会の現実化は，理念・方法・教師の役割な

ど教育実践の基盤を形成する事柄の問い直しを迫っている。こうした新たな時代の教育実践に対応した教育への認識を深め，具体的な方途を習得していくことが，教師たちに誇りと自信を復権させ，持続可能で希望ある未来の形成者としての「しなやかにしてたくましく生きる力」をもつ青少年を育成していく。

2．教育理念の問い直し

　20世紀，科学文明の進歩により，人類は未曾有の物質的な豊かさを享受した。しかし，無節操な開発は，地球環境の激変，富の格差の拡大など，地球的課題を噴出させている。何よりも深刻な問題は精神の破壊であろう。必要以上の強欲，所有の文化の蔓延は，他者を競争相手としてしか見ない外閉（forclusion）・人間疎外（alienation）による不信の時代を現出させた。今，地球社会は破滅への道か，局面を打開し希望の未来を構築するかの岐路に立たされている。

　持続可能で希望ある未来を構築する，その隘路は担い手を育む教育，なかんずく教育実践にある。その教育実践の基盤に置くべき理念は，科学知偏重から総合知への転換である。それは，進歩・開発優先から持続可能への転換を意味する。また，個々の人間を知性のみでなく感性・霊性などを包含する全人的なとらえ方をすることであり，多様な価値観や文化などをもつ人々が関わることを前向きにとらえ，その統合・融合が新たな智を生起させるとの考え方である。

　21世紀の教育実践が希求すべき人間像を二つに集約してみよう。その一は，自立的創造性をもつ人間である。それは，複眼的に思考し，時空を鳥瞰する立体的な視点をもち，鋭敏に感じ取り，ものごとの本質を洞察できる「主体」であり，高みを求める心をもち続ける知的世界の旅人でもある。

　その二は，共創型人間である。21世紀とは多様性との出会いの時代である。さまざまな文化・感情と行動と生き方をもつ人々とゆるやかな関係性を保持しつつ，共生する社会が現実化している。こうした社会においては，異質を受け止め，活用し，他者と協同し，人間を取り巻く自然とも共存しつつ，持続可能で希望ある未来を共創できる人間の育成が望まれる。

　自立的で，しかも他と共創できる人間の育成，このためには，理解の不可能性への対応力，寛容性，胆力・勇気，響感・イメージ力，さまざまな知識や要素を組み合わせ，統合する形成能力，基本技能としての対話力が必要といえる。

3．学習の考察

　日本の伝統的な学習方法に多用される教師主導の学習は，「読み書き算盤」の基礎力を高める効率的な手法である。しかし，そうした学習のみでは，自立的で創造的な資質・能力や共創的関係形成力は育まれない。グループ学習であっても，そこに教師の意図が強く反映していては，学習者は「やらされている」意識をもち，自立性・主体性・共創性を高め，挑戦心を喚起できない。

　外山滋比古は，従前の学習方法をグライダーにたとえ，「教師にひっぱられる従順さが尊重されてきた」と批判的に考察し，新しい文化の創造には「飛行機能力が不可欠である。それを学校教育はむしろ制圧してきた。」(外山滋比古『思考の整理学』ちくま文庫，1986) と記している。また苅谷剛彦は，知識よりも「考え方のさまざまなパターンを身につける」重要性を提示している (苅谷剛彦『知的複眼思考法』講談社，2002)。教育実践を展開する視点からは，外山の示す，飛行機能力，苅谷の提唱する「考え方のさまざまなパターン」を身につけるための具体的な手立てを検討する必要がある。21世紀の教育実践では，その基盤形成のために以下の事項を重視したい。

　その第一は学びの契機としての「問い」の尊重である。自己の「問い」を解決する意識が自立的・創造的な学びをもたらす。第二は「ずれ」の重視である。多様な知性・感覚・体験などとの出会いは違和感や相違などの「ずれ」をもたらす。その「ずれ」を忌避せず，前向きにとらえる意識をもち，むしろ活用していく学びを推進する。第三は混沌・混乱・戸惑い・不具合の活用である。対立や異見による混沌・混乱は，やがて，統合し，融合し，創発が始まる源泉である。戸惑いや不具合は新たな発想の契機となる。第四は「とき」の利用である。間や沈黙は自己再組織化や新たな「問い」の生起のときとなる。長期の「とき」は，思いをめぐらす時間となり，深い思考や新たな発想をもたらす。第五として総括的に重視すべきは「深さ」である。ものごとの本質を見通す洞察力は，複眼的思考や事象を突きつめて考察していく深い思考によってもたらされる。深い感受性は，他者への響感・イメージ力につながる。皮相的・形式的でない真摯な「深い対話」によってこそ，相互理解が促進され，新たな知的世界を次々と共創していく愉悦を共有することができる。

　付言すれば，自然界を対象とした学習を意図的に持ち込みたい。身近な動植物に触れ，その温もりを感じ生きる智恵を知り，また，さまざまな機会を活用し命の響き合う地球生命系の相互依存関係に気づかせたい。人間が動物に比して優れ

ているのは，完全とはいえないが未来をある程度予測できることであろう。地球上の生物が生きられる環境を保持するための活動をしていくことは人類の責務である。その認識を深める学習を教育実践の基盤に位置づけたい。

4．教師の新たな役割

　教育実践の基盤を形成するのは教師であろう。21世紀の教育を推進する教師の役割を以下の5項目に収斂してみた。

①学習の成果を高めるため，さまざまな人々，組織，施設などの教育資源を連携させ，予定調和的でなく，多様な学びに発展するのにも対応できる学習プロセスを工夫して学習を創る構想者，学習の殻を破る冒険者としての役割。

②学習者をよく理解し，励ますとともに，思考方法，多元的見方を習得させ，さらに必要な情報の収集・活用方法を提示する，支援・援助者としての役割。

③21世紀の教育の方向や学習方法の改革など，自己の教育実践者としての力量を向上させるための研究・研鑽を継続する，知的探求者としての役割。

④教師仲間（同僚）とともに，専門や得意分野でのそれぞれの個性を生かしつつ協力して学習をともに創っていく，共創者としての役割。

⑤学習者の自立に配慮しつつ，学習の意義を説明し，複眼的思考方法，多層・多角的見方をする必要性を解説し，また，人間関係形成の方途，人生の途上で遭遇する諸問題への対応策を示せる先導者としての役割。

　物質的豊かさこそ唯一の人生の価値との幻想をもたされ，比較・効率偏重の「見えざる鞭」に追われる現代人に，人間性の解放と復権をもたらすものは，「自立的な生き方への哲学をもつ」「人と人，人と生きとし生けるものが，温かさでつながっている事実の確認」ではなかろうか。21世紀の教育の基盤はここにある。

　確かに，世界には力の論理が支配する冷厳な現実がある。教育は，政治や経済に翻弄・利用されてもきた。しかし教育実践が事実として希望ある未来社会の担い手を育成していくとき，政治や経済をも変革させていく。志ある人々がそうした意識と誇りを共有していくとき，教育実践は希望を育む豊穣な大地となる。

　もっと詳しく知るために
- 佐藤学・諏訪哲郎・木曽功・多田孝志編著（2015）『持続可能性の教育』教育出版
- 佐藤学（2012）『学校教育の哲学』東京大学出版会

（多田孝志）

2節 21世紀・教育政治と学校経営はどうあるべきか

　わが国の学校は，戦後経験したことのないさまざまな環境変化に直面している。社会のグローバル化や知識基盤社会化，人口減少社会の到来，ICTなどの技術革新，不登校・いじめなどの解決困難な教育課題の出現，東日本大震災や原子力発電所事故による未曾有の被害の発生など，学校をめぐる環境は大きく変化している。

　激変する社会変化のなかで，政府，地方公共団体等によるさまざまな改革が進行し，「教育改革の時代」といわれる。ここでは，国や地方公共団体等による教育政策の背景となっている教育と政治の新たな関係について概観するとともに，新たな教育法制，教育改革の動きのもとで，教育経営がどのような変化を求められているのかについて概観したい。

1．教育における政治

　現代の教育改革を語るときに，「新自由主義」という言葉がしばしば使われる。アメリカのレーガン，イギリスのサッチャーに代表される福祉国家体制の解体・再編をめざし，「小さな政府」の実現によって国家の関与を縮減し，できるかぎり市場の自由な調整に委ねようとする考え方や思想を意味している。アメリカ，イギリスでは1980年代にそのような動きが同時に展開したが，わが国では，1990年代半ば以降になって現れ，1990年代以降に教育政策の決定構造が大きく変化したといわれている。教育行政の枠組みを超えた総合的・横断的な改革としての教育政策形成プロセスが形成された。小泉純一郎内閣のいわゆる「構造改革」はこの代表である。2000年代に入ると，内閣主導，政財界主導による国家戦略としての行財政改革が進行した。この改革は，課題を抱える社会システム全体にわたる構造改革を指向しており，改革の両輪が，「規制緩和」と「地方分権」であった。1999年には地方分権一括法が成立し，本格的に地方分権が進展し，教育の分野でもコミュニティ・スクール，学校選択制の導入など地方の自立化への動きが見られる。また，教育委員会制度改正によって，地方において，首長（政治）が教育

政策の形成に大きな影響をもつ状況が生まれ，教育行政の政治化や一般行政への統合化が進むことに懸念の声が高まっているが，それは，一方で，首長を通じた住民意思の反映，政治を通じた多様な資源の活用可能性が広がったことを意味している。

　また，近年，政策形成プロセスにおける政治主導の動きが顕著となっていることも注目される。2009年に民主党政権が誕生し，わが国で初めての本格的な政権交代が実現した。民主党政権においては，従来の官僚に依存した政策形成から，政務三役を中心にした政治主導での改革が進められ，子ども手当，公立高校授業料無償化・私立高校授業料支援などの家庭の教育費負担の軽減を図る思い切った教育政策が展開された。その後，2012年の自由民主党と公明党による政権交代によって，道徳の教科化，教科書検定強化など保守的政策が展開される傾向にあるが，政治主導による改革という点では前政権時代の政策形成プロセスの特質を継承している。現政権においては，首相直属の教育再生実行会議（党組織としては教育再生実行本部）を中心に官邸主導で改革が進展していることによって，与党内においては合意型の政策形成からトップダウン型の政策形成への傾向をさらに強めているといえる。

　なお，自由民主党・公明党の連立政権下における改革においては，一般的に国家統制を強化する動きとして理解される傾向にあるが，現実はそれほど単純ではないことも指摘しておきたい。政策形成プロセスにおいては政治主導の動きが強化されているのであるが，実現されている施策の内容は，従来の画一的，統制的な制度では対応できなかった障害，不登校，貧困に苦しむ子どもの学習権を実質的に保証しようとする施策が展開されていることにも注目する必要がある。子ども貧困対策法等によって教育という枠組みを超えた生存権に基礎づけられた学習権の保障の動きが見られること，障害者差別解消法などによって，基礎的環境の整備と一人ひとりの状況に応じた合理的配慮が求められ，地方が子どもや保護者の意向を踏まえて就学先を決定する制度に変化してきている。現在，議員立法での法案提出が検討されている多様な学習機会確保法（仮称）は，就学義務を学校教育法一条校に限定している現行制度を見直そうとするものであり，義務教育の制度から実質的にこぼれている不登校の子どもたちに対して教育支援の基盤を確保しようとするものである。これらの教育の機会均等の原理を「個性化」「分権化」させる動きは，従来の画一的な枠組みを超えて子どもの学習権を実質的に保障しようとする動きととらえることができる。不登校，いじめなど国民の間に広

く教育課題への危機意識が広がっていること，政権交代によって政党が国民世論により敏感となっていること，地方が独自の判断で先取りした教育施策を展開する動きが広まっていることなどが背景にあるものと思われる。

　従来の政策形成システムが，新しい教育と政治の関係のなかで確実に変化しつつある。国においても，地方においても，政治がより直接的に政策形成に大きな影響を与え，政治的リーダーシップのもとで，行政領域横断的な総合的・戦略的な取り組みが進められる時代になっている。このような政策形成プロセスに，児童生徒や保護者，地域住民，教師，専門家などの多様な意見を取り込む「新しい政治の機能」をどのように確保していくのかということが今後の重要な課題であると思われる。

2．学校をめぐる環境の変化と学校経営の改革

　近年の教育改革の主なターゲットは，「学校教育」であるといわれる。2006年12月の教育基本法改正の最優先のターゲットは，学校教育であることは多言を要しない。教育基本法改正の最大の争点は，教育の目標を法定した第2条であった。学校において達成されるべき目標として資質項目を法定することによって，教育基本法は，事実上，学校教育法等の法令や教育制度の基準となるだけでなく，学習指導要領改訂や教科書検定基準の改正を通じて，教育内容や方法にも大きな影響を与えるものとなったのである。また，教育基本法6条（学校教育）の「体系的な教育が，組織的におこなわれなければならない」との規定をうけて，副校長，主幹教諭，指導教諭等の新しい職が設置されたりするなど，学校組織の在り方に大きな影響を与えている。教育基本法9条（教員）をもとにして，教員養成，採用，研修の一体的な改革が模索されている。2012年の中央教育審議会答申は，「学び続ける教師像」を提起し，教職を高度専門職業人として位置づけるものであった。わが国の学校教育の強みは，同僚性を基盤として達成される教師の実践的指導力の高さと子どもたちの生活全体に責任をもって関わろうとする教師の誠実な姿勢にある。授業研究等の校内研修を中心とした職能開発の利点を維持しながら，どのように教員の資質能力の高度化を図っていくのかということは，学校経営においても重要な課題となっている。

　また，近年，アカウンタビリティ，特色ある学校経営等が求められる文脈のなかで，学校経営の自律性をどのように確保するのかということが大きな課題となっている。学校経営の自律的能力は，校長の裁量権の拡大，学校裁量予算の確保，

学校評価の改善など制度的な改革だけで実現するものではない。学校の自律性が，子どもの学びの改善，教育課題の解決に資するためには，教職員間の情報共有やコミュニケーションの機会の十分な確保，同僚性を基礎とした職能開発等によって教職員の自主的，自律的能力を確保することが不可欠である。また，地域の学校という視点から児童生徒，教員，保護者，地域住民による協同的な取り組みが，学校経営の改善にとって重要な意味をもつものと思われる。

　知識基盤社会の到来，グローバル化といった変化の激しい社会環境のなかで，「生きる力」をどのように育んでいくのかということは，重要な教育課題として認識されている。OECDによる生徒の学習到達度調査（PISA）等の国際的な学力調査，全国学力・学習状況調査等の結果を反映して，学校経営においても「学び」と「学力」の関係に着目した改革が注目を集めている。一つは，国や自治体において進められている学力向上を念頭に置いた学びの改革である。次期の学習指導要領の改訂においてアクティブ・ラーニングが注目されたり，新テストの導入による高校教育の内容と方法の改革が議論されたりしているのは，このような背景によっている。そして，もう一つが学校現場において広まりつつある「学びの共同体」などに代表される実践家や研究者らによる協同的学びを模索する教育実践改革の動きである。

　今日の学校経営において，「学びの改革」が重要な焦点となっていることをあらためて確認しておきたい。

もっと詳しく知るために

- 佐々木幸寿（2015）「教員のインフォーマルな人事ネットワークと教育行政制度」『地方教育行政法の改定と教育ガバナンス』三学出版，43-54頁
- 荻原克男（2014）「教育改革と教育変化――その現代的位相」『学校教育研究』第29号，日本学校教育学会，8-28頁
- 松木健一・隼瀬悠里（2013）「教員養成政策の高度化と教師教育の自律性」『日本教師教育学会年報』第22号，24-31頁
- 村上祐介（2013）「政権交代による政策変容と教育政策決定システムの課題」『日本教育行政学会年報』第39号，37-52頁
- 小川正人（2010）『教育改革のゆくえ――国から地方へ』筑摩書房

（佐々木幸寿）

3節　21世紀・教育実践を
どう引き継ぎ進化させるか

1．今こそ，自由な実践空間の創造を

　教育実践は高度で複雑で繊細なプロジェクトであり，個別的・臨床的であり可能性を信じた試行錯誤でもある。そのため，教育実践には，それを可能にする自由で共同的で未来志向的な実践空間が不可欠となる。だが今日，教育現場の現実は，ややもすると，教育実践とは行政指導の達成であるかのような様相を呈している。さらに，その達成を確実にするために，評価の体系が整備されている。上からと外からの啓蒙・管理・指導・評価の体系は，緻密になればなるほど，実践空間の可能性を狭める方向で作用しかねない。戦後教育実践の高みに学びつつ，下からと内からの改革の芽を伸ばすことが，求められている。

2．「教育実践」とは何か

　日本の近代教育実践を振り返ると，教育概念の多くが，歴史的な文脈のなかから生成してきたことがわかる。木下竹次は「合科学習」を提唱するとともに，学習研究を推進し，子ども主体の学びの原理と方法を探究した。「学習指導」の概念は，木下に起因する。また，綴方教育の生成・発展は，ただの作文教育でなく，生活を見つめ，生活を綴ることで表現主体としての自己形成をめざした。「生活指導」という概念は，生活綴方教育に由来する。「教育実践」という概念も同様である。教育の実際・実地という言葉は明治以来，通俗的な意味で使用されてきたが，教育実践は1930年代に自生してきた概念である。その生成の担い手の一人である上田庄三郎は，「"実践"は現代教育の標語であるとともに，現代社会の合い言葉である。"践"の一字が最近は盛んに精彩を帯びてきた（中略）新たに"実践"という意志的な言葉が愛用されるのは，時代への動きを表している」と発言している（1934）。

　中野光は，上田の文章を引きながら，教育実践とは「教育の現実のなかに深く徹入して，そこから新しい創造的な教育原理を打ち立て」る主張であり，教育研究の自己批判であると指摘している（2007）。

国家主義・軍国主義教育の色彩が濃くなり，教育研究もその多くが講壇教育学や時流におもねる傾向を帯びるなか，困難な教育現実を教師たちの"実践"によって改革・改善する意志的な営為として「教育実践」概念は生まれた。

3．戦後教育実践と戦後派教師

敗戦後，戦前教育の反省に基づき，教育の民主化が推進された。そうした時代の潮流をうけ，子どもや地域に根ざした実践が展開された。その結果，戦後日本の教育実践は，ユニークで高水準の成果を構築した。戦前の反省を踏まえ，創意的な実践の伝統を継承・発展させ，個人や教育研究団体に学ぶ教師たちが多様な教育実践の華を咲かせた。かかる実践を担った教師を戦後派教師と呼ぶ。

戦後派教師のスタンスの第一は，権力からの自立性である。戦前・戦中の（被）教育体験への猛省から，権力におもねることの危うさを実感した教師たちは，権力からは相対的に自立した立場で教育実践の世界を切り拓くようになった。

第二は，日本国憲法・教育基本法的価値を実践理念として保持した。日本国憲法は，平和的民主的な社会の仕組みを提示し，それらの社会の担い手を育成することが教育の課題となり，準憲法的な位置づけで教育基本法が制定された。戦後民主主義の理念は戦後派教師の実践哲学と合致し，地下茎となった。

第三は，子ども・学校・地域の現実と切り結ぶ実践を構築した。「子らや地域を見つめて」（上越教師の会），子ども・学校・地域の抱える課題を明らかにし，その改善に邁進した。

4．戦後派教師の典型的実践

戦後派教師の典型として，熊本の中学教師・田中裕一の事例を参照しよう。

田中は，日本最初の水俣病授業実践者として知られている。「日本の公害―水俣病」（1968.11.20，熊本市立竜南中学校3年7組）の授業であり，学習指導要領や教科書には「公害」の指摘がない当時，先駆的な実践であった。中学3年，社会科学習の資本主義経済の諸問題のなかに位置づけられ，①日本の公害の実情と問題点（概観をつかむ），②熊本の公害―水俣病（問題を深める），③公害についての整理的討論（まとめ），という3時間で構成された。このうち，②が公開授業として多くの見学者のもとで実施され，世間の注目を集めた。

この1時間の公開授業にかけた田中の思いと特徴を整理しよう。

第一は，主題設定の鋭さと周到な教材研究である。田中は，水俣病のテーマを

身近な地域問題として授業を構成したのではない。地域から出発し，日本と世界を貫く課題を精選する問題として扱った。ここには，上原専禄の提示した地域・国家・世界に通底する課題化認識という問題把握がある。何度も水俣を訪れ，被害者と会い，入手できる限りの資料を集めた。水俣病は連日トップニュースで新聞報道され，熊本の社会科教師である田中にとって，このテーマは「私自身の存在理由」「職業としてのエシックス」にほかならなかった。

　第二は，授業構造の典型化である。田中は，教材研究の要諦として「最高の学問や芸術の成果をうすめることなく凝縮し，単純化すること」を強調している。公開授業では，猫400号実験と見舞金協定の矛盾提示（会社側は猫実験の結果から工場廃液が水俣病の原因と知りながら，その情報を伏せたまま患者との「見舞金」協定を締結した）にその「凝縮的単純化」が生かされている。田中は，凝縮的単純化の発想を，斉藤喜博（最高水準の単純化），ピカソ（決定的単純化），ポール・ヴァレリィ（建築学的詩作技法）からの示唆に学んだ。

　第三に，感動の思想化である。水俣病の実態を理解する際，写真・手記・音声資料等を活用して視覚・感覚に訴える手法がとられているが，授業はそうした感動の共有で終わっていない。戦友会がしばしば戦場の郷愁に流れるように，思想化されない体験は方向を誤りかねない。そこで，感動を理性的な思考・討論によって思想化することが大切となる。公開授業の後の時間を整理的討論として位置づけたのは，そのような意図なのである。

　田中は，この授業を通して，科学的・芸術的手法を結合した独自の授業理論を開発した。その後，水俣病実践を発展させた田中は，環境・人権・平和・性・地域等をテーマとした総合学習実践を創造した。

5．戦後教育実践の知的遺産に学ぶ

　戦後派教師の一典型として田中裕一の事例を紹介したが，各地域・校種・分野において同様な実践が蓄積されてきた。それらの実践は，制度・政策・行政・運動と関連しながら生成したものではあるが，必ずしもそれらの諸要素に順応したものとはいえない。逆に，実践を通して制度等を組み替えていくパワーをもっていた。田中の水俣病実践は，その後全国的な公害教育の原点となり，その後学習指導要領や教科書の改訂に反映していった。また，田中もその推進者の一人であった総合学習の概念は，1960年代後半から1970年代前半にかけて，教師の実践のなかから生成したものである。

その意味でいえば，実践の展開は制度生成の磁場として作用することがある。また，理論と実践の関係についても，理論に即した実践や理論の典型としての実践にとどまらず，実践理論（実践の中の理論）創成の姿に注目したい。先の水俣病実践に見られた授業方法（「課題化認識・凝縮的単純化・感動の思想化」）は，田中の創造した実践理論といえる。

　こうした戦後派教師たちの営為を振り返るとき，教育実践のもつ構造が注目される。「教育実践」という概念は，前述したように1930年代に生活綴方実践に取り組んだ教師たちのなかから生まれた用語であり，子どもや地域の現実に切り込み，新しい教育事実を創造していく営みとして定義される。

　そこでは，第一に，子どもや地域の現状や変容への的確な状況分析が不可欠である。第二に，実践は教育政策と無縁ではない。学習指導要領・検定教科書・行政施策等に賢く対応しつつ実践を構築することが必要である。第三に，実践の地下茎には教師の実践哲学が存在する。第四に，多面的な外部情報を参照しつつ，実践が構築される。

　今日，学校や個別教師単位で，数値目標を掲げた点検・評価や経営学においては陳腐化しているPDCAサイクルが教育現場に横行している。だが，行政指示の貫徹（アカウンタビリティの達成）を教育実践と考えることは浅薄である。教育改革を学校や教師を操作する視点から推進するのでなく，実践場の内発的な営為を拓く配慮として構築することが重要である。そのためにも，戦後派教師のスタンスと実践の高みに学ぶことに意味がある。

[もっと詳しく知るために]
- 和井田清司編著（2010）『戦後日本の教育実践――リーディングス・田中裕一』学文社
- 野々垣務編（2012）『ある教師の戦後史――戦後派教師の実践に学ぶ』本の泉社
- 上田庄三郎（1934）『激動期の教育構図』啓文社書店
- 中野光（2007）「特別寄稿」二谷貞夫，和井田清司，釜田聡編『「上越教師の会」の研究』学文社

（和井田清司）

第 2 章
教育の今とこれからを読み解く視点
―― 課題と展望 ――

1節　学校の今とこれから
──未来の学校デザイン

1．高校生のビジネス活動

　日本には，現在，約2万の小学校，1万の中学校，5千の高等学校がある。学校では，教師が教材を媒介として児童生徒の学力伸張や人間形成を支援している。学校種ごとにどこでも同じような実践的営為が行われているように見える。だが，発想を変えると実践の質は，驚くほど変わる。一例を紹介しよう。

　高知市立高知商業高等学校の「ラオス学校建設活動」に端を発する一連の実践である。きっかけは1993年，ある生徒会役員の素朴な一言（「貧しい国の人たちのために何か形に残る協力がしたい」）から始まった。集めた募金を，地元のNGO「高知ラオス会」を通してラオス学校建設の援助に取り組んだ。20年に及ぶ援助の結果，7つの学校園（小学校5，中高校1，保育園1）が建設された。卒業生から在校生へ，そして新入生へとタスキがつながれてきた。

　援助を継続するしかけとして，校内に模擬株式会社を組織し，生徒・教職員・保護者を株主として出資金を募った。その資金で，毎年，生徒代表がラオスを訪問し，伝統商品を仕入れ高知で販売し，その利益から配当を株主に還元し，残金をNGOを介して学校建設にあてる。年間を通した活動が，次のように続く。模擬株式会社設立（5月生徒総会）─株式販売（6月）─ラオス研修（8月仕入・交流・調査・フェアトレード）─学校祭（10月ラオス交流物産展）─はりまやストリートフェスティバル（11月商店街と共催）─株主総会（12月）─学校建設資金贈呈（5月高知ラオス会）。現在，模擬株式会社名はスマイラース［Smilearth（smile＋earth）］，「笑顔があふれる世界にするために」という意味である。

　やがて活動は，地元商店街と連携して，エコマネー（地域通貨）活動，高校生ショップの開設，コラボ商品（間伐材とラオスの織物を活用した「はりまや箸」，扇子と扇子袋等）開発へと進化していった。そして同校の生徒たちは，20周年を契機に，新たなステップに踏み出している。LAKOS（Laos Kochi Smiling）プロジェクトである。ラオスと高知をつなぎ，ともに笑顔になれる活動として，①学校建設の継続（校舎改修にも取り組む），②交流活動の継続（ラオスでの学校実態調査も実施），

③（ラオスにおける）学校間交流の推進（歌合戦やスポーツ・フェスティバルの実施），④交流からビジネスへ（高知とラオスの企業を結ぶビジネスチャンスを高校生がプロデュース）にチャレンジしている。

2．定型思考から柔軟思考へ

アジアと地元商店街を結ぶ高校生のビジネス活動——商業高校の特性を生かしたダイナミックな学び，である。だが，こうした学びの経験を創出し，進化させてきた学校や教師は，どのような教育観（生徒観・教材観・授業観・学校観・教師観）や学校ヴィジョンを育んできたのだろうか。そこでは，定型思考にとどまらず，柔軟思考で実践が構築されてきた。下表のようになるだろうか。

	教師	「教材」（学習環境と学習経験）	子ども
定型思考	教育知識の伝達者	検定教科書・定型的授業	知識・行動の啓蒙と管理
柔軟思考	子どもの試行錯誤の支援者	文化財・教育的環境との相互作用，社会的経験	早熟で未熟な市民

今日，児童生徒に育成すべき新しい能力（「生きる力，21世紀型能力，社会人基礎力，エンプロイアビリティ」等）や重点的指導領域（「環境教育，キャリア教育，グローバル教育，市民性教育，道徳教育」等）について，さまざまな提言がなされてきた。これらの視点は，それぞれに重要であり，本書においても，後掲のように理論的解説や実践紹介が試みられている。しかし，高知商業高等学校の実践を見ると，これら諸課題は個々別々のものではなく，相互に連関し，統合的に推進されていることがわかる。子どものよさを伸ばす課題や組織を地域や世界の課題とつなげて開発する柔軟な思考が，生かされている。ここに，未来の学校ヴィジョンの一つのヒントがある。

3．画一化からデザインへ——学校改革の3つの視点

日本の近代学校制度は，成立以来140年を超える。この期間は，戦前と戦後に二分される。天皇制と軍国主義の教育が敗戦で否定され，国民主権（民主主義）と平和主義に転換した。一応，そう言ってよいだろう。もちろん，戦前にも大正自由教育の時代があり，戦後の1958年には学習指導要領の国家規準性や地方教育行政の集権化など，小さくない変容を経験した。そして，義務教育はもとより，「教育爆発」を経て，後期中等・高等教育の普及も顕著である。

だが，140年を超える時が過ぎ去っても，成立期の特徴は今でも色濃く日本の学校の定型となっている。すなわち，学校建築や教育内容・方法および教師教育における「過度画一化」(佐藤秀夫)の傾向である。この場合，画一化とは，文部省を頂点とした中央集権的教育行政のもとで，①北側廊下一文字式校舎と四間×五間の長方形教室，②国定教科書と「公教育教授定型」授業，③師範タイプ（上に従順，下に威重）の教師，というスタイルが確立していったことを指す。確かに，国定教科書は検定に変わり，師範学校による教員養成は開放制となり，斬新な学校建築も出現している。だが，教育の根底には，指示待ちの教育行政や知識伝達型一斉授業様式の呪縛など，成立期の特徴が依然として根強い。

　21世紀に入り，グローバル化や少子高齢化・情報化など，社会構造の変容が著しい。学校教育も，こうした変化に対応して，ハードウェア（建築・空間），ソフトウェア（内容・方法），ヒューマンウェア（教師）という「3つのウェア」の進化が求められる。すなわち第一に，**子どもの学ぶチャンスを生かす学習環境づくり**が求められる。オープンスクールや個性化教育の実践にあるように，学校の空間と時間をデザインし直す課題である。第二に，教育知識の一斉伝達スタイルから，**子どもの経験の総体を深く豊かに組織する学びの創造**に向け，教育内容・方法を革新する課題である。そこでは，子どもの個性や多様性を生かした対話的応答的な授業スタイルが大切となる。また，学校と地域・社会を結び，児童生徒に**「市民」としての学びと成長**の場を保障する試みが求められる。地域教材との深い出会いや地域社会での経験が，子どもの社会性を伸ばしていく。第三に，教師の専門職性の拡充という課題である。子どもの学びと生活を支援する省察的な教師の育成に向け，養成・採用・研修過程の充実が求められる。

　以上，学校を改革する3つの視点について指摘した。総じて，過度画一化（sign）からデザイン（de-sign，脱・定型）へ，未来の学校ヴィジョンが問われているといえる。

4．「学校は教師次第」——教師の実践的指導力

　「学校は教師次第（As is the teacher, So is the school）」という諺がある。19世紀の西洋世界で，教育改革のスローガンとして掲げられたものである。確かに学校の在り方は，教師の指導力によって大きく変わる。ここ四半世紀，教育改革のなかで，実践的指導力の育成がことさらに強調され，教職大学院や教員免許更新制をはじめ，さまざまな制度改革が推進されてきたゆえんである。

社会の複雑化や家庭・地域の変容のなかで，教師の仕事も，量的質的に難しさを増している。そのため，高度専門職化をめざした教師教育（養成・研修）改革が求められている。一度習得した知識・技術を機械的に適用してすむ仕事ではない。教育臨床（子ども・学校）の現実と先端の学問的知見とを結び，状況に合わせて実践し，省察しつつ改善していくプロセスが重要となる。反省的実践家としての教職モデルが提起されているのである。そこでは，自律的に省察し実践する姿勢とともに，状況と対話する力や与件を問い直す力が重要となる。

　だが，日本の教育現実は，先進諸国において，教育分野への公的支出の低さ（GDP比率においてOECD諸国の最低レベル）や教師の労働時間の長さ（「多忙化」）等に特徴がある。教師の疾患やバーンアウトとともに離職者も増大している。これらの改善は急務である。同時に，喫緊の課題として，教職員年齢構成に伴う問題も深刻である。義務教育段階で見れば，教職員年齢の平均は40代前半であり，40代から50代前半の年齢層が最多となっている（文部科学省「学校基本調査速報値」，2014）。この層の退職とともに次第に若手教師が増大し，中堅教師が少なくなる。学校の機能を組織的に継続するためには，中堅教師の指導力量を担保し，若手教師の成長を促進することが，特に重要となっている。また，専任が減り，不安定雇用が拡大する雇用形態の変容も問題である。中長期的に見て，バランスのとれた年齢構成や安定的な雇用形態を追究するヴィジョンが必要であろう。いずれにしても現在，教員年齢のさまざまな層に対して，適時的で有効な**教師の成長支援**の方策が強く求められている。

（和井田清司）

視点 **1** 　　　　空間と時間の学校経営的デザイン

子どもの学ぶチャンスを生かす学習環境づくり

◢ オープン・スクール（open school）の理念と発展

　グローバル化や情報化など，社会構造が著しい変容をなしている現在，学校教育は不易を踏まえつつも，新しい時代の新しい子どもたちに対応すべき「21世紀型学校ヴィジョン」への進化が求められる。まずは第1の視点として，子どもの学びを保障するハードウエア（建築・空間）の改革があげられる。画一化された学習環境（北側廊下一文字式校舎と四間×五間の長方形教室）から，オープン・スクールや個性化教育の実践にあるように，学校の空間と時間をデザインし直す課題である。

　1970年以降，日本にもいくつかのオープン・スクールが出現したが，「子どもの能力や適性に応じて個別に教育計画を立て，開放された空間で自主的な学習を進める教育形態。あるいは，そうした教育を行う学校」（三省堂『デイリー 新語辞典』より）という理念は，その後教育界に大きな影響を与えた。学校建築上の空間的デザインを工夫することによって，子どもが主体的かつ自発的に学べるようにハード面からとらえたのである。例えば，教室の壁が可動式であったり，オープンスペースが併設されたりしているため，教室と廊下の区別がなくなり，多様な学習形態の指導が展開できる。また，広さを生かした合同授業やクラスや学年を超えた交流活動，さらに教員間の連携や気軽な授業参観などが可能になる。時間的には画一的に区切られた時間割から，流動的に時間割を変更することも可能となる。

　オープン・スクールの理念は，校舎の造りだけではなく，学校全体をオープン化することにより，従来の閉鎖的で固定的な教育の在り方を根本的にあらためるものである。その活用方法は多様であるが，例えば，異学年・異年齢の編成による活動をティームティーチングで行ったり，コンピュータや参考図書などの教材教具を身近に配置したりすることによって，自主的な学習活動を誘発する環境がつくられる。すなわち，伝統的な教室から出て，柔軟で能動的な教育へと改革する取り組みが可能となり，過度画一化（sign）から脱・定型（de-sign）へ，未

来の学校ヴィジョンへの発展型として存在している。

主体的・協働的な学習空間

　新しい時代に必要な資質・能力の育成に，これまでも OECD が提唱する「キー・コンピテンシー」の育成やユネスコが提唱する「持続可能な開発のための教育（ESD）」が取り組まれている。これらの取り組みに共通しているものは，基礎的な知識・技能を習得するとともに，社会との関わりのなかでそれらを実社会で活用し，主体的かつ協働的に探究し，問題を解決するという視点である。すなわち，「何を教えるか」だけではなく，「どのように学ぶか」という能動的な学習の在り方を問いながら個性を育てていくものである。そのモデル校のひとつが長野県信濃町立信濃小中学校である。

　2012年4月，長野県信濃町に1つの中学校と町内5小学校を統合し，校舎一体型の小中一貫校が開校した。ユニバーサルデザインの採用により，ケガや障がいをもった子どもも利用しやすく，内装に地域木材である赤松を使用していることで温かみが感じられる。教室の近くには，間仕切りがない「ティーチャーズ・ステーション」（※ナース・ステーションのような空間）が設けられ，子どもとカンファレンスをしたり，学習を支援できる場となっている。廊下が広く窓も開放的な造りで死角がない。職員室もオープンで，他学年の教職員とも気軽に話し合える空間を確保している。また，地域交流ホールや地域交流サロンが設けられ，地域の中核としての役割も果たしている。

　同校の学年は9学年4・5制で，4年生までを初等部，5年生から9年生を高等部とし，5年から教科担任制となっている。校舎一体型なので，運動会や文化祭も共同で行い，異学年間の交流も活発である。

　このように同校は，ハード・ソフト両面において，従来の義務教育施設の枠を超え，子ども・教師・地域の人々との交流活動の拠点としての役割を担っている。そしてオープン・スクールの理念を発展させた未来型学校として，開かれた雰囲気と人間関係のもと，「学習の主体者は子どもである」とし，子ども一人ひとりの個性を尊重する学習環境づくりに尽力している。

[もっと詳しく知るために]

- 宮保大輔「開校！　小中一貫教育校　信濃町立信濃小中学校」
  http://kantou.mof.go.jp/content/000056652.pdf
- 信濃町立信濃小中学校 HP　http://shinano-school.sakura.ne.jp/

（青木　一）

視点 2 　　　　　　　　　　　　　　授業づくりと子どもの学び

多様性を生かした対話型授業とは

◢ 今を生きる子どもたち

　授業とはライブである！　ゾクゾクワクワクの授業、明日も学校に行きたくなるような授業、こんなことを常に考えている。「教師は授業で勝負する！」これが私のモットーである。

　授業はいつも教育現場で起きている。東京都新宿区には140を超える国の人たちがいて、当時私の勤務校は全校児童の6割が外国にルーツをもつ子どもたちであった。アジアから来た人たちが多く、国際結婚で生まれた子どもたちもいる。以下に、多様な文化的背景をもつ子どもたちと、ともに創った総合学習の実践事例を紹介する。

◢ 国境を越える子ども──「あなたの未来を地球史から考える」

　韓国から伝統芸能人17名を招き、学校で音楽公演があった。韓国から日本に来た子どもたちは感動し、感想を書くことになった。来日1年の五年生の児童Mは次のように書いた。

　　　　　　　　韓　国
ぼくは韓国が大好き　　　一番好きなのは国民だ
国民はやさしいから好き　ぼくは日本に来て一年たった
でもぼくは韓国語を忘れちゃった
ぼくは悲しい
ぼくはこのままで日本人になるのかな　　　　　　　（10歳）M

　私はこれを読みショックを受けた。韓国の子どもが「このままで日本人になるのかな」とつぶやいた。言葉は心、母語は自分の拠りどころでもある。子どもたちに「同化」の意識が芽生えている。その背景として、日本には外国からのニューカマーの子どもたちに対する偏見や差別がなくなっていないことをMの文章は表している。

　私は子ども自らが「自尊感情を育む」ためには、教師は子どもの抱えている現

実に応えなければならないと考える。子ども自身が現実を理解し，自分がどう生きるかを授業で応えたい。そのためには，目の前のこの子たちに届く対話型の授業を創造することの必要を感じた。そこで私は，地球史のなかで存在した「全球凍結」から授業を創ってみた。

(1) 授業「あなたの未来を地球史から考える」のねらい

日本に来て異文化のなかで厳しい現実をどう考えたらいいのだろうか。

そこで地球史から自分の未来を考えることを構想した。近年，地球史に関して新たな事実が明らかになってきた。無生物の地球から生物が生じ，やがて陸上にはい上がり，ヒトにまでなった。進化の歴史には私たちの想像をはるかに越えるダイナミズムがある。そこで今回，子どもたちが置かれている偏見や差別を取り除くために地球史からの授業を試みたのである。私の注目は地上・地下1000mにわたり地球全体が完全に凍結する「全球凍結」（24億年前と7億年前の2度）である。それは生物存続の危機でもあった。

しかし「全球凍結期」が生物の大進化にもつながった。もしそれがなかったら現在の生物の大進化はなかった。つまり一見，「子どもにとって不利益なことが子どもの生きるうえで重要である」ことに気がついてもらいたい。私は子どもたちと，生物の誕生にいたる，劇的なドラマ（「全球凍結」）との対話を試み，自らの未来を考えるきっかけになる授業を創った。

授業1　地球の誕生・今あなたはどこにいるのか！
- ビッグバンの地球誕生46億年の歴史と生命の発生の歴史
- 「カエルの子はカエル」ヒトの子は？

授業2　生命の進化・地球の「全球凍結」を考える
- 「全球凍結」の歴史とその意味
- 地球の誕生・今あなたはどこにいる！

授業3　あなたはどこから来て，あなたはどこへ行くのか！
- 人間の誕生の歴史と日本列島を訪れた人々

(2) 授業「生命の進化・地球の"全球凍結"」を中心にして

授業1は「ビッグバンの地球誕生」を行なったが，授業2は「生命の進化・地球の歴史」であり，次のように進められた。まずは46億年の前の惑星の衝突から地球誕生へ。そして生命の発生，40億年の生命歴史のなかでほとんどの時期，生物は微生物であった。では，なぜ大進化ができたのか。それは地球全体が凍る「全球凍結」の結果である。24億年前と7億年前の2回，地球はすべて凍りつい

た。その後，高熱になった地球は，光合成が活発化し，酸素を利用して，生物は大型生物へと進化した。

(3) 子どもたちの思い

授業後，「日本人になるのかな」と書いたMはこう記している。

> 第1回　授業1　地球の誕生「進化の学習をして」　　　M（5年）
> ぼくは進化の学習をしていろいろなことをわかりました。たとえばバクテリアが人間になるのです。その真理はまだわかりません。その理由はこれから習います。
> このべんきょうは最初きょうみなかったんですけど，よしもと先生に教えてもらってだんだん興味がありました。サルと人間のちがいは，人間は言葉を話すこと，二足歩行すること，道具を使うことです。サルは言葉も話せないし，二足歩行もできないし，道具もつかえません。（7月13日）

第4回「授業2　生命の進化・地球の「全球凍結」」

当初5時間の授業計画は6時間になった。子どもたちは深く考えてくれた。Mはどう考えたのだろうか。最後の授業の後，自らを振り返りこう書いた。この子どもたちにとって大切なことは自尊の感情をもてることである。Mがさらにはじけた瞬間があった。

> 「全球凍結」の授業がおわって　　　M（5年）
> ぼくはまず地球の生物の歴史について学習しました。人間はバクテリアなのだと知りました。それでバクテリアが生まれたのは，「全球凍結」のおかげなのです。「全球凍結」がなかったら，人間もバクテリアもなくなります。そんなら，ぼくたちは今もいません。ぼくも日本にきて，韓国語をわすれて悲しかったです。これは全球凍結と同じです。ぼくは前「日本人になるのかな」と書いたけど，今の考えは韓国人になりたいと思いました。（7月15日）

(4) 授業の考察

生物にとってこの厳しい環境のおかげで，単細胞生物から多細胞生物になり，このおかげで私たち人間ができた。つまり生物にとって，絶滅の危機という厳しい環境があってこそ，生物は進化が可能だったのである。子どもたちが異文化という厳しい環境を生きるとき，そこには子どもたちには抱えきれないほどの厳しい現実がある。しかし，そこから新しいものと出会うことは，必ずしも悪いことだけではない。それは子ども自身が見いだしていくことなのかもしれない。そん

な思いでこの授業は終わった。

(5) まとめ

①自分探しの子どもたち・自尊感情

　「教育は『自分さがしの旅』を助ける営み」である。この言葉は，中央教育審議会（1997）答申のなかにある。教育において，従来型の「教える・教えられる」という関係から，学習者自身が「学ぶ」ということを重要視した言葉である。このように，子どもを学習の対象としてとらえない，「教えから学びへの学習転換」は世界的な方向である。

　しかし今，日本の教育は混迷と激動が進行している。本来教育の目的は「社会人になるための教育」ではなく，「個人の人格の完成」のためにこそある。私はそのことを考え，子どもの人間観，社会・未来観の形成につながるために「生物学の進化」を学び直した。命と子どもに向き合う授業「地球の全球凍結はあなたになにを語るのか！」であり，それは自尊感情の形成へとつながる。

②目の前の子どもにとっての学力とは

　社会では知識集積型の学力観は大きく変化している。問題は知識の量ではなく，何が問われているのか，対象をどのような視角でとらえるのか。そうした方法知が重要となる。学ぶ力，これこそが学力の中核である。今回の授業である「進化」とりわけ「全球凍結」のテーマは，子どもの発達段階や知識の系統性から考えると，かなりの高度な段階と位置づけられる。にもかかわらず，目の前の子どもの抱えている問題があるからこそ，この授業は成立した。

　学力とは，競争によるものではなく一人ひとりの「学びの履歴」をつくることである。そのためには教育に多様性が重要である。「不易流行」という言葉があるが，不易の視点から私たちが確認したいことは，授業とは楽しくなければならず，そこには「わからないことがわかる喜び」がある。授業は一方的に伝達するものではなく，教師と子ども，子どもと子どもの対話のなかにこそ限りない可能性がある。授業とは多様性を生かし，対話する「教師と子どもが創る学びの共同体」なのである。

[もっと詳しく知るために]

・目白大学人間学部児童教育学科編（2015）『未来を拓く児童教育学―現場性・共生・感性―』三恵社
・多田孝志（2011）『授業で育てる対話力』教育出版

（善元幸夫）

視点 3　　　　　　　　　　　　　　　地域社会のなかで育つ若者

「市民」としての学習

　歴史的にみれば，近代社会における市民は，国家の政治的な権力に対する個人の権利の主張・個人の幸福の追求，経済的活動の自由な遂行等への流れのなかで生まれてきた。しかし，1990年代以降，急速に進展するグローバリゼーションのもとで，近代国民国家の枠組みのなかで考えられてきた市民の概念自体が問い直されてきた。国家や民族の枠を超え，文化的差異を承認・尊重しつつ，多様な他者とともに生きる（living together）社会のあり方と，そうした社会を構築できる人間としての市民の育成が求められてきたのである
　地域は，市民意識を育む有用な場である。地域社会のなかで市民意識を学んでいる一例として博多を取り上げて説明する。

　博多。それは堺と並んで，日本史の教科書によく出てくる中世自治都市の名前である。長い歴史をもつ博多には，数多くの文化・祭り・心が今も強く息づいている。私が以前勤めていた学校の生徒のなかには，この豊かな伝統のなかでずっと育ってきた者がいた。しかし，それ以外の生徒は，郊外の新興住宅地から主に進学のことを考えて通って来ていた。そして，博多のことをほとんど知らずに卒業していった。今振り返ると非常にもったいないことだと思う。
　地域（特に，その歴史と文化）を知ることで，本人の軸足が定まる。軸足が定まると，卒業して東京に行こうが，外国に行こうが，その地を相対化できるようになる。これは，若いうちに「ふるさと力」を身につけた者の強みである。
　また，地域という軸足を学校教育に取り入れることで，「一流の科学者の人生」「国際的に活躍する人生」に加え，「地域を支える人生」「地域に根をおろしながらも国や世界とつながりをもつ人生」の存在や価値に気づかせることができる。これは，学問分野や職業を紹介するだけの進路指導とは全く異なる教育である。多くの学校に欠けた視点だと思う。
　では，博多のどんなところに注目したらいいのだろうか。それは，「町の歴史」「慰霊の心」「教育力」の三つである。

「町の歴史」といえば，唐から帰国して最初に寺（東長寺）を建てた空海，左遷され船で博多に来た菅原道真，日本最初の禅寺（聖福寺）を建てた栄西，日宋貿易を担った博多商人，元寇，秀吉による博多の復興があげられる。史跡や行事，地名（冷泉町，石城町，蔵本町の由来を知っていますか？）にそれらのよすがを偲ぶことができる。若者が知るべき歴史である。博多は，このように豊かな歴史（日本通史とは違った歴史）に満ちあふれている。寺社を巡って聞きさえすれば，貴重なことをさまざま知ることができる。

　「慰霊の心」といえば，飢人地蔵の慰霊祭があげられる。享保の大飢饉（1732年）の時，唐津街道と篠栗街道の交差点にあたった博多には，周辺地域から食を求めて大勢の避難民が流入してきた。そして多くの人々がこの地で亡くなっているが，今でもその慰霊祭がいくつかの地蔵尊で行われている。また，江戸時代に遊郭で亡くなった若い女性（580人）の慰霊祭も，元寇で亡くなった蒙古兵の慰霊祭も，地域の人によってしめやかに行われている。若者が学ぶべき心である。このように，博多には，日本的宗教心が今も強く息づいている。長く住んでいる年配の人に聞きさえすれば，貴重なことをさまざま学ぶことができる。

　「教育力」といえば，地域のもつ教育力があげられる。今でも，博多には「子どもは地域で育てる」という意識が強く残っている。特に，山笠を中心にした堅固な組織により，子どもたちは幼い時から充実した人間教育（「敬う心」「協力する心」「思いやる心」の育成が中心）を受けている。そんな気持ちで地域を温かく見守っている人たちがたくさんいるのである。若者が気づくべき存在である。このように，博多には，多くの地域が既に失った町の教育力というものが今でも強く残っている。行事を担っている地域の人に聞きさえすれば，貴重なことにさまざま気づくことができる。

　こういった（教室を越えた）地域での「市民」としての学習（「地域の宝物」を知る，学ぶ，気づく）は，若者の内的成長や深化を促す。これは，学校教育ではなかなか代替できないものである。

もっと詳しく知るために

- 嶺井明子（2010）「シチズンシップと国際理解教育」日本国際理解教育学会編著『国際理解教育―実践と理論をつなぐ―』明石書店
- 魚住忠久（2005）『グローバル社会と教育』記念選集刊行委員会

（鹿野敬文）

視点 4　教師の成長支援

中堅教師をつぶさない，若手教師をやめさせない

疲弊する中堅教師の現状

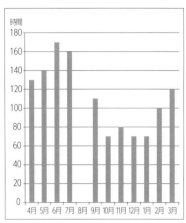

図1　A教諭の在勤超過時間（2014年度）

教員の世代交代が始まり，これまで層の厚かったベテラン教師がシェアしてきた授業以外の仕事や市や県等の重要なポストが，大量退職のあおりを受け，層の薄い中堅教師に集中するようになった。

図1は都内中学校中堅教諭A教諭（38歳）の在勤時間報告書である。8月を除いていずれも大幅に勤務時間を超過している。「仕事の集中」が主な要因である。

このことは「TALIS 2013」調査においても明らかになった(視点26参照88-89頁)。同調査は，OECD加盟国などが学習環境と教員の勤務環境に焦点を当てた調査で，日本の教師の仕事時間が第2位のカナダをも大きく引き離して参加国中最長であり，「世界一多忙」な現状という結果となった。その反面，「授業に使った時間」は，参加国中の26位（34か国参加）と平均以下であり，授業以外の仕事に大きく時間が割かれている実態が明らかになった。

では，具体的に授業以外の仕事とはどのようなものなのだろうか。前出のA教諭の超過勤務の実態を追跡調査してみると3つの点が明らかになった。

1つめは生徒指導によるものである。子どものトラブルや非行行為の指導は勤務時間外になる場合が多く，また，保護者との面談においても，保護者の就労の都合から，夜，あるいは土日に要求してくることがある。

2つめは，授業以外の教育活動が膨大になっていることである。例えば，修学旅行や遠足のような旅行的行事や，運動会・体育祭などの体育的行事，さらには発表会や文化的な行事においても，中心となって企画運営するのは中堅教師であり，その負担は大きく，課業時間内では終了しない場合が多い。

3つめは部活動指導である。例えば，日の長い夏期は一般的に18時30分までを部活動練習時間としている。したがって，それ以降からデスクワークに取り組むことになり，勤務時間も当然長くなる。土日の練習や試合がある場合はさらに勤務時間が加算される。
　A教諭の場合，ミドルリーダーとして，問題行動を起こす生徒を引き受けたり，修学旅行主担当であったり，さらに部活動において市の専門部長の役職や県選抜の大会役員に就いたりしているために，勤務時間は大幅に超過している。

ワークシェアと多忙感の解消

　中堅教師の仕事集中を緩和し，成長支援を促すには管理職のリーダーシップとマネジメント力が重要な鍵となる。
　千葉市のある中学校の管理職は「ワーキング・ポイント制」の導入を試行している。同制度は，教師にかかわる総仕事量をポイント（負担度数）に置き換えて，個人に一極集中しないように，授業数や校務分掌のバランスを考慮するものである。一般的に週の授業時間数をもって，負担度を均等化する工夫は見られるが，同校では，授業数に加え，クラス担任，部活動顧問，校務分掌，さらに外部の公的役職を含めたものをポイントに表したものである（図2参照）。こうした工夫を通して，管理職は仕事の集中を客観視し，仕事量の均等化を図ることによって，中堅教師の成長支援の一助としている。

○○年度　　ワーキング・ポイント（仕事量度数）制度　　氏名　A教諭								
※この制度は各個人の仕事量を度数で表すことによって，仕事量の均衡化を図るための資料とする。								
※1週間を単位とする。								
※前後期制で考える。したがって，季節的な行事担当は，半期に換算して，おおよそ1週間のポイントを算出する。								
授業数	道徳	特活	学級担任	修学旅行	部活	社会役員		合　計
18	1	1	5	5	5	3		38p

図2　提出用ワーキング・ポイント制度

　また，同校では「多忙」と「多忙感」の意味合いの違いを考え，「多忙感の解消」として「子ども参観」を試みた。この企画は，既に地方公共団体および企業で行われている「家庭教育協力事業者連携事業」にヒントを得たもので，教師の子どもに親の授業をする姿を見せたり，仕事内容を聞かせたりすることで，親の仕事を理解させ，家庭内でのコミュニケーションを深めることを目的としている。同校に勤務する中堅教師B教諭（41歳）は，毎日帰宅時間が遅く，さらに土日も部活動で家を空けることが多く，家庭における自分の子どもとのコミュニケーションが少ない。「子ども参観」を通して，B教諭はワーク・ライフ・バランス（仕

事と生活の調和）を振り返る機会になり，家庭での会話や触れ合いを通して家族の絆を深めた。このためB教諭自身のやりがい・満足感・勤労意欲につながり，達成感が多忙感を上回ったと話している。

◢ 休職・離職する若手教師の現状

　文部科学省によると，2013（平成25）年度に精神疾患で離職した小学校教員は349人，中学校教員は181人（平成27年学校教員統計調査）であり，このうち若手教員のメンタルダウンによる休職・離職が目立つようになった。

　以下，都内のある小学校の報告である。

　「『C子に便乗！　リスカ（リストカット）したみたい〇〇』とD子はツイッターに実名入りで写真を掲載した。警察サイバー・パトロール課の指摘をうけ，学校側は深夜まで緊急対策会議を開き，本人と親を呼び，事情を聴くとともに指導した。その指導に親はプライバシーの侵害だ，と食ってかかった」。

　これは決して特異な状況ではなく，現在，どこの学校でも，このような事件が多発している。教師や級友へストレートに誹謗中傷するIT環境の無法地帯化のもと，親の子ども化などが拍車をかけ，問題を繰り返し起こす子どもと教師のイタチゴッコは続く。全国の教師たちは，教育現場で日々心身をすり減らしながら格闘している。とりわけ若手教師の苦しい喘ぎが聞こえてくる。

　教職に夢をもち，厳しい採用試験を通り抜けてあこがれの学校現場に出た若手教師が，理想と現実のギャップに苦しんでいる。若手教師の悩みは大きく3つに分けられる。「子どもへの対応の難しさ」「同僚との連携の難しさ」「親への対応の難しさ」である。このうち，特に3番目は，若手教師の成長を阻害し意欲喪失の要因にもなりうる。例えば，学校に対して論外な要求を強いたり，経験未熟な教師のささいな言動に目を見張り，重箱の隅を突っつくようなクレームの攻勢をかけたりする親がいる。逆に，教育や子どもそのものに無関心であるとか，必要経費を全く無視して滞納するとか，目を，耳を，疑わんばかりの傍若無人ぶりを発揮している親がいる。こうした理不尽な言動に対し，若手教師はこれまでの人生のなかで，ストレートに批判を受けるような我慢体験がほとんどないなかで，いきなり学校現場の厳しい状況にさらされ，ストレスフルな状態に追いつめられる。そして採用からわずかの間で通勤できなくなり，療養休暇や休職を経て，やがて失意のなかで退職する若手教師が続出している。「初任者教員のモチベーション研究Ⅰ」（千葉大学教育学部研究紀要第58巻，2010）によると，初任者が1年目で離職する割合は1997年から10年間で，なんと6.1倍になっている。

リレーション（関係）と同僚性の構築

　伸びしろのある若手教師をいかに守り育てていくか，若い世代が増えている現状だけに，管理職は学校運営を左右する大きな課題ととらえるべきであろう。

　若手教師の抱える問題に対し，有効な手立ての一つは，リレーション（関係）の構築にある。保護者のクレームの大方は，子どもの不満を家庭で聞いたからであり，直接クレームに関する事象を親が体験したわけではない。教師と子どもが深い信頼関係で結ばれ，学級経営が良好に進められているところではクレームが極端に少ないことからも，子どもとの直接的な関わりのなかから，授業力と学級経営力を向上させ，良好な「リレーション（関係）」づくりを図ることが重要である。諸富祥彦は，保護者とのリレーションづくりのポイントを，①相手の話をよく聞く，②相手をリスペクトする，③子どもをほめる，④最後に具体的なお願いをする，という4段階を提唱している。親と学校が協力して子どもを育てるという姿勢に基づいて，「子どものために」を合い言葉に，共通項をうまくつなぐことがよりよいリレーション構築となる。

　次に同僚性の構築である。小学校と中学校では，組織マネジメントの在り方が異なり，同僚性の構築にも違いが見られる。例えば，中学校の場合，学年主任が学年マネジメントを行い，学年内に生徒指導担当や教育相談担当が配備され連絡系統が整っている。「学年の子どもたちは学年職員全員で面倒をみる」という意識が強い。それに対し，小学校では，「学級王国」といわれ，相互不可侵的な傾向が見られる。そのため，助けが求められず，また求めたとしても支援体制が十分整っていない場合があり，若手教師が一人で問題を抱え，状況を悪化させている。そこで小学校の管理職は，「挙校体制」の確立を図ることをめざし，風通しのいい孤立させない職場，相互不可侵的傾向の打破，問題を学級外に出し，学年や学校全体の問題として扱う空気感をつくり上げる「同僚性」を構築することが，若手教師の成長支援につながる。なお，同僚性とはやや異なるが，メンタリングも有効な手立てである。横浜市では，さまざまなスキルを獲得しているベテラン層教師が若手教師の育成に尽力しながら，自らもその過程において成長するメンター研修を用いて，活躍の場・立ち位置を確保しながら若手教師の成長支援に尽力している。

[もっと詳しく知るために]
- 日本教育経営学会実践推進委員会編（2014）『次世代スクールリーダーのためのケースメソッド入門』花書院

（青木　一）

2節　子ども・若者の今とこれから

1. 社会構造の変容と子ども・若者

　主権国家と国民経済を基盤とした近代社会は次第に変容を遂げ，今日では，多国籍企業や国際金融資本，世界規模のパワーゲームの支配するポスト近代（後期近代）といわれる局面にいたった。さまざまな従来型秩序が変容を遂げ，新しい時代の胎動が始まっている。そこではとりわけ，グローバル化・情報化・多文化共生社会の課題が重要になる。

　また，日本では，少子高齢化の傾向が顕著になり，2060年には現在人口の3分の2（4000万人減）にまで人口減少が進行し，しかも老人比率が39.6％（子ども比率は8.6％）になると予想される（国立社会保障・人口問題研究所「日本の将来推計人口」，2012）。低成長と人口減少社会という趨勢のなかで，新しい社会関係（成熟社会）の構築が急がれる。そして，共生と持続可能性をめざす社会のデザインは，今までの延長線上に未来社会を描くのでなく，原理的な転換が求められる。

　そのようななか，子ども・若者をめぐる現状と課題は，どのようであろうか。第一に，新自由主義的な経済政策のもとで，経済格差が拡大し，**子どもの貧困（格差）** が深刻になっている。現代日本は，高度経済成長後，最悪の貧困に直面している。とりわけ，母子家庭，20代前半男性等の貧困が際立つ。教育面から考えると，6人に一人が貧困に直面（子どもの貧困率16.3％，厚生労働省「国民生活基礎調査」，2014）しているという事態は深刻である。子どもの貧困は教育に影響し，貧困の連鎖につながる問題である。各家庭の経済力や文化資本の相違が，進路決定を左右するからである。そのため，貧困の連鎖を断ち切り，自立を推進する施策として，若者への社会保障充実の必要性が指摘されている。

　第二に，**ネット社会** の進行とともに，情報機器依存の傾向が強まっている。もちろん，情報・通信技術の向上は，人類の生活を改善する可能性をはらむものである。だが，その反面，ネット環境への過度な接触・依存が子どもたちの心身の発達や生活実態に影を落としている。ネット依存は，子どもの身体性にも影響を

与え，裸眼視力1.0未満の割合は全校種で増加傾向にあり，高校生では65.8％に及ぶ（文部科学省「学校基本調査」，2013）。また，SNS（Social Network Service）を通したコミュニケーションは，思わぬ個人情報の漏洩や新たないじめの温床ともなりかねない。脱「ネット・スマホ中毒」の必要性も指摘されている。

　第三に，日本の**子ども・若者意識傾向（内向き思考・自尊感情低下）**の問題がある。「子ども若者白書」（2014）によれば，日本の子どもたちは「自己評価が低く，将来を悲観」する傾向にある。社会問題への関与や社会参加への意識，および学校生活や職場への満足度も外国に比べて低い。将来に明るい希望をもつか否かは，自己肯定感（内部要因）および自国の将来への肯定感（外部要因）と深く関係する。多様な体験学習機会の提供と家庭・学校・社会の連携した支援策のもとで，自己肯定感を育て，個性と自立性を伸ばす課題が生起している。

2．教育課題と教育「病理」

　ここ数十年単位で話題になってきた教育課題は二つある。第一は，受験競争を緩和し，受験準備的教育から抜け出す課題である。1970年代以降，取り組まれてきた課題でもある。第二は，校内暴力・いじめ・不登校等の教育「病理」の改善である。教育「病理」とは，教育上の不正常な現象を指すマスコミ用語である。教育「病理」現象がマスコミをにぎわせ，その対応が迫られた1980年代以降の課題である。こうして，過度な受験競争の緩和や教育「病理」の克服が提起され，その改善のためと称して，さまざまな教育改革が推進されてきた。だが，現在においてもこれら二つの原初的な課題は深刻な問題であり続けている。教育改革が教育改善につながってこなかったという事実は，行政当局が推進してきた教育改革施策の妥当性・適切性を問い直す必要を提起している。

　問題となる現象のうち，第一に，**不登校・引きこもり**は，引き続き拡大している。不登校は，以前は「学校恐怖症」「登校拒否」と呼ばれた。子どもの側に問題があるという前提の呼称であった。それに対して，不登校は「学校に行っていない現象」を指す表現となっている。30日以上登校していない長期欠席者のうち不登校を理由とするものは，小中学生で12万人弱（文部科学省「学校基本調査」，2014）に及ぶ。不登校の原因としては，無気力，情緒的混乱，親子関係，友人関係などがあげられる。また，厚生労働省の定義によれば，引きこもりとは「仕事や学校に行かず，かつ家族以外の人との交流をほとんどせずに，6か月以上続けて自宅にひきこもっている状態」を指す。推計では100万人に及ぶといわれる。子ども若

者のこうした現象を改善する施策の充実とともに、背景にある学校環境や就業構造の変容への視点も重要である。社会的要因への視線を欠いた対症療法的な対応では、自ずと限界が見られるからである。

　第二に、**いじめ問題**も深刻化している。その防止に向けて、2013年に「いじめ防止対策推進法」が制定され、いじめの定義と学校側の義務が定められた。いじめ問題は、1980年代以降に特に問題となり、調査による実態把握や研究が進められた。当初、特殊日本的現象と考えられたいじめは、世界的現象であることが明らかになった。いじめは世界共通の普遍的現象であるが、日本的な特質（発生頻度の高学年化、加齢に伴う傍観者の漸増・仲裁者の漸減）もある。いじめをなくすことはできないが、日本的な特性を勘案して緩和することは可能である。特に、いじめ自殺に直結するような危機は回避しなければならない。

　いじめを4層構造（加害者・被害者・聴衆・傍観者）をもつ集団の病ととらえ、クラスや学校の集団的対応が必要という知見がある。また、いじめの特性別分類（モラルの低下・混乱によるもの、社会的偏見・差別による排除的なもの、閉鎖的な集団内で特定の個人に対して発生するもの、特定の個人への暴行・恐喝を反復するもの）に即した対応の必要性も指摘されている。

　当初いじめ対策は、加害者・被害者への心理的指導対応に力点が置かれた。その後、専門家とのネットワークの必要性の自覚から、次第に学校および地域ぐるみの取り組みへと発展している。

3．子ども・若者の自立に向けて

　子ども・若者の自立に向け、いかなる視点・指針・展望が求められるのだろうか。ここでは、子どもの「最善の利益」を理念とする条約とその具体化、および子ども・若者の学校から社会への移行に関する論点を提示したい。

　第一に、**子どもの権利条約（条例）**は、子どもの最善の利益をうたっている。子どもの権利という思想は、20世紀の最初の四半世紀に提起され、宣言や規約として具体化され、最後の四半世紀に国際条約として制度化された。教育法における国際的達成という意味がある。確かに条約は国内法に優先し、拘束性の強い法規範であるが、その理念をどう生かし具体化するかが重要である。

　ここでは、条約の趣旨を条例として自治体レベルの施策に具体化する試みがある。全国各地で多様な実践があるが、兵庫県川西市の「子ども人権オンブズパーソン」の制度化は示唆的である。首長直属の機関として制度を立ち上げ、専門家

集団（オンブズパーソンおよびカウンセラー）と事務局が協力し，家庭・学校・地域に生起する具体的事例の解決に当たる仕組みである。同時に，調査・調整・啓蒙などを通して，予防や政策提言につながる総合的施策として展開されている。また，子どもの権利条約の趣旨として，保護，供与のレベルにとどまらず，子どもの社会参加の尊重という精神がある。先の諸条例にも，子どもの意見傾聴や街づくりへの関与など，「参加」を意識した内容が強調されている。1990年代以降，一部の学校で取り組まれてきた児童生徒や保護者・住民の学校参加という実践も，同趣旨のものである。同時に，学校参加の実践を通して新しい学校像が模索されている点にも注目する必要がある。

　第二に，1990年代半ば以降，子ども・若者の社会への受容，特に「**学校から仕事への移行（school to work transition）**」に困難が見受けられるようになった。バブル崩壊後の就職氷河期以来のことであるが，その背景には，学卒雇用枠の縮減や非正規雇用の増大など，経済＝就業構造の変容という問題がある。そのため，子どもの社会的自立への基本的道筋としての「学校から仕事への移行」が，長期にわたる困難な過程になっている。そのようななか，「後期子ども」（就職や結婚等の自立に向けた課題に直面する15-30歳の年齢層）の自立に向けた社会的支援が重要な課題になっている。

　教育は未来社会を支える主体を育成する事業である。子ども若者のエンパワーに向け，学校教育の理念と方策の再検討が求められている。

（和井田清司）

視点 5　　　　　　　　　　　　　　　　　　　　　子どもの貧困（格差）

「貧困の連鎖」を断ち切るために

■ 子どもの貧困とは

　貧困家庭が急増していて，生活保護受給者は2012年末には215万人（受給世帯数は157万世帯）を超えており，戦後最も少なかった1995年は88万2,229人だったが，それ以降の新自由主義による構造改革で貧困と格差が顕著となった。2012年の17歳以下の「子どもの貧困率」は16.3％で，6人に1人の子どもが貧困生活を強いられており，公立小中学校に通う子どもたちの就学援助費（学用品代や給食費などの援助）受給率は15.64％で，受給児童数は約155万人である。特に，母子家庭などの一人親家庭の貧困率は54.6％（2012）と大変高い。生活保護を受けていた家庭では，子どもの4割が成人後に生活保護を受けている（厚生労働省資料）という。これを「貧困の連鎖」という。

　なぜ，貧困は連鎖するのか。耳塚寛明は，子どもの学力が経済資本（家庭の経済力）と文化資本（親の学歴や家庭内の文化）によって強く規定されていることを，『学力格差に挑む』『教育格差の社会学』などで明らかにしている。それらの研究では，子どもの学力は，①家庭の学校外教育費支出（塾や通信教育などの支出），②子どもへの学歴期待（子どもを高校，大学，大学院のどこまで進めようと期待するか），③家庭の所得，④母親の学歴，という順番で関連性が強いと分析している。

　母子家庭の母親は8割が働いており（2011），パート労働を1日に複数かけもちしていて，夜遅くまで子どもたちだけで過ごしているケースも多く，学習や食事までおろそかになっている。そうした成育歴のために，意欲や集中力が低く，経済的に塾にも通えず，小学校低学年からの基礎学力が身についていない子どもが多い。生活保護世帯の子どもの高校進学率は90.8％（一般世帯は98.2％，2013）であり，定時制や通信制高校進学も多く，また高校中退率も5.3％（2013）と高い。そして大学等への進学率は32.9％（2013）と低く，こうした学歴の低さは貧困の連鎖に大きく作用している。

■ 貧困家庭の子どもの学習・生活支援

　日本は先進諸国のなかでも国の教育予算の割合が低く，そのために家庭の教育

費が高い。ようやく高校の授業料が無償化（所得制限あり）され，また学校現場では学校徴収金を減らす努力などがされている。

　貧困家庭の子どもたちの学習を支援し，貧困の連鎖を断ち切るために，地域のなかで退職教師や大学生らのボランティアによる学習支援の取り組みが広がっている。また，国も「生活困窮者自立支援法」(2013)，「子どもの貧困対策法」(2013)に基づき，2014年から生活保護世帯の子どもの学習支援施設への補助金の交付を始めた。

　経済資本と文化資本に恵まれない貧困家庭の子どもにとっては社会関係資本（家庭，学校，地域における人とのつながり）が学力のセーフティネットで，学校における人間関係が最も大切と指摘されている（志水宏吉『「つながり格差」が学力格差を生む』）。しかし，貧困ゆえのいじめや学習が理解できないなどで不登校児童が多い。また貧困家庭に育った子どもたちの高校退学率も高いが，それは経済的理由とともに，生育過程によって集中力や持続力が弱いというケースも多い。学習支援施設に通うことにより，友達ができ，また支援員の大人や異年齢の子どもたちとコミュニケーションをとれるようになり，人間関係に自信がもてるようになった子どもが自己肯定感を高め，不登校も克服しているケースが多い。学習習慣の定着によって集中力や持続力の改善も図られている。

　子どもの貧困はますます深刻になっており，子どもたちへの生活支援や学習支援は喫緊の課題であり，国や自治体の支援事業の拡充が求められる。韓国では全国4,000か所以上の地域児童センターが貧困家庭の子どもの夜9時までの居場所と夕食を保障している。日本でも同様な施策が必要である。貧困家庭の子どもの進学先は定時制高校や通信制高校が多く，大学進学は経済的に大変困難である。学習権保障のためには高校生や大学生へのヨーロッパのような給付制奨学金制度が必要である。

> もっと詳しく知るために

- 阿部彩（2008）『子どもの貧困』岩波新書
- 阿部彩（2014）『子どもの貧困Ⅱ』岩波新書
- 宮下与兵衛編（2010）『子ども・学生の貧困と学ぶ権利の保障』平和文化

（宮下与兵衛）

視点 6　　　　　　　　　　　　　　　　　　　　ネット社会の光と陰

デジタル・ネイティブ世代は「教える」より「促す」

教育の情報化ヴィジョンと21世紀型スキル

　2011(平成23)年4月28日に、「教育の情報化ビジョン〜21世紀にふさわしい学びと学校の創造を目指して〜」が文部科学省より示された。ここでは2020年度までに、児童生徒に対して一人1台の情報端末の整備を行い、学校教育におけるICTの効果的な活用とデジタル教科書の配布を目標として明記した。

　またここでは、つけたい力を「生きる力」だけでなく、ATC21S (Assessment and Teaching of 21st Century Skills、以下「ATC21S」と略す)といわれる「21世紀型スキル」までもその視野に入れているのが特徴である。ATC21Sでは、思考の方法（創造性と革新性、批判的思考・問題解決・意思決定、学習能力・メタ認知）、仕事の方法（コミュニケーション、コラボレーション＆チームワーク）、学習ツール（情報リテラシー、ICTリテラシー）、社会生活（市民性、生活と職業、個人的責任および社会的責任）の4つが主な技能とされる。ICTの活用をもととした主体的、協働的な学びを通して、20年後の社会に思いをはせて子どもたちが将来実社会において必要な資質・能力とは何か、実践を通して常に考え続け、問い続けたい。

ネオ・デジタル・ネイティブ世代と映像

　デジタル・ネイティブとは、「ゲーム機、携帯電話、パソコン、インターネットを代表とする新たなメディア環境のなかで育ち、生活してきた世代」といわれている。橋元らは、1996年頃以降に生まれた世代をさらに進化したネオ・デジタル・ネイティブ世代ととらえている。この世代は、スマートフォンを駆使して、動画情報を自由に操り、言葉より映像・音楽、理性より感性・感覚を重視し、自分にとって気持ちいいかどうか（快楽主義）を重視していることが特徴のひとつであると指摘した（橋元、2011）。

ネット社会における学習機会の拡充

　ネットを駆使した新しい学習方法がいろいろと登場しているが、なかでも反転授業 (flipped classroom) に注目したい。これは、学校で教わったことを自宅で復習するという従来のやり方を逆転させ、自宅などであらかじめ動画教材などを使

って予習を行い，授業では討論やグループ学習などを積極的に取り入れ，思考力やコミュニケーション力の育成など，応用的な学習の充実をめざすものである。反転授業は，ICT の発展に伴って，学習機会の拡充の一環として，2000年代のアメリカの大学・高等学校を中心に始まった教育方法であり，日本では小学校も含め，わが国になじむ反転授業の在り方が模索されている。

　先進的な事例を通して見えてきたそのメリットとしては，予習の習慣ができて学習に対し意欲的になったこと，グループ学習の充実，理解力や説明力，コミュニケーション力などが向上したと報告されている。反面デメリットとしては，家庭学習をしない子への対応の難しさ，タブレット端末の目的外使用などとともに，新しい授業方法への教員の意識改革が何より重要な課題となっている。ネオ・デジタル・ネイティブ世代に対応する教員の役割は，「教える」から「促す」に変わり，ファシリテータとしての力量も，反転授業には求められているのであるが，決して技術優先ではない。反転授業の先駆者であるアメリカの元高校教師のアーロン・サムズ(Aaron Sams) も，まずは教育学ありきであり，新しい技術に教育を合わせることがあってはならないとしている("Pedagogy Must Drive Technology.")。

ネット社会の歩き方

　デジタル・ネイティブ世代の学びには不可欠なタブレット端末やスマートフォンであるが，インターネット接続で起こりうるさまざまなトラブルに対して，子どもたちにどう対応していいのかわからない，という保護者や教職員は多い。従来の情報モラル教育のように上から教えるのではなく，大人自身が歩み寄り，スマートフォンの正しい活用方法を子どもに教えてもらいながら，また一緒にその危険性を疑似体験しながら新しいメディアとのつき合い方，トラブルとの向き合い方をともに考えていくという姿勢が大切である。ネット社会の光と陰の両方を理解し，光の部分のよさを生かし，陰の部分の適切な対処をともに学ぶ映像を生かしたデジタル教材の一つとしてここでは，「ネット社会の歩き方」を紹介する。

もっと詳しく知るために

- 文部科学省（2011）「教育の情報化ビジョン」
- 橋元良明編（2011）『日本人の情報行動2010』東京大学出版会
- 山内祐平編（2010）『デジタル教材の教育学』東京大学出版会
- 一般社団法人日本教育情報化振興会「ネット社会の歩き方」
  http://www2.japet.or.jp/net-walk/ （2015.3.15取得）

（今田晃一）

視点 7 子ども・若者の生活と意識

子ども・若者意識―国際比較から見えてくるもの

◢ 子ども・若者を取り巻く国際環境

　現在の日本の子ども・若者にとっての身近な国際環境について見てみる。グローバル化は学校教育においても進展しており，その一端として，公立学校に在籍している外国人児童生徒数に着目すると2008年以降7.5万人前後で推移している（学校基本調査）。また，高等学校における海外修学旅行を見ると，2013年度は810校（16.3％）が実施しており，実施学校数は増加傾向にある（全国修学旅行研究協会，2014）。他方，留学に関して，日本人の海外留学者数は，2004年をピークに減少傾向にあり，2012年は60,138人であった（OECD等における統計をもとに2015年に文部科学省が集計結果を公表）。

　学校教育のなかで，日本人の集団のなかで外国人と触れ合うことや修学旅行等，集団で海外に行く機会は一定程度ある一方で，留学のようなかたちでの学びは回避する傾向が見られ，昨今指摘される「内向き志向」を垣間見ることができる。

◢ 自己肯定感

　では，そうした「内向き志向」の日本の子ども・若者は，国際的に見るとどのような特徴があるのか。内閣府調査（2014）から，表1の結果が公表された。

表1　自己肯定感の国際比較

		日本	韓国	アメリカ	英国	ドイツ	フランス	スウェーデン
自分についてのイメージ	私は，自分自身に満足している	45.8	71.5	86.0	83.1	80.9	82.7	74.4
	自分には長所があると感じている	68.9	75.0	93.1	89.6	92.3	91.4	73.5
自分についての誇り	賢さ，頭の良さ	46.0	65.7	86.8	85.5	85.6	84.1	84.2
	容姿	33.4	57.7	76.1	72.6	69.6	69.4	68.2

　＊「自分についてのイメージ」は「そう思う」と「どちらかといえばそう思う」の合計（％）
　＊「自分についての誇り」は，「誇りをもっている」と「どちらかといえば誇りをもっている」の合計（％）

　日本の子ども・若者は，自己評価が厳しく，自己実現に向けてより高い目標を抱いているのか，あるいは謙遜しているのかさまざまな解釈ができようが，自分自身を尊重し，肯定的に受け止める自己肯定感が低いことは明らかである。

学習意欲

PISA2012の結果を見ると（文部科学省ほか，2013），数学的リテラシーで日本は536点（7位）で，OECD平均494点を上回っており，国際的に見て上位である。その一方で，「数学で学ぶ内容に興味がある」で，「まったくそのとおりだ」と「そのとおりだ」の合計は37.8％で，OECD平均53.1％より15.3ポイント低く，「将来の仕事の可能性を広げてくれるから，数学は学びがいがある」は51.6％で，OECD平均78.2％より27.0ポイント低かった。

数学の成績は上位であるにもかかわらず，興味・関心や学習意欲は低いことがわかる。読解力や科学的リテラシーについても同様の傾向で，「勉強はできるが，その内容に興味はなく，必要性も感じていない」という姿が浮かび上がる。

キャリア教育への期待

「内向き志向」で自己肯定感や学習意欲が低い子ども・若者も，いずれは社会人になる。そのために学校にできることは何か，日本青少年研究所（2013）の調査（表2）から考えてみる。

表2　キャリア教育の国際比較

		日本	米国	中国	韓国
学校でキャリア教育に関する授業を受ける	「ある」	52.5	47.3	19.2	59.8
	「参考になった」	82.6	82.7	68.5	71.2
インターンシップ・職場体験をする	「ある」	42.2	31.7	15.4	20.6
	「参考になった」	89.3	83.4	82.0	68.9

日本ではキャリア教育を受けた高校生が多く，その有用性も認識している。キャリア教育は，学校・家庭・地域の連携のもと，さまざまな人々と交流しながら学ぶことができる。その学びに，自分の個性を見いだし，それを前向きに受け止め，社会的に自立できる子ども・若者を育成する鍵がある。

もっと詳しく知るために

- 公益財団法人全国修学旅行研究協会（2014）「平成25（2013）年度全国公私立高等学校海外修学旅行・海外研修（修学旅行外）実施状況調査報告」
- 内閣府政策統括官（共生社会政策担当）（2014）「我が国と諸外国の若者の意識に関する調査（平成25年度）」
- 文部科学省・国立教育政策研究所（2013）『OECD生徒の学習到達度調査』（「2012年調査国際結果の要約」と「2012年調査分析資料集」の2分冊）
- 日本青少年研究所（2013）「高校生の進路と職業意識に関する調査報告書——日本・米国・中国・韓国の比較」

（林　幸克）

視点 8　不登校・引きこもり

不登校・引きこもりは個人の問題なのか

不登校の定義と現状

不登校の基準は，1年間に30日以上の欠席である。文部科学省は「何らかの心理的，情緒的，身体的，あるいは社会的要因・背景により，児童生徒が登校しないあるいはしたくともできない状況にあること（ただし，病気や経済的な理由によるものを除く）をいう」と定義する。

2013年度の小中学校の不登校児童生徒数は約12万人，在籍者数に占める割合は，小学校0.36％，中学校2.69％であった。高校は約5.6万人（1.67％）であったが，不登校から退学にいたる生徒も多いため，中途退学者約6万人（1.7％）の中にも不登校が多く存在すると推察できる。

引きこもりの定義と現状

厚生労働省は，引きこもりを「仕事や学校にゆかず，かつ家族以外との交流をほとんどせずに，6ヶ月以上自宅に引きこもっている状態」と定義している。引きこもりの治療を行っている精神科医の齊藤環は「精神障害がその第一の原因とは考えにくいこと」も加えている。

「引きこもりの評価・支援に関するガイドライン」（厚生労働省，2007）によると，引きこもりの平均開始年齢は22.3歳，生涯有病率（生涯に一度は引きこもり経験がある人の割合）は1.2％で，男性に多い。

内閣府は2010年に15-35歳を対象に「若者の意識に関する調査（引きこもりに関する実態調査）」を実施した。その結果「ふだんは家にいるが，近所のコンビニなどには出かける」「自室からは出るが，家からは出ない」「自室からほとんど出ない」に該当した者（「狭義の引きこもり」）が23.6万人，「ふだんは家にいるが，自分の趣味に関する用事の時だけ外出する」（「準引きこもり」）が46.0万人だった。

個人の問題，学校・社会の問題

学校からの報告による不登校のきっかけは多岐にわたり，文部省は1992年に「不登校はどの子にも起こりうる」とした。長年いじめや不登校の研究をしてきた森田洋司は，中学3年時に不登校だった20歳への調査を行い（2001），当事者は

①友人関係をめぐる問題（45.0％），②学業の不振（27.6％），③教師との関係をめぐる問題（20.8％）をあげた。だれでも人間関係と学習の困難に悩む可能性はある。

　引きこもりのきっかけは仕事や就職に関するものが多く，小中高校の不登校によるものは11.9％とそれほど多くない。引きこもり当人からの「ネット相談」3000人の内容をNHKが分析した調査（2004）でも，学歴は大卒以上が29％で最も多く，続いて高卒（23％），大学中退（19％），高校在学中・中退（12％）となっている。就業経験がある者は47％で，大学を卒業・就職後，職場になじめず離職して引きこもりになる群が多いことがわかる。引きこもりにも仕事と職場の人間関係の困難が関わっている。引きこもりもその可能性は誰にでもあるといえる。

　人間関係のつまずきと成果をあげることへの困難を改善するには本人にとって厳しすぎる環境が，不登校と引きこもり継続の要因になっていると推察できる。

対応・対策

　本人の努力で解決できない困難の結果として不登校や引きこもりが始まるのであれば，学校・職場・社会の早期介入は不可欠である。その場合，支援者にも当事者にも，知識や情報は助けになる。例えば，国立教育政策研究所の2015年の調査では，不登校経験者が休み始めた時の対応には迅速さが要求されることが示されている。小学校での不登校経験者が中学校でも不登校になる場合，中１の７月までに欠席日数が30日を超えていたのである。不登校経験の有無に関する情報をもっていればよりよい介入ができる。また，長年不登校生徒の親から相談を受けてきた小澤（2003）は，最初は休養させてエネルギーがたまるのを待つが，元気になってきたら学習支援と受け入れ体制をつくりながら教室復帰をめざす登校刺激が必要であるという。その具体策は参考になる。

　NHKの調査では，引きこもりからの脱出には，理解し受け入れてくれる人との出会いが重要であった。それは不登校も同様である。しかし，当事者だけでなくその家族も社会的に孤立し，復帰や支援に関する情報が届きにくくなっている場合は少なくない。引きこもりの75％が相談機関とつながっていないし，５年以上の引きこもりは３割を占め，高齢化に向かっている深刻な現状もある。不登校も引きこもりも，支援に向けた質の高い情報が早くから当事者や家族に届くよう，学校を含む地域の専門機関が支援啓発活動を行うことが重要である。

もっと詳しく知るために

- 小澤美代子（2003）『上手な登校刺激の与え方』ほんの森出版
- 斎藤環監修（2004）『引きこもり』NHK出版

（和井田節子）

視点 9　　　　　　　　　　　　　　　　　　　　いじめの「防止」

いじめをいかに緩和させるか

■ いじめの定義（判断基準）の見直し

　文部科学省が毎年実施している「児童生徒の問題行動等生徒指導上の諸問題に関する調査」（以下，「問題行動等調査」）における「いじめ」の項目では，2006（平成18）年度調査から，それまでの「発生件数」から「認知件数」に変更され，いじめの定義（判断基準）についても見直しが行われた。「発生件数」とは，学校がいじめと断定した数のことであり，「認知件数」とは，教師がいじめの疑いがあると判断した数のことである。変更した主な理由は，「より小さな段階から対応することで，深刻な問題に発展させないようにする」という考え方である。つまり，いじめの「発生件数を減らすことを重視」し，「件数が少なければよい」などと考えるのではなく，小さな件数が多ければそれだけ「解消率を高めることができる」，「解消率が高ければ，件数が多いことも，むしろ積極的に対応している証拠」と考えるように求めたためである。

　また，いじめの定義（判断基準）が大きく変更された点は，被害者の精神的な部分をより重視したことである。つまり，いじめは被害者の立場に立って判断されねばならず，教職員自身がいじめであるかどうかの判断をしてはいけないということである。1985（昭和60）年度から開始されたいじめ調査の定義（判断基準）が見直されたのは，1994（平成6）年度調査に続いて2回目で，2006（平成18）年度調査からはとらえ方が180度変わったといっても過言ではなく，いじめに対する対応の在り方を根本的に見直すことを求めたことになる。

■ いじめの社会問題化における共通点

　しかしながら，いじめの定義（判断基準）が変更された後も，毎年のように児童生徒のいじめ自殺事件が発生している。

　2011（平成23）年9月に発生した「大津いじめ事件」での問題は，教師が暴力に気づきながら，それを「いじめ」や「けんか」などと軽く考えて，適切な対応がなされなかった。同様に，子どもからの相談を受けていながら，「単なる嫌がらせだからいじめではない」と教師が勝手に判断し，速やかに対応をしなかった

ために，子どもの命を失う事件に発展した。こうした例は後を絶たない。

　繰り返されるいじめの社会問題化には，学校や教職員にいじめの認識が欠けていたり，責任回避や隠蔽とも取れる対応がなされるという共通点が見られる。

◢ 日本でのいじめの様態

　日本でのいじめで見られる代表的な行為は，からかい，いたずら，嫌がらせ，陰口や無視などである。前述した大津の事案のように，激しい暴行や傷害を伴うものは例外的である。個々の行為だけを見れば，「ささいなこと」「日常的によくあるトラブル」などととらえられがちである。しかし，そうしたささいに見える行為でも，しつこく繰り返されたり，複数の者から繰り返されたりすることで，不安感，屈辱感，孤立感，恐怖感等が募り，被害者が死を選ぶことに追い込まれることもある。ささいに見える行為であっても，その累積がもたらす精神的な被害である「目に見えにくい攻撃」と行為自体が目に見えやすい「暴力」とは，しっかりと区別する必要がある。

　逆に，「大津いじめ事件」のように，度を超した暴力行為を含んでいるような事件において，「いじめ」を強調した報道がされると，「うちの学校では，あのように度を超したレベルではないので大丈夫」と考え，それ以上の対応がなされないようなことがあってはならない。

　いずれにせよ，「いじめ」か「暴力」の線引きをする以前に，どちらに対しても速やかに対応することは，学校（教師）として，当然の責務である。

◢ 「いじめ防止対策推進法」がめざしていること

　「大津いじめ事件」が契機となって策定された「いじめ防止対策推進法」（2013年9月施行。以下，「推進法」という）の第8条（学校及び学校の教職員の責務）には，「学校及び学校の教職員は，基本理念にのっとり，当該学校に在籍する児童等の保護者，地域住民，児童相談所その他の関係者との連携を図りつつ，学校全体でいじめの**防止及び早期発見**に取り組むとともに，当該学校に在籍する児童等がいじめを受けていると思われるときは，適切かつ迅速にこれに**対処**する責務を有する」と記載されている。一般的に法令等の文書では，先に記載されていることの方が優先順位は高い。したがって，学校や教職員には，まず第一に，いじめの「防止」（いじめが起こりにくい環境づくり）を重視しつつ，「早期発見」（いじめの兆候を見逃さない）や「対処」（発見したいじめへの迅速な対処）を行うことが求められている。

　ただし，ここで注意をしたいことは，「防止」と「早期発見」を明確に区別することである。「推進法」が制定される前までは，「早期発見」をしていれば，い

じめを「防止」していると考え，「早期発見」の取り組みを重視している学校が少なくなかった。しかし，「早期発見」をしたときには，たとえ軽微ではあっても，いじめが進行しているため，「防止」とはいえないはずである。より小さないじめの段階での対応が目的である「早期発見」は，深刻ないじめに発展しない予防的な取り組みであると考えられがちであるが，「早期発見」の対象はいじめの疑いのある児童生徒のみであり，それは，彼らに対する早い段階での事後対応なのである。

　なお，学校で，すべての児童生徒を対象とする「防止」の取り組みをしていたとしても，教職員が無意識的に課題のある児童生徒のみに目が向いている（「早期発見」のための意識である）としたら，それは「防止」と「早期発見」が混在したものであり，児童生徒への適切な働きかけにはならない。このようなことから，「推進法」の第8条に「防止」の部分が明記されたのである。

　参考までに，国立教育政策研究所生徒指導・進路指導研究センターが継続実施している「いじめ追跡調査」によると，小学4年生から中学3年生までの6年間で約9割の児童生徒が暴力を伴わないいじめの被害経験と加害経験があり，同じ年度内でさえ，異なる児童生徒が入れ替わり，被害者や加害者になっていることが明らかになった。このことからも，いじめの問題に対しては，日頃から，学校内にいじめが起こりにくい環境をつくる取り組み（「防止」）が求められているといえる。

いじめが起こりにくい学校風土づくり

　学校内にいじめが起こりにくい環境をつくるためには，どのような取り組みをすればよいのか。前述した「いじめ追跡調査」によると，学校生活において，児童生徒にストレスをもたらす要因は，「友人関係」「過度の競争意識」「授業」の順番で高かった。また，児童生徒はストレスがたまると，他者への攻撃（いじめの加害行為）へ向かう可能性が高いという調査結果も見られた。

　このことから，児童生徒の他者への攻撃を緩和させるためには，児童生徒に過度なストレスを感じさせない働きかけが求められる。具体的には，日頃から，一人ひとりの児童生徒がわかる喜びや達成感を得られるような授業実践をするとともに，友人関係，集団づくり，社会性の育成などに関する働きかけを重視することが効果的であると考えられる。特に，児童生徒に自らが他者と関わることの喜びや大切さに気づき，互いに関わり合いながら，他人の役に立っている，他人から認められているといった「自己有用感」を育成する実践によって，いじめの緩

和に効果を上げている例が少なくない。「自己有用感」は，「人の役に立った」「人に認められた」など，相手の存在なしには生まれてこない。日本では，児童生徒に「規範意識」を育むことも重視されていることから，集団や社会との関係を肯定的に受け入れることで生まれる「自己有用感」の育成をめざすことが適当であろう。そして，児童生徒に「自己有用感」を育むことは，「友人関係」に対する児童生徒のストレスをもたらさないため，他者への攻撃（いじめ）を緩和させることにつながると考えられる。

　ちなみに，児童生徒の「自己有用感」を育むことは，いじめを「防止」するための取り組みではなく，学校教育では当たり前の働きかけである。したがって，当たり前のことを，当たり前に働きかけることで，結果的にいじめの「防止」に結びつくということが望ましいかたちであろう。ただし，大切なことは，そのような働きかけが，決して場当たり的なものではなく，児童生徒の「自己有用感」を育成するという明確な目的をもって行われることが大切である。明確な目的があるからこそ，意図的・計画的な実践になり，児童生徒への適切な指導になると考えられる。

　たった一人の教師のいじめに対する間違った認識が，いじめ行為の見過ごしや見逃しにつながる。また，一部の教師の不適切な言動が，いじめを容認するものと児童生徒に受け止められ，加害者側の行為をエスカレートさせたり，被害者に教師に相談することをためらわせたりもする。あらためて，いじめの定義（判断基準）について，正しく理解し，適切な対応を進めるようにしたい。たとえ，いじめの認知件数がゼロであっても，学校生活に不安感を抱く児童生徒が多ければ，魅力ある学校とはいえない。いじめが起こりにくく，一人ひとりの児童生徒が安心して生活できる学校風土を築いていくためにも，「いじめは絶対に許されない行為である」ということを忘れないようにしたい。

もっと詳しく知るために
- 森田洋司（2010）『いじめとは何か――教室の問題，社会の問題』中公新書
- 鈴木翔・本田由紀（2012）『教室内（スクール）カースト』光文社新書
- 共同通信大阪社会部（2013）『大津中２いじめ自殺　学校はなぜ目を背けたのか』PHP新書

（藤平　敦）

視点 10 子どもの権利条約（条例）

「子どもの最善の利益」をどのように具体化するか

■ 子どもの権利という思想

　1989年，子ども（児童）の権利条約が国際連合の場で全会一致で制定された。ポーランドのイニシアチブによるものであった。日本は，1994年，国会でこの条約を批准（世界で158番目）し，国内にも条約の趣旨が適用されることとなった。条約はその性格上，強い拘束性をもち，教育の実際を改革する役割をもつ。もちろん，学校の在り方にも影響を与える。学校はもとより，家庭・地域等あらゆる教育の場で，「子どもの最善の利益」を追究する時代を迎えた。

　子どもの権利という思想や実践は，20世紀とともに生まれた。エレン・ケイ（Ellen K. S. Key, 1849-1926）が20世紀は「児童の世紀」と語り，第一次大戦が多数の戦災孤児を生み，ジュネーブ宣言（国際連盟総会採択，1924）が子どもの権利を提起した。そこでは，「人類が児童に対して最善のものを与えるべき義務を負う」と宣言され，具体的な権利の項目があげられている。こうした理念は，戦後，子どもの権利宣言（国際連合，1959）や国際人権規約（1966）へと発展的に制度化されてきた。こうした経過を経て，子どもの権利宣言から30周年にいたり，より拘束力の強い子どもの権利条約が制定された。その際，ポーランドがイニシアチブをとった背景に，ヤヌシュ・コルチャック（Janusz Korczak, 1878-1942）の影響がある。子どもの権利という思想を体現し，孤児院の経営や児童文学作家として活躍したコルチャックは，強制収容所で子どもたちとともに非業の死を遂げた。子どもの権利条約は，こうした先人の苦闘と国際的達成を引き継ぐものとして誕生した。

■ 子どもの最善の利益とその保障

　子どもの権利条約は，前文（条約の背景・趣旨・原則）と54の条文から成る。各条文は，第Ⅰ部（個別的権利を含む実体規定），第Ⅱ部（条約の国際社会における実施措置），第Ⅲ部（発効・批准などの最終条項）から成り，第Ⅰ部が中核部分である。これらの諸条文は，世界のあらゆる状況の子どもの「最善の利益（the best interests）」（3条）を想定した規定である。そのため，条文は多岐にわたる。そのなかで，子どもの保護（protection）や供与（provision）にとどまらず，参加（participation）の

規定が位置づけられていることは注目されてよい。

　具体的には，意見表明権（12条），表現・情報の自由（13条），結社・集会の自由（15条），情報へのアクセス（17条）等である。12条は，「締約国は，自己の意見を形成する能力のある児童がその児童に影響を及ぼすすべての事項について自由に自己の意見を表明する権利（the right to express those views freely in all matters）を確保する。この場合において，「児童の意見は，その児童の年齢及び成熟度に従って相応に考慮される」と規定する。この一連の参加規定には，子どもを保護や啓蒙の対象としてではなく，子どもの意見・判断・行動を尊重し市民として育成する方向が明示されている。

　締結国は，子どもの権利推進の遂行状況を国連に報告し，所見（勧告）を受けて改善を図ることが義務づけられる。日本の第1回報告書に対する勧告（全49項）では，「子どもたちの権利の実施を監視する権限を持った独立機関（10項）」の設置，「競争の激しい教育制度が存在し，子どもの身体的精神的健康に悪影響が生じている（ので）過度のストレスおよび学校忌避を防止し，それと闘うために適切な措置（43項）」をとる必要性，「学校の暴力を防止するため，特に体罰およびいじめを解消する方向で包括的な計画を作成し，かつその実施を注意深く監視する（45項）」ことなどが指摘され，改善が求められた（1998年6月5日）。

　こうして，子どもの学び育つ場が，子どもの権利を尊重した存在であることが要請され，その実施と検証のシステムが作動してきたのである。

子どもオンブズの試み

　子どもの権利条約が制定されても，その理念を具体的に生かす実践が伴わなければ改善は望めない。具体化の動きとして，地方自治体による子どもの権利条例制定の取り組みがある。川崎市（神奈川県），奈井江町（北海道）など多くの条例が作成されているが，ここでは，川西市（兵庫県）の場合を参照しよう。

　同市では，1998年に「子ども人権オンブズパーソン条例」を制定し，首長直属の公的第三者機関として制度を発足させた。行政を監視し，市民の利益や人権を実現するオンブズマン制度は19世紀にスウェーデンでスタートしたものだが，子どもの人権を対象に，公的第三者機関として設置された子どもオンブズパーソン制度は，1981年にノルウェーで最初に発足した。国連・子どもの権利委員会は，この制度の普及を推進しており，日本にもその設置を勧告してきた。川西市の場合，専門職としてのオンブズ（3人）に加え，相談員（カウンセラー）と事務局を含めた組織として機能している。オンブズは，「子どもの利益の擁護者・代弁者」

「公的良心の喚起者」（7条）であり，その職務（6条）は，①子どもの人権救済，②子どもの人権の擁護と人権侵害の防止，③制度改善等の市長への提言，である。

具体的な仕組みは，図1のようである。ここでは，子どもの立場に立ち，子どもに寄り添いつつ問題解決を図ることが原則となっている。対決や告発中心の対応でなく，子どもが立ち直り，成長していく関係づくりを調整していくことが重視されている。発足以来十数年を経て，図2に見るように，次第に子どもからの相談割合が増大してきた。子どもの認知率（市内小中学生の70-80％）も高まり，問題を抱えた子どもたちのエンパワーが図られてきた。

発足以来困難な局面もあったが，相談件数も拡大し，定着している。そのため，他県や他市町村からの視察も多く，他の自治体への普及にも貢献している。

学校参加の実践

子どもの権利を具体化するもう一つの取り組みとして，学校参加の実践がある。ここでは，三者会議（教師・保護者・生徒）を組織して総合学習のカリキュラム開発に取り組んだ事例（千葉県立小金高校）や，三者協議会（教師・生徒・保護者）とともに地域代表を加えた四者でフォーラムを開き，学校や地域課題に取り組んできた事例（長野県辰野高校）などが参考になる。

辰野高校では，1997年度に三者で「学校憲法宣言」づくりに取り組み，「生徒・父母・教職員が互いに信頼し，民主的に協力し合い，地域に根ざし地域に開かれた学校」の創造を宣言した。その具体化として，「辰野高等学校のより良い学校づくりをめざす生徒・父母・教職員の三者協議会」を設置した。ほぼ同時に，地域住民代表を交えて，四者による「辰高フォーラム」も立ち上げている。三者協議会では，施設設備の充実，アルバイト緩和，服装規定（標準服・私服併用），授業改善（授業アンケート）等が合意され，学校運営に反映されていった。フォーラムでは，住民代表とともに地域活性化や町づくりをテーマに検討を重ね，地域清掃，高校生ショップ（コミュニティカフェ），コラボ商品開発（「たつの弁当」「辰高バーガー」「りんごおやき」等）など，学校と地域の有機的な連携の姿を追究している。

こうした実践では，児童生徒を管理や啓蒙の対象としてではなく，「早熟で未熟な市民」として位置づけ，子どものよさを生かした試行錯誤の経験を大事にしている。未来社会の形成者としての訓練を重視しているともいえる。高校での学校参加の試みを紹介したが，同様の実践は小中学校でも取り組まれている。

参加は責任を伴う営為である。もちろん参加のレベルにはいろいろなかたちがありうるが，子どもの適切な参加体験は，学校への関与を高めるとともに，市民

としての原初的訓練にもなる。そして参加を基調にした教育実践は，子どもの権利条約の思想を学校空間に生かす試みとして重要である。

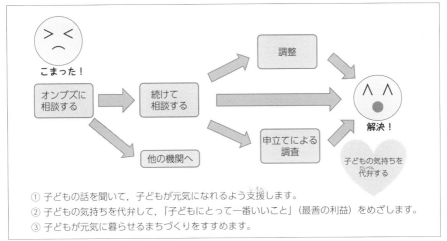

① 子どもの話を聞いて，子どもが元気になれるよう支援します。
② 子どもの気持ちを代弁して，「子どもにとって一番いいこと」（最善の利益）をめざします。
③ 子どもが元気に暮らせるまちづくりをすすめます。

図1　子どもオンブズの仕組み
出典：「きみがたいせつ——オンブズパーソンからのメッセージ」（川西市子どもの人権オンブズパーソン事務局）

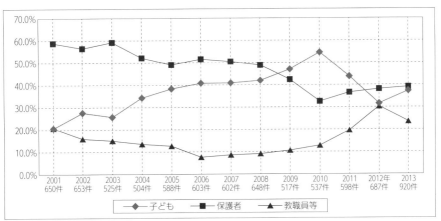

図2　相談対象の推移
出典：「子どもオンブズ・レポート2013」（川西市子どもの人権オンブズパーソン事務局）

【もっと詳しく知るために】
- 中野光・小笠毅（1996）『ハンドブック　子どもの権利条約』岩波書店
- 荒牧重人・喜多明人・半田勝久編（2012）『解説　子ども条例』三省堂
- 桜井智恵子（2012）『子どもの声を社会へ』岩波新書

（和井田清司）

視点 11 「学校から仕事への移行（school to work transition）」

子ども・若者の社会的自立のために

◢ 労働市場の流動化

　中央教育審議会（2011）「今後の学校におけるキャリア教育・職業教育の在り方について（答申）」によれば，2011年3月卒業予定者の就職内定状況は，高校生約57.1％，大学生約57.6％と依然低い水準にとどまっている。その結果として，非正規雇用者は5年連続で増加し，2014年では過去最高の1,962万人にまで達している（総務省「労働力調査2014」）。しかし，こうした実態があるにもかかわらず，安倍政権は「行き過ぎた雇用維持型から労働移動支援型への大胆な政策展開」（『日本再興戦略 改定2014―未来への挑戦』）をし，さらなる雇用不安定化を推進しようとしている。政府のこうした動向には若者の仕事への移行の改善に向けた二つの含意があるといわれている。第一に，長期雇用という慣例によって奪われてきた若者の雇用機会を取り戻すことである。第二に，労働力移動を当然と見なすような社会を実現し，正規と非正規の格差の減少をもたらすことが，結果的に若者に自らの価値観に沿った多様な人生設計を選択する余地を与えるというのである。

◢ 社会移行とQOL

　上記のような政府の主張は，若者の社会移行問題を，単なる正規雇用への移行に矮小化せずに，人間として満足した生活を送ることを重視する「生活の質」（QOL）という観点からとらえ直すべきであるとの指摘にも思える。

　しかし，わが国においても社会階層の固定化や格差の拡大が問題となっているなかで，若者の選択の自由を保障することでQOLを実現できるとの主張は，拡大しつつある格差を正当化するための「自己責任論」へと転化されかねない。若者の高校卒業後の進路選択の結果を5年間にわたって追跡調査した乾彰夫（2013）らの研究によれば，わが国においては，新卒一括採用から漏れてしまった若者たちが正規採用の道を自らの力で獲得することが非常に困難であることが明らかとなっている。しかも，そうした困難性は，多くの社会学的知見が示すように，低学歴，低所得家庭の若者に特に顕著に見られる。さらに，乾によれば各種社会保障の受給要件が各国と比較しても著しく厳しいわが国においては，学校から仕事

への移行につまずいた若者たち，あるいはさまざまな事情によって職を離れた若者たちは，自らの人生設計に資する能力を向上させるための経済的支援や教育機会に恵まれることがなく，非正規以外の職に就くという選択肢を実質的に奪われてしまっているという。若者の社会的移行を QOL という観点から実現するためには，新卒一括採用という慣例の見直し，失業保険要件の緩和，あるいは学校卒業後の職能開発の場の充実などがあわせて図られなければならない。

学校における職業教育

労働市場の流動化は，学校における職業教育にも変更を迫っている。新卒採用，長期雇用という慣例が前提にあった従来の学校教育における職業教育とは，主に就職指導にとどまり，本田由紀（2010）が指摘するように，正規雇用に就かなければならないというストレスへの対応や，就職後の職能開発に注目することはなく，必ずしも子どもの最善の利益を実現するものではなかった。特に就職後の人生設計については企業内教育（OJT）に委ねられていたのである。

しかし，労働力流動化・雇用の非正規化が進んだ社会においては，これまでOJT が担ってきた職業人としての教育を，随時学校へと移行していくべきだという主張が政府だけでなく企業側からも提起されている。こうした要請は，これまで「深く専門の学芸を教授研究する」（学校教育法第83条）ことを使命としてきた大学に対しても例外ではない。例えば，2015年3月に発表された文部科学省の有識者会議の審議まとめ案においては，研究を主たる目的としない実践的な質の高い専門職業人を育成する「新たな大学」の設置が提案され，既存の大学にも「自ら主体的判断によって新たな高等教育機関に移行」する道を拓いている。こうした流れは大学の専門学校化をもたらし，学問の衰退を招くと批判することは容易である。しかし，大学の専門学校化の背景には，学問（研究）を重視する大学と実益を重視せざるを得ない企業側との学生評価基準の相違が，就職活動を迎える学生たちの混乱を招いてきたという反省があることも忘れてはならない。

もっと詳しく知るために
- 乾彰夫（2013）『高卒5年 どう生き，これからどう生きるのか』大月書店
- 苅谷剛彦・本田由紀編（2010）『大卒就職の社会学』東京大学出版会
- 渡辺治ほか（2014）『〈大国〉への執念 安倍政権と日本の危機』大月書店

（関 芽）

3節　教育改革・学校制度改革の現在と未来

1．進む教育改革・学校制度改革

　わが国の学校教育の基幹的な制度は，戦後の教育制度抜本改革期に形成されて以来長きにわたって大きく変更されず続いてきたが，近年，その根幹ともいうべき制度が次々と改革の遡上にのぼっている。例えば，学校制度体系の見直しである。わが国の学制制度は，教育の機会均等，学制の単線化を柱として成立し，それに基づいて戦後の学校の制度モデルが形成された。しかし，現在，6・3・3・4制という戦後の学制の基本的枠組みが改革の遡上にのぼり，すでに，幼保一元化，小中一貫，中高一貫が現実に具体化され，5歳児教育の義務化，高等学校の無償化の議論が争点化している。

　近年のこうした抜本的な制度改革が進む背景には，以下に述べるようなさまざまな要因がある。

2．激しい社会変動

　第一には，未曾有の激しい勢いで進む少子高齢化，グローバル化，さらには，2011年に発生した東日本大震災とその後の大きな社会の変動であろう。地域では，既存の枠組みを維持できないような激しい勢いで少子高齢化が進んでおり，それは**少子化による学校統廃合**へとつながっている。また，グローバル化の波は子どもたちに求められる学力を保障するための制度改革，例えば，小学校外国語活動の導入，**国際バカロレアの認定校**などの増加として現れつつある。東日本大震災は学校や地域にも未曾有の被害をもたらしたが，防災教育としてのみならず，命，絆，地域などをテーマとした学校教育の在り方そのものをとらえ直す重要な契機となっている。

3．教育基本法改正の影響

　第二には，2006年に改正された教育基本法の影響である。わが国の教育法制は，

形式的には，憲法－教育基本法－個別法（学校教育法など）という法体系が前提とされているが，実態としては，戦後の一時期を除き，憲法－教育基本法－個別法の関係は一体的なものではなかった。特に，「憲法－教育基本法」と「個別法（学校教育法など）」の乖離は相当程度に進んでおり，教育基本法は理念法としての機能に限定され，個別法や学習指導要領は，それとは別に，時どきの政権の方針に従って制定，改正を重ねていったのである。

　これが，2006年の教育基本法改正によって，教育法体系が大きく変化した。改正によって「教育基本法－個別法」の一体的な関係が再定立され，特に，自由民主党が政権復帰してからは，その関係はより堅固なものとなっている。教育基本法は，改正によってその性格が，「教育の憲法」から「教育の根本法」へと変化したといわれる。それは，教育基本法が，憲法と個別法，憲法と教育をつなぐ役割，つまり，憲法の理念や考え方を，教育において実現するという従来の役割を超えて，教育基本法自身が，教育の理念をつくり出し，教育基本法を頂点とする法制度体系を形成し，学習指導要領の改訂，教科書検定，道徳の教科化，さらには教育基本法第2条（教育の目標）を通して教育実践に直接的に影響を与えるなど，学校の内容・方法についても大きな影響を与えるようになったことを意味している。また，教育基本法第6条第2項（学校教育）をうけて，**副校長，主幹教諭などの新しい職の設置**が進められたりしている。教育基本法改正は，「教育の根本法」として，法制度のみならず，教育内容・方法を含めさまざまな分野で改革の方向性を提示するものとなったのである。現在，**教育基本法改正のインパクト**は，非常に広範に及んでいる。

4．政治主導の教育改革

　第三には，教育政策が，政治主導で形成されるようになっていることがあげられる。従来，いわゆる55年体制のもとでは，長期にわたって，自由民主党を中心とした保守政権においては，官僚主導で教育政策が形成されていた。これに対し，政治主導への動きは，90年代から「内閣機能の強化」として始まった。特に，小泉内閣では，内閣府に，内閣総理大臣を議長とする「経済財政諮問会議」「総合科学技術会議」などを設置し，外部の有識者を活用して，内閣・大臣の責任で政策決定が行われる傾向が強まった。また，政策決定における内閣（政治）のリーダーシップを強化するために，内閣の人的陣容の整備を進め，従来の官僚による政府委員制度が廃止され，副大臣，大臣政務官の制度が導入された。その後，本

格的な政治主導は，2009年の政権交代によって始まった。2009年8月に民主党による政権交代が実現すると，民主党は政務三役（大臣，副大臣，政務官）を中心として政策立案を進めた。小学校1年生の35人学級，認定こども園などの**幼保一元化**の政策，子ども手当，高等学校の無償化，教員養成の修士レベル化・高度化など，政治主導の改革を次々に打ち出し，教育政策の策定が政治主導で進められる流れができた。2012年の衆議院選挙によって，自由民主党が政権を奪い返し，第二次安倍内閣（自由民主党と公明党の連立政権）が成立したが，政治主導の流れは，新政権となっても基本的に継続された。政策形成の推進役として，党内に総裁直属の「教育再生実行本部」を置き，5つの分科会を設置して，次々に提言を発表し，新しい改革を打ち出している。これに対応して政府には，首相直属の機関として「教育再生実行会議」（閣議決定による設置）が内閣官房に設置された。「教育再生実行会議」は，政府の機関として，「教育再生実行本部」（党の機関）の提言等をうけて，それを政策として実現できるかという観点から現実的な政策として練り上げ，また調整する役割を果たしている。安倍内閣は衆議院議員選挙の公約であった学制の改革，**教科書採択・教科書検定基準と教科書制度の改革，教職大学院の拡充**，さらには，戦後の地方教育行政制度の核であった**教育委員会制度改革**を断行している。特に，教育委員会制度改革によって首長の教育行政への関与が制度的に強化されたことは，今後の地方教育行政の展開や国と地方の関係のあり方に大きな影響を与えるものと思われる。

5．地方分権，規制緩和の動き

　第四には，地方分権改革，規制緩和の動きがあげられる。これらは，教育改革という枠組みではなく，90年代からの総合的な構造改革の一貫として行われていることに注意する必要がある。地方分権の動きは，1999年の地方分権一括法の成立を契機として加速することとなる。こうしたなかで，地域住民や保護者が学校運営に参画する仕組みとして**コミュニティ・スクールが制度化**され，徐々に配置が拡大してきている。また，地方でできることは地方に，民間でできることは民間にという方針のもとで，民間活力の教育への導入も積極的に行われた。特に，構造改革特別区域法によって**民間企業の学校教育への参入**を促すなど，国の規制緩和の動きが進められた。

　こうした改革は，学校の教職員の身近においても目に見えるかたちで展開され，改革の波は，確実に教師の日常の教育活動にも影響を与えている。総額裁量制を

背景とした非常勤教員の増加，**学校選択制**の展開，新しい**学校評価・教員評価の取り組み**，学校裁量権の拡大などの**教育予算と学校財務の改革**，学校評議員制度の活用に代表される**父母等の学校経営への参加の促進**，新しい職の導入による**ミドルリーダー層の変化**，そして，何よりこれらの改革は，制度に限定されず，小中一貫カリキュラムづくりなどの地方独自のカリキュラム改革を通して教育実践にも直接影響を及ぼすようになっている。

6．今後の教育改革の視点

　近年のさまざまな教育改革の動きにもかかわらず，学校現場は，依然として，大きな課題を抱えている。2014年に公表されたOECDの国際教員指導調査（TALIS）の結果によれば，教員の一週間あたりの勤務時間は，参加国中で最長である。**教職員の長時間勤務の実態**を踏まえてどのようにその職務負担を改善していくのかが重要な課題となっている。また，地方分権改革，規制緩和の帰結として，地方の学校制度の多様化，地方教育行政の多様化，教育内容の多様化が進んでいる。地方が自律的に機能するうえで，教師の採用・配置・評価を含めて**教職員の人事システム**をどのように改善していくのかということも大きな課題である。さらには，家庭の貧困の問題が，子どもたちの教育環境を損なっている実態が指摘されている。

　われわれが，こうした課題に取り組むうえで重要なことは，まず社会環境の変化と改革の全体の枠組みを理解する必要があるということである。それは，「教育」の固有の意味を考え，守るだけでなく，さらに，「社会変動」という激変に対応できる枠組みの構想，「教育」－「政治」の新しい関係の創造など，抜本的な発想の転換が求められていることを意味している。戦後のわが国の学校教育の基本的な教育原理である「教育の機会均等」等の重要な理念を守りながら，激変する現実のなかで，子どもたちの生きた学びに資するように，どのように新しいシステムを構築していくのか，真剣に議論していかなければならない。

（佐々木幸寿）

視点 12　教育基本法改正

新しい教育基本法のインパクト

◢ 改正までの経緯

　1947年に制定された教育基本法は，教育の機会均等の実現や教育水準の向上に貢献したが，制定以来半世紀以上が経過し，少子高齢化，情報化などの社会の変化，不登校などの教育課題の深刻化を踏まえて，改正の必要性が提起されてきた。そして，教育基本法は，2006年12月に制定以来初めて59年ぶりに改正された。教育基本法は，旧法の基本的な理念は継承しつつ，社会の変化に応じて新しい理念が掲げられるなど，前文を含めて大幅な条文の修正，追加がなされ，全部改正により実質的に新しい教育基本法として改正された。

◢ 教育基本法の主な変更点

①教育の目標として，「公共の精神」や「伝統と文化の尊重」など，今日重要と考えられる事柄を新たに規定したこと。また，教育に関する基本的な理念として生涯学習の理念と教育の機会均等を規定した。（第1章関係）

②教育の実施に関する基本について定めることとし，旧法にも規定されている義務教育，学校教育および社会教育，政治教育，宗教教育に加え，大学，私立学校，家庭教育，幼児期の教育等について新たに規定した。（第2章関係）

③教育行政における国民全体に対する直接責任の規定を削除する一方で，教育の法律主義，国と地方公共団体の役割分担，教育振興基本計画の策定等について規定した。（第3章関係）

④この法律に規定する諸条項を実施するため，必要な法令が制定されなければならない旨を規定した。（第4章関係）

◢ 新しい教育基本法が与えた主なインパクト

(1) 教育法体系への影響――「教育の憲法」から「教育の根本法」へ

　教育法は，従来，憲法－教育基本法－個別法という法体系が前提とされていたが，憲法，教育基本法が制定以来改正されなかった一方で，個別法はそのときどきの政権，施策に応じて改正され，実態として教育基本法と個別法の関係は乖離していった。2006年の教育基本法の大改正は，この関係を大きく変えたといわれる。

改正により憲法と教育基本法の直接的な関係があいまいになる一方で，教育基本法と個別法の関係は強化され，教育関係法令（個別法）は，教育基本法の提示した理念や方針に従って具体化されるという関係が形成された。これにより教育基本法は，憲法の理念を教育において実現するという「教育の憲法」から，教育関係法令の指針となる教育の根本理念を提示する「教育の根本法」へとその重点を大きく変えたことを意味している。

(2) 教育内容・方法への直接的な影響——「制度基準」から「内容基準」へ

教育基本法最大の変更点は，第2条において教育により達成されるべき目標として具体的資質項目を列挙して規定したことである。従来，法と教育の関係について，政治的な性格をもつ法の関与は制度的な枠組みや教育条件の整備に限定し（制度基準），教育内容や方法への関与はできるかぎり抑制的であるべきとされてきた。しかし，条文として教育の目標が掲げられたことにより，教育基本法は制度基準としてだけではなく，教育の内容・方法の基準としても機能することとなったのである（内容基準）。具体的には，第2条（教育の目標），第5条第2項（義務教育の目的）をもとにして，学校教育法において学校種ごとの目的・目標等が具体化され，さらに，これらに基づき文部科学大臣告示である学習指導要領や幼稚園教育要領が改訂されたり，教科書検定基準が改正されたりするという関係がより明確になった。

(3) 教育課題対応の法制化を促す——いじめ防止対策推進法など

教育基本法改正以降，いじめなど従来教育指導にゆだねられてきた具体的な教育課題に対して，法の整備によって教育課題に対応しようとする動きが顕著となってきている。その代表的な例が「いじめ防止対策推進法」（2013年制定）である。同法は，指導上の観点からいじめの定義を行うとともに，いじめ防止等のための対策の基本理念，いじめの禁止，関係者の責務，重大事態への対処等について定め，学校，教職員，学校設置者等に対し，その防止に向けて具体的に取り組むことを求めている。

> [もっと詳しく知るために]
- 佐々木幸寿（2009）『改正教育基本法——制定過程と政府解釈の論点』日本文教出版
- 佐々木幸寿・柳瀬昇（2008）『憲法と教育 第二版』学文社
- 教育基本法研究会編著（2007）『逐条解説 改正教育基本法』第一法規
- 市川昭午編著（2006）『教育基本法』日本図書センター

（佐々木幸寿）

視点 13 ６・３・３・４制と連携教育・一貫教育のゆくえ

学校制度の体系，学校間の接続はどうあればよいか

■「義務教育学校」の創設

2015年６月17日「学校教育法等の一部を改正する法律案」が成立した。これにより2016年４月１日より，小学校６年間と中学校３年間の９年間を一貫させた「義務教育学校」が設置可能となる。今後設置される「義務教育学校」においては，９年間の系統性が確保されれば，学年の区切りを弾力化（「４・３・２」「５・４」等）したり，柔軟なカリキュラム編成が可能となる。教育に当たるのは原則として，小・中学校の両方の教員免許状をもつ教員と想定されている。

小中一貫教育が全国で進められている背景について，2014年12月の中央教育審議会（中教審）答申「子供の発達や学習者の意欲・能力等に応じた柔軟かつ効果的な教育システムの構築について」では，①教育基本法，学校教育法での義務教育の目的・目標規定，②教育内容の量的・質的充実，③児童生徒の発達の早期化等の変化，④不登校・いじめ等の急増や「中１ギャップ」への対応，⑤少子化等に伴う学校の社会性育成機能の強化，があげられている。

その一方で，同答申では「主な小・中学校段階間の差異」として，①授業形態の違い，②指導方法の違い，③評価方法の違い，④生徒指導の手法の違い，⑤部活動の有無，をあげ，学校間の接続の状況について問題提起をした。

■ 学校制度の体系と学校間の接続

そもそも，各種の学校を一定の関連・接続をもって相互に結びついたまとまりとしてとらえる考え方を学校制度（学校体系，学制とも）という。学校制度は，それぞれの教育段階の間の「接続」（初等教育から中等教育，高等教育へ）と教育内容の「系統」（狭義の普通教育と職業教育など）から学校教育の構造をとらえる概念であり，これにより複線型，分岐型，単線型の３つに分類される。戦後の日本国憲法体制下では，学校体系はどの学校も上級の学校への進学が可能な６・３・３・４制の単線型の制度となった。

しかし今日，「小１プロブレム」や「中１ギャップ」等，学校間の接続の状況がとみに問題視され，大規模な学校制度の改革（学制改革）が進行している。す

でに，中等教育学校の制度化（1999）がなされて久しいが，今日の改革論議は就学前教育，初等教育，前期中等教育，後期中等教育，高等教育の学校制度全般にわたり，接続や区分の再編制（幼小連携，小中一貫，中高一貫，高大接続など）を改革課題としている。

▮ 連携教育と一貫教育

学校間の接続と関わって，「連携」と「一貫」という語がしばしば峻別されないまま用いられることがある。文部科学省の定義によれば，「小中連携教育」は「小・中学校が，互いに情報交換や交流を行うことを通じて，小学校教育から中学校教育への円滑な接続を目指す様々な教育」とされる。そして，「小中一貫教育」は「小中連携教育のうち，小・中学校が目指す子供像を共有し，9年間を通じた教育課程を編成し，系統的な教育を目指す教育」とされている（文部科学省「小中一貫教育等についての実態調査」2014年5月）。こうした概念上の峻別は，他の学校種を考える際にも一応の参考にはなろう。

2014年7月に首相の私的諮問機関である教育再生実行会議の第5次提言「今後の学制等の在り方について」は，「小中一貫教育学校（仮称）」の制度化，学校種間連携，一貫教育の推進，幼児教育の段階的無償化と義務教育の開始年齢の引き下げなどを提起した。そして，先述した同年12月の中教審答申で小中一貫教育がより具体的に提言されるにいたり，あわせて後期中等教育や高等教育の改革（飛び級，編入学，国際化など）も提起された。

▮ 学制改革の課題

今後は国レベルでの制度改革をうけて，地方レベルでも学年の区切り方（「4・3・2制」等）も含めた，カリキュラムや人事，施設等に関わる取り組みが多様化すると目される。しかし，6・3・3・4制を改革すること自体が目的化する懸念もある。不登校の増加やフリースクールの法制化に象徴される今日的課題は，学校制度や就学義務の正当性そのものを問い直すものであり，制度の外観の変革では本質的な改善にはいたらないからである。

[もっと詳しく知るために]
- 横井敏郎編著（2014）『教育行政学』八千代出版
- 浪本勝年編（2014）『教育の法と制度』学文社

(辻野けんま)

視点 14 　　　　　　　　　　　　　　学校評価と教員評価

教員の職能成長のための学校評価と教員評価とは

▮ 教員評価の活用と教員の職能成長

　学校には，社会の急激な変化によるさまざまな教育課題が押し寄せている。そうした課題に適切に対応し教育活動の充実を図るためには，教員の資質能力を向上させ，組織としての学校の教育力と対応力を高めていくことが必要である。教員評価は，教員一人ひとりが学校経営に自覚的に参画することによって，自己の能力や適性を客観的に認識するとともに，資質能力の向上を図るための仕組みである。

　2000（平成12）年に，教育改革国民会議報告「教育を変える17の提案」のなかで，新しい学校づくりの方法として，「教師の意欲や努力が報われ評価される体制をつくる」ことが提案された。この提案に基づき，2001（平成13）年の公務員制度改革と連動して教員評価が各都道府県に導入されていった。東京都は先行して2000（平成12）年から，教員評価に基づく新たな人事制度を導入している。

　教員の自己評価は，学校教育目標を踏まえて設定した自己目標とその達成度を年度末に評価したうえで，教員本人による自己評価と校長や管理職の面談による評価を組み合わせている。教員の自己評価では，校長と教員の間で通常年2回の面談を実施し，校長の指導・助言を通して教員の資質能力の向上を図ることをねらいとしている。このように，教員が自身の教育活動や学校運営に関する自己評価を行うことによって，自身の資質能力の向上と学校運営への参画に関する意識を高めることが可能になるのである。

▮ 学校評価の活用と学校経営の改善

　学校評価は，上記報告「教育を変える17の提案」のなかで，地域の信頼に応える学校づくりを進めるための方法として提示された。学校評価の実施は，学校教育法および学校教育法施行規則などによって義務づけられている。つまり，学校教育法第42条によって，「小学校は，文部科学大臣の定めるところにより当該小学校の教育活動その他の学校運営の状況について評価を行い，その結果に基づき学校運営の改善を図るため必要な措置を講ずることにより，その教育水準の向上

に努めなければならない」と定められている（中学校・高等学校等も準ずる）。実施した学校評価の結果については，法律によって公表するものとされている。

　すなわち，学校教育法第43条「小学校は，当該小学校に関する保護者及び地域住民その他の関係者の理解を深めるとともに，これらの者との連携及び協力の推進に資するため，当該小学校の教育活動その他の学校運営の状況に関する情報を積極的に提供するものとする」および学校教育法施行規則第66条「小学校は，当該小学校の教育活動その他の学校運営の状況について，自ら評価を行い，その結果を公表するものとする」によって，自己評価の結果については公表するものとされている（中学校・高等学校等も準ずる）。

　そして，自己評価の結果および学校関係者評価を行った場合はその結果を設置者に報告するものとされている（同規則第68条）。学校は，設置者である教育委員会に学校評価の結果を報告することが必要である。

　学校評価は，自己評価（学校自己評価）と学校関係者評価の組み合わせによって行われている。その方法は，まず，教職員が自校の教育活動や学校運営の状況に対して自己評価（学校自己評価）を実施する。この自己評価（学校自己評価）の結果を踏まえ，保護者，学校評議員，同地域の接続する学校の代表者，地域住民の代表者，学識経験者などにより構成された評価委員会が，その学校の教育活動の観察や諸資料を踏まえて学校関係者評価を実施するという方法である。

　学校評価の結果は，PDCAサイクルに基づいて，学校改善に結びつけることが重要である。その際の留意点として，次の3点をあげることができる。

　①学校評価の結果を毎年蓄積し，グラフ化して経年変化（3年間程度の変化）を明確にすること。②当該年度における弱点分野の早期発見と早期対応を行うと同時に，高評価分野の優れた指導方法・組織運営方法を校内に広げること。③管理職のトップリーダーシップとともに教務主任のミドルリーダーシップが要となることから，学校評価を活用した学校改善を進めるためには，教務主任が積極的にミドルリーダーシップを発揮すること。

[もっと詳しく知るために]
- 大脇康弘・天笠茂（2011）『学校をエンパワーメントする評価』ぎょうせい
- 山﨑保寿（2013）『教務主任の仕事術2』教育開発研究所
- 山﨑保寿（2014）『教務主任ミドルマネジメント研修BOOK』教育開発研究所

（山﨑保寿）

視点 15　新しい教育委員会制度

新しい教育委員会制度で地方教育はどう変わるのか

■ 今回の教育委員会制度改革の経緯

　2015（平成27）年4月から新たな教育委員会制度がスタートした。今回の制度改革の議論の発端となったのは、大津市で発生した中学生のいじめ自殺事件であった。2012（平成24）年7月、この事件をめぐる訴訟のなかで事実が明らかになると、市教育委員会の当時の対応に批判が高まり、一気にいじめが社会問題化。過熱した報道がこれを助長するかたちで、一地方都市で起きた個別事案がまたたく間に教育界全体を覆う深刻な問題として取り扱われるようになった。さらには、その原因として教育委員会制度全体にも追及の矛先が向けられ、同年12月に第二次安倍政権が成立すると、教育再生実行会議提言、中央教育審議会答申を経て制度改革につながっていった。このような改革の経緯を振り返り、そのあまりの展開の速さに驚く声もあった。しかし、こうした背景には、くすぶり続けてきた教育行政に対する国民の不満や疑問があったということもあげられる。

　これまでも、教育委員会制度については、合議制ゆえの意思決定の遅さや、責任の所在の不明確さといった課題が指摘されてきた。さらに近年は、目まぐるしい社会の変化のなかで、あらゆる事象に速報性・即応性が求められるようになり、教育行政で重視される継続性・安定性は、その意義とは裏腹にスピード感を欠くとの厳しい評価を受けるようになった。こうした状況に加え、一部の地方公共団体では、自らの意に沿わない教育委員会の対応を声高に糾弾し、教育への関与を強めようとする首長が登場した。彼らの姿勢は、強烈な発信力も相まって世論からは歓迎され、その反面、教育行政への国民の不満や疑問があおられていった。大津の事件は、まさに火薬庫に投げ込まれた火種のように、苛烈な議論を惹起する象徴的なきっかけだったととらえることができよう。

■ 教育行政の執行権限の所在をめぐって

　2013（平成25）年4月、文部科学大臣からの諮問を受け、中央教育審議会教育制度分科会を舞台に新たな教育委員会の制度設計に関する検討が開始された。しかし、いざ議論がスタートすると、エネルギーの大半は、地方教育行政の執行権

限の所在をめぐる首長と教育委員会との二項対立に費やされた。激論の末，同年12月に両論併記に近いかたちで取りまとめられた中央教育審議会の答申は「異例」と報じられた。翌2014（平成26）年1月から，検討の場は与党協議に移るが，ここでも調整は難航，新たな教育委員会制度はどうあるべきかという議論はいつしか政局の様相を帯びていった。この与党協議は約2か月にも及び，最終的に，政府・与党間における政治的な配慮もあって，上記の二項対立をうまく折衷するかたちで制度改革案が取りまとめられたのは周知のとおりである。

　教育行政においては，教育行政の専門性・独自性と，一般行政との一貫性・総合性とのバランスが重要であり，制度選択はまさにその均衡のなかで行われる。今回の制度改革でいえば，この均衡点が，一般行政との一貫性・総合性の側にシフトしたと見ることができるだろう。わが国で教育委員会制度が導入された当時（昭和20年代），社会は激しいイデオロギー対立のなかにあり，こうした影響から教育現場を守る仕組みが求められた。しかし，年代が平成に入り，いわゆる保革の対立構造がそれ以前に比べてあいまいになると，教育委員会制度の趣旨である政治的中立性や継続性，安定性よりも諸課題への迅速な対応と地方行政としての一体性が支持されやすい社会環境に変容していった。こうした政治状況や国民の意識の変化も，制度改革へ向かう議論の土壌となったといえるだろう。

新・教育委員会制度

　新たな教育制度では，「教育行政における責任の所在の明確化」という改革の趣旨のもと，従来の教育委員長と教育長を一本化した新「教育長」が位置づけられた。一方，旧制度に比べて教育長の権限と責任が強まることを踏まえ，教育委員会の合議体としてのチェック機能の強化や議事録の作成・公表による教育委員会会議の透明化が図られた。

　ここで強調しておきたいのは，教育委員会が地方公共団体の執行機関として維持されたという点である。あわせて，首長と教育委員会の教育に関する権限分配も維持されたことにより，少なくとも制度（建前）上は，教育行政における政治的中立性，継続性・安定性は，引き続き担保されることとなった。

　また，今回の制度改革のもう一つのポイントである「地域の民意を代表する首長との連携の強化」という点については，すべての地方公共団体において首長が主宰する総合教育会議が設置されることとなり，首長が当該地方公共団体の教育に関する「大綱」を策定することとなった。これらの仕組みを通し，首長は，その意向を旧制度よりも教育行政に反映させやすくなったといえる。

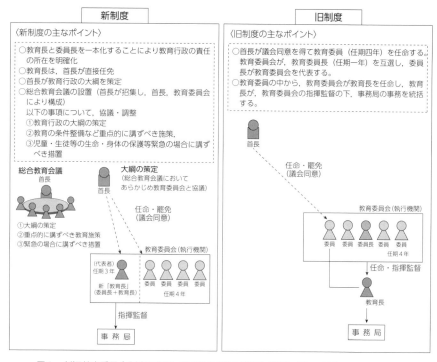

図1 新旧教育委員会制度の比較（地方教育行政の組織及び運営に関する法律・平成26年改正）

残された地方教育行政の課題

　教育行政の執行権限の所在は首長とすべきか，教育委員会とすべきか。

　今回の制度改革をめぐる議論では，この二項対立のかげに隠れ，多くの地方教育行政の課題が残された。このなかでも重要な課題を2点ほど指摘しておきたい。

　ひとつは，「教育に反映されるべき民意とは何か」という課題である。首長に教育行政の執行権限をもたせるべきであるとする主張は，その理由の一つとして，本来，地域住民の意向を反映するための仕組みであるはずの教育委員会が機能不全に陥っていることをあげる。確かに地域住民から直接選ばれる首長は，当該地方公共団体の代表である。しかし，その一方で，選挙で調達された住民の意思は，教育における民意を忠実に反映しているかを疑問視する声もある。選挙のたびに低下する投票率，無投票による多選首長の存在，人口構成に起因する投票者の年齢層の偏りといった諸問題に鑑みると，選挙の結果を「万能の民意」と振りかざすのはいささか乱暴な議論といわざるをえないだろう。保護者をはじめ，子どもた

ちの教育に直接の利害関係を有する者たちの意向こそ,「教育に反映されるべき民意」であり,必ずしも選挙ではすくいきれない声を拾い上げる仕組みが必要なのである。新たな制度において,教育委員会は,「教育における民意の反映」という本来の重要な役割をあらためて認識し,より一層これを果たすことが求められる。

　もうひとつの課題が「事務局の在り方」である。教育には高い専門性が求められるため,多くの教育委員会事務局では,教員出身の指導主事がその中核的な業務に従事している。しかし,専門職集団というものは宿命的に硬直化し,閉鎖性を帯びやすい。こうして教育行政はともすると市民目線から「ムラ社会」として映ることとなる。これまで指摘されてきた「無責任体制」「迅速性に欠ける」「地域住民や保護者の意向が反映されていない」といった教育行政への批判の多くは,教育委員会事務局のこの「体質」に起因しているといわれている。

　いずれの課題も,今回の制度改革によらずとも取り組むことができたとの意見がある。それは正論であるといえよう。しかし,国民からの厳しい視線に向き合い,これに答えられなかったことで,結果的に制度改革にまで追い込まれたという厳然たる事実があることを,われわれは真摯に受け止めねばならない。

新制度における地方教育の展望

　今回の制度改革は,60年ぶりの大改革であるという評価がある一方,実態面ではあまり変わらないのではないかという指摘もある。また,システムとして教育行政への首長の影響力が大きくなることを懸念する声があるが,首長も責任が大きくなることから,教育予算の確保が容易になるといった肯定的な意見も聞かれる。いずれにせよ,制度の運用によって全国的に多様性が生まれることは間違いないだろう。特に教育に対して高い関心をもつ首長が登場した場合,積極的な教育への関与が予想される。それ自体は否定されるものではないが,ひとつ危惧されるのは,制度の運用が過度に政治性を帯び,教育行政に混乱が生ずることである。新制度をどのように生かすのか。教育委員会制度に与えられた「執行猶予」のなかで,新制度の十分な活用こそが鍵を握っている。

もっと詳しく知るために

- 木田宏・教育行政研究会（2015）『第四次新訂 逐条解説 地方教育行政の組織及び運営に関する法律』第一法規
- 村上祐介（2014）『教育委員会改革5つのポイント』学事出版
- 村上祐介（2011）『教育行政の政治学』木鐸社

（林　剛史）

視点 **16** 　　　　　　　　　　　　学校選択制，コミュニティ・スクール

学校と地域の関係で何が問われているか

◤ コミュニティの基盤としての地域の変貌と学校の「つなぐ」役割

　東日本大震災以後，防災拠点としての学校の機能が問い直されるなかで地域コミュニティと「つなぐ」学校経営が求められている。学校が地域の実態を踏まえることは戦後一貫した教育課程編成の大原則（学習指導要領総則）であり，これまで，学校は「地域に根ざす教育」や地域とのつながりを意識してきたはずである。しかし，マッキーバーがその著『コミュニティ』(1917) において指摘した「地域性」や「共同性」を属性としてとらえた地域社会（コミュニティ）をまるごととらえる視点は必ずしも明確ではなかったのではないか。すなわち，これまでの学校にとって地域とはその定義や関わり方があいまいかつ一方的であり，地域のもつ，人，もの，金などの諸要因を総合的に教育課程に結びつける発想が乏しかったといえる。今日，多くの人々が互いに群れて関わり合っていた地域は，家庭，地域の人間関係が希薄になり，孤独死や無縁化が社会問題になっている。わが国において「社会的包摂」を含むソーシャルキャピタルの重要性が再認識されるなかで，学校は貧困を含む教育格差や共属感情の希薄化など地域基盤そのものの変化を踏まえて，学習者自身の主体性に立脚した地域との多面的なつながりを再構築することが求められている。

◤ ガバナンス改革としての学校選択制とコミュニティ・スクール

　中央教育審議会答申「今後の地方教育行政の在り方について」(1998年9月) 以降，地方分権や規制緩和の動きと相まって市町村教育委員会への権限移譲や校長の権限拡大が図られ，学校教育に家庭や地域の意見を反映していくための学校評議員制度，コミュニティ・スクール（学校運営協議会設置）や学校選択制が導入されてきた。こうした施策は学校教育をアカウンタビリティの視点から問い直すと同時に，学校の内部経営的な協働性を保護者や地域住民を巻き込んだ外向きの協働性へと転換し，管理運営体制の変革（ガバナンス改革）を求めるものである。しかし，こうした施策は閉鎖的といわれてきた学校を改革するという点ではわかりやすいが，家庭，地域の教育力の低下，特殊な公共施設としての学校の位置づけ

などの問題を考えたとき，単純に具現化しにくいのも事実である。例えば，学校選択制を導入しない多くの教育委員会がその理由として「学校と地域との連携が希薄になる恐れ」をあげており（2012年度文部科学省調査），また，コミュニティ・スクールを導入しない理由として「お伺いをたてるような危険性」も指摘されている（堀井，2014）。学校の（自由）選択制は学校統廃合の手引きの改訂（2015年1月）と関わって，地域から学校をなくしてしまう要因になるかもしれないし，コミュニティ・スクールが家庭や地域からの要望に応えるという点のみ強調されれば教育責任の不在や恣意的な学校経営も懸念される。ガバナンス改革を含んだ学校と地域との連携はローカル・コミュニティの変貌とテーマ・コミュニティの危うさをはらんでこれからの学校経営の在り方と密接に関わっている。

ガバナンス改革を生かす自律的な学校経営の課題

金子郁容ほか（2000）は「コミュニティ・スクールづくりのプロセスを地域の人達と共有することによって，結果として，ローカル・コミュニティの再興が図れる」と述べている。すなわち，地域が変貌するなかで，従来のような地縁的地域性をもたないスクール・コミュニティのとらえ方（テーマ・コミュニティ）が「おらが学校」という当事者意識を育み地域を見直す契機になるのである。学校運営協議会を必置化する動きもあるなかで（「教育再生実行会議第6次提言」2015年3月4日），コミュニティ・スクールの学校改善への成果や合議の課題（大林，2015／仲田，2015）を踏まえてガバナンス改革を生かした「つなぐ」学校経営を考えたい。そのためには，①当事者意識を生かした学校（関係者）評価の活性化，②学校，家庭，地域それぞれの「主体性」や「多様性」を生かすキーパーソンとしての「地域コーディネーター」の養成，③学校の多忙化を防ぐ市町村教育委員会のサポート機能の充実，などが問われよう。

もっと詳しく知るために

- 金子郁容・鈴木寛・渋谷恭子（2000）『コミュニティ・スクール構想——学校を変革するために』岩波書店
- 堀井啓幸（2014）「八戸市の地域密着型教育推進事業」（平成25年度文部科学省委託調査研究報告書 研究代表 佐藤晴雄『コミュニティ・スクール指定の促進要因と阻害要因に関する調査研究』）
- 大林正史（2015）『学校運営協議会の導入による学校教育の改善過程に関する研究』大学教育出版
- 仲田康一（2015）『コミュニティ・スクールのポリティクス』勁草書房

（堀井啓幸）

視点 17　教科書検定・教科書採択

教科書制度の現状と課題

◢ 教科書検定

　教科書の検定とは,「民間で編集著作された教科用の図書を国が調査し,教科書として法的に認定する行為」であり,文部科学大臣が別に定める教科用図書検定基準に沿って行われている（教科用図書検定規則第3条）。

　その具体的手続きは,まず著作者または発行者の申請に始まり,文部科学省の常勤職員である教科書調査官が事前調査に当たり,その調査結果に基づいて教科用図書検定調査審議会が審査を行い,その答申を基礎として文部科学大臣が検定を行う。この調査・審査は教科用図書検定基準に照らして行われるが,同基準は,まず前提条件として,図書の内容が「教育基本法に定める教育の目標並びに学校教育法及び学習指導要領に示す目標を達成するため」に作成されていることを求めている。次に,各教科共通の条件として,学習指導要領に沿った「範囲及び程度」であること,当該学年の児童・生徒の心身の発達段階に適応していることが求められる。ただし,学習指導要領との関連のもと,その趣旨を逸脱せず,児童・生徒の加重負担とならない範囲ならば,学習指導要領に示していない内容も取り上げることができるよう近年変更が加えられた。また,各教科共通条件として,図書の内容の「選択・扱い及び構成・排列」について16項目にわたる具体的条件が付されるとともに,その「正確性及び表記・表現」についても一定の条件が付されている。そして,最後に各教科固有の条件が詳細に設定されている。

◢ 教科書採択

　次に,教科書の採択とは,発行されている複数の教科書のなかから,「その地域,学校,児童・生徒に最も適した教科書を一種類に選択決定する行為」であり,その採択権限は公立学校にあっては所管の教育委員会,国立および私立学校にあっては当該校長にある。ただ,公立高等学校の教科書は,法令上,所管の教育委員会が採択することとなるが,実際には学校ごとに調査,選定したものが当該教育委員会へ内申され,内申どおりに採択されるのが通例である。

　義務教育諸学校の場合,検定済教科書の目録が作成され,これが都道府県教育

委員会を通じて市町村教育委員会へ送付される。同時に，発行者は教科書の見本を都道府県教育委員会，市町村教育委員会，国立・私立学校長に送付する。

　市町村立小・中学校で使用される教科書の採択権限は市町村教育委員会にあるものの，実際の採択は広域採択制により，都道府県教育委員会が設定した採択地区ごとに地区内の市町村教育委員会が協議して種目ごとに同一の教科書を採択することになっている（義務教育諸学校の教科用図書の無償に関する法律第12条）。また，それらの採択に先立って，各都道府県教育委員会は，採択業務支援のために教科用図書選定審議会を設置して採択対象の教科書を調査研究し，市町村教育委員会に指導・助言することになっている（同法第10，11条）。同時に，都道府県教育委員会は，教科書センター等において教科書展示会を開催し，採択関係者や現場教員の調査・研究のための条件を整備している。

課　題

　このような教科書の検定や採択をめぐる議論は，近年，中国や韓国との間に発生した外交問題，従来の近現代史教育を自虐史観と批判する「新しい歴史教科書」の出現，さらには学力低下論争に起因した発展的学習内容の追加など，枚挙にいとまがない。加えて，過疎化に伴う小規模市町村教育委員会における教科書採択能力に関する懸念なども看過できない課題である。

　政治的中立性を標榜する公教育制度下にありながら，実態として政治的問題と無縁でありえない矛盾をはらむ教科書問題は，今後も生起し続けるであろう。事実，直近の2014（平成26）年1月，文部科学省は，教科書で近現代史を扱う際に政府見解を明記することを求める内容に検定基準を改正した。時の政権の思惑によって教科書内容が左右されうることを意味しており，憂慮すべき状況が進行しつつある。権力的作用を強化することによって「正しい」教科書を求めるのではなく，むしろ教科書に対する権力的な介入を可能な限り排することにより，玉石混淆な教科書のなかから最良の教科書を選択できるようなシステムを構築することが強く求められる。抜本的な制度変更も視野に入れつつ，従来の単一教科書採択制度から複数教科書採択制度への転換も検討の価値があるのではないだろうか。

|もっと詳しく知るために|

・古賀一博（2015）「学校教育編事項別解説・学校の教科書と補助教材」『必携 教職六法 2016年度版』協同出版
・元兼正浩（2010）「教科書法制の展開と課題」仙波克也・榊達雄編『現代教育法制の構造と課題』コレール社

（古賀一博）

視点 **18**　教育予算と学校財務

今後の学校財務をどう考えるか

◤ 貴重な資源としてのお金

　スクールリーダー教育の質保証のために，日本教育経営学会は「校長の専門職基準」を作成している。この基準においては，今求められるべき校長は，あらゆる児童生徒のための教育活動の質的改善をめざして，児童生徒，教職員，ならびに保護者・地域の実態を踏まえながら各学校が今進むべき針路を明確にし，当該学校が擁するさまざまな資源・条件等を有効に活用することによって学校内外の組織化をリードすることとされている。貴重な資源の一つがお金である。

◤ 日本の義務教育財政の特徴

　これまで日本のスクールリーダーにおいては教育活動の質的改善とお金を結びつける意識が弱かったことは否めない。そうした意識を生み出す背景には，日本の義務教育財政の特徴があり，やむをえない部分もある。末冨芳（2012）は義務教育財政の比較分析により，計量面からは日本の公教育費の量的水準が著しく高いわけでもなく低いわけでもないこと，国際的な学力水準が教育費の水準には関連していないこと（計量分析という方法においてはという限定つきの慎重な議論であるが），制度面では日本の学校への財源・権限委譲が国際的に見て進展しているわけでもないことを明らかにしている。

　1998年に出された中央教育審議会答申「今後の地方教育行政の在り方について」では，学校の自主性・自律性を高めることやその一貫として学校の意向が反映される予算要求方式や予算執行権限の大幅委譲などが提言された。しかし，国－地方－学校の権限・財源配分といった大きなレベルでの制度の見直しは進んでおらず，現行の制度のもとでの学校財務制度の見直しというレベルでも，一部の地方自治体のなかに改革に取り組んだところもあるが，日本全体を見渡してみれば大きな改革は進んでいない。その背景には，改革の合意形成の難しさや，本多（2008）が指摘するように人件費以外の学校予算の学校への権限・財源配分が市町村の行政裁量であり，首長部局の規則が優先すること，川崎（2011）が指摘するように公金でない私費会計の存在などにより各学校で予算執行の仕組みが違うこ

とにより，制度変革には調整が必要されることなどの理由がある。

イギリスや北欧諸国で学校分権が進められた理由の一つは，多様な社会経済的背景や教育的ニーズに対処するうえでは学校の権限・財源を強化していくことが有効であるという認識であった。日本においても学校が多様な社会経済的背景や教育的ニーズに対処する必要性に迫られているということは広く認識されており，今後は学校分権に対する期待が高まるかもしれない。

学校財務マネジメント

学校財務マネジメントとは，教育活動の質的改善をめざしたお金という資源に注目したマネジメントである。充実した授業には必要な教材・教具費が，子どもが安心して生活できるような学習空間を作るうえでは環境整備費が不可欠である。学校財務の質は授業の質に影響を与えるのである。学校財務マネジメントの遂行においては，保護者の負担軽減や就学援助事務との連動や未納者対応を図り，お金という資源を有効に活用して効果的・効率的・適正な執行を図るとともに，説明責任を果たすことが必要である。学校財務マネジメントの遂行においては，多様な仕組みに関する知識が求められ，それらは総合的に進められるべきものである。

この学校財務マネジメントを効果的に行ううえでは，①学校財務規則の整備や予算要求方式の改善，学校財務を担当する学校事務職員の職務・権限の明確化など制度レベルの改善，②校務分掌組織における学校事務職員の職務・権限の明確化や予算委員会の設置，教育に関する情報やコミュニケーションに学校事務職員など多様な教職員が関与できるオープンな雰囲気づくりなど学校レベルでの改善，さらに，③学校事務職員の資質・能力の向上を図る任用・研修レベルの改善が求められる。今日，学校事務職員が学校という枠を越えて学校事務を遂行する，学校事務の共同実施が広がっているが，この取り組みも学校における学校財務マネジメントの向上に寄与するものとして期待されている。

もっと詳しく知るために

- 現代学校事務研究会編・川崎雅和（2011）『学校財務（マネジメント研修テキスト3）』学事出版
- 末冨芳（2012）「義務教育財政の比較分析　国－地方－学校の権限・財源配分と『分権論』」日本教育行政学会研究推進委員会編『地方政治と教育行財政改革――転換期の変容をどう見るか』福村出版
- 本多正人（2008）「Ⅰ　制度整備」『平成18・19年度文部科学省「新教育システム開発プログラム」新しい時代の学校財務運営に関する調査研究報告書』7-23頁

（藤原文雄）

視点 19　株式会社立学校，NPO立学校

民間の教育参入で生まれる新しい学校の姿

学校設置者の限定

　従来の教育法制は，学校教育の営みを，広く国民全体の利害に関わる「公の性質」(教育基本法第6条)を有すると規定してきた。そのため，学校教育における継続性・安定性の確保を求める視点から，学校教育法第2条は，学校の設置者を国・地方公共団体・私立学校法に定める学校法人の三者に限定している。同条の規定には若干の例外が認められているものの，その範囲は狭く(当分の間，学校法人以外による私立幼稚園の設置が認められている等)，国・地方公共団体以外の主体が学校を設置するには，必要な施設設備，財産，管理運営体制を整えたうえで学校法人認可を受ける必要がある。換言すれば，以上の学校の設置主体に関する法制が，事実上の民間の参入規制として機能してきたのである。

学校教育への民間参入の推進

　一方，日本には，受験準備教育や資格取得教育等のサービスを提供する民間企業，特定の教育理念に基づき多様な教育機会の提供を試みる施設(フリースクール等)が無数に存在している。それらは，これまで学校教育制度の外側で，市民の教育ニーズに対応した活動を展開してきた。

　しかし，1990年代後半以降，児童生徒の新しい学力(「生きる力」)の育成，そのための教育の多様化が指向されるなかで，学校教育の参入規制の改革(民間の教育参入の促進)が国レベルで推進されるようになった。まず，1999年に「民間資金等の活用による公共施設等の整備等の促進に関する法律」が立法化され，民間資本を導入した学校整備・維持管理が可能になった。次に，2003年施行の構造改革特別区域法により，「株式会社(学校設置会社)による学校設置」「NPO(学校設置非営利法人)による学校設置」が認められ，多様な主体による学校設置が可能となった。これらの立法と並行して，各自治体で外国語指導や総合的な学習，学力実態調査等の業務の民間主体への委託契約も活発に行われるようになり，2000年代において学校教育への民間参入の方途は飛躍的に拡大した。大野・末松・山下(2011)による教育関連企業調査においても，校種の別なく授業等の学

校の諸業務に民間企業が関与している現状が明らかにされている（武雄市の学習塾と提携した「官民一体型教育」は，その先端事例といえる）。

株式会社・NPO法人による学校設置

民間の教育参入のうち，「株式会社・NPOによる学校設置」について，その現状と特色を見てみたい。構造改革特別区域法に基づく「株式会社による学校設置」は「地域の特性を生かした教育の実施の必要性，地域産業を担う人材の育成などの『特別なニーズ』」がある場合，「NPO法人による学校設置」は「不登校児童生徒，学習障害（LD）・注意欠陥／多動性障害（ADHD）のある児童生徒を対象とした『特別なニーズ』」がある場合について認められる。いずれも，地方公共団体が内閣総理大臣に認定申請を行い，認定を受けた場合，当該地方公共団体が設置する審議会に諮問し株式会社またはNPO法人の学校設置認可を行うことになる。以上の特区申請に併せて，他の規制特例措置（市町村教育委員会による特別免許状授与など）あるいは文部科学大臣による教育課程特例校制度を申請し認可されることで，株式会社やNPO法人が新たな学校教育を具体化できる。

2015年度当初段階で，特区制度活用による学校設置として株式会社（学校設置会社）立学校が24校（小2，高19，大学・大学院4）開設運営されている。例えば，民間企業のノウハウ活用と地域文化・人材との交流を組み合わせ，多様なニーズに対応する教育内容を展開する高等学校（広域通信制），学校生活の大半を英語で過ごすイマージョン教育により帰国児童等のニーズに対応する小学校などさまざまな特色を備えた学校が誕生している。また，2000年代半ば以降，いくつかの地方自治体とNPO法人（フリースクール運営）において，学校設置にかかる特区特例措置申請の検討も進められたが，最終的に私学助成が受けられる学校法人化しての設置を選択しており（教育課程特例校制度等により，特色ある教育活動を展開する点は，株式会社立学校と同様である），現在，NPO法人立学校の認定例は見られない。

現在，フリースクールなど学校以外の教育機会を義務教育として認める法案（「多様な教育機会確保法案」）の国会上程を模索する動きがある。民間の教育参入（および従来型公立学校のあり方）への影響が予想され，今後の展開が注目される。

もっと詳しく知るために

- 新しい学校の会（2015）『こんな学校があったんだ！ 2015-2016』学びリンク
- 大野裕己・末松裕基・山下晃一（2011）「学校設置・管理運営への教育関連企業の参入意識に関する調査研究」兵庫教育大学大学院『教育実践学論集』12号，43-54頁

（大野裕己）

視 点 20　教職大学院と修士課程

教師教育の高度化と学び続ける教員像の未来

学び続ける教員を支援する仕組みづくり

　グローバル化や情報化，人口減少などの社会の変化のなかで，学校が抱える課題は複雑化・多様化し，知識基盤社会が求める学力を培うことも求められる。
　このような状況のなか，2012年8月の中央教育審議会答申「教職生活の全体を通じた教員の資質能力の総合的な向上方策について」は，変化に対応するために必要な知識・力量を日々新たに身につけなければならない教員を高度専門職業人と位置づけ，学び続ける教員を支援する仕組みとして，教員養成を修士レベル化するという改革の方向性を示した。ただし，修士レベル化はさらに詳細な制度設計の検討を要することから，修士課程の質と量の充実や教育委員会と大学との連携・協働等を段階的に推進することが当面の改善方策とされた。
　当面の改善方策を検討した協力者会議の報告「大学院段階の教員養成の改革と充実等について」(2013年10月)では，①すべての都道府県に教職大学院が設置されることが望ましく，その拡充を図ること，②専修免許状取得が可能な大学院において，必要単位の24単位のなかに理論と実践の往還を重視した実践的科目4～6単位を必修と位置づけることを促進すること，などが提案された。

教職大学院の拡充・充実

　2008年度から開設されている教職大学院は，2015年度には22都道府県に27校（国立21校，私立6校）になった。教育委員会・学校と協働して理論と実践を往還させるカリキュラムや，学校現場の課題解決をテーマとした教育実践研究の推進などの面で成果を上げている。このため，前述の2013年報告は，すべての都道府県に教職大学院が設置されるように，国立の教員養成系修士課程を原則として教職大学院へ段階的に移行することなどを提案した。他方，教職大学院設置から5年以上の経験を経て，共通に開設すべき授業科目（共通5領域）について，各領域を均等に履修させる考え方があらためられ，コース等の特色に応じて履修科目や単位数が設定できるようになった。引き続き教科教育研究の在り方など課題は残るものの，それぞれの教職大学院が教育委員会・学校と連携・協働して充実を図る

なかで，特長を生かしたカリキュラムを創っていくことになろう。

◢ 専修免許状取得に際して実践的科目の必修を促進

　教職大学院は高度な専門職としての教員の養成システムのモデル的役割を担うとされるものの，その数は多くない。教員養成の開放制原則のもと，国立の教員養成系修士課程だけでなく，国公私立大学の一般の修士課程でも専修免許状が取得できる。専修免許状についても，教職や教科に関する専門性とともに，それを実際の授業や生徒指導，学校経営等で活用しうる実践力も含めて保証する必要があるという認識から，実践的科目の必修化が促進されることとなった。2013年報告では，実践的科目のイメージとして，学校におけるインターンシップなどの活動と，その活動についての事前指導や事後の省察を組み合わせる内容が示されているが，その内容は各大学院が定めることとされている。

　このような政策の流れのなかで，今後，一般の修士課程においても，既存の科目に加えて実践的科目を開講したり，教職大学院に近いコンセプトの専攻を設置したりするなど（森田，2014），多様な道筋で教師教育の高度化が図られていくものと思われる。

◢ 養成・採用・研修の接続を重視したさらなる改革に向けた提案

　2015年12月にまとめられた中央教育審議会答申「これからの学校教育を担う教員の資質能力の向上について」では，教職大学院の拡充・充実，教員養成系以外の修士課程における教員養成機能の充実に加えて，教職大学院を中心とした大学院レベルの履修証明制度（大学が，社会人等を対象とした学習プログラムを開設し，その修了者に対して履修証明書を交付できる仕組み）の活用などが新たに提案されている。アメリカの教師教育の高度化は教職の専門職化とセットで進められたこと（牛渡，2014）も踏まえ，今後，これらの提案が施策として具体化される際には，専門職的自律性を有する教師像を踏まえた検討が行われることを期待したい。

もっと詳しく知るために

- 牛渡淳（2014）「教師教育の高度化とその課題——アメリカにおける取組みから」『日本教師教育学会年報』第23号，104-113頁
- 森田真樹（2014）「私立大学から見た教員養成改革議論と教職課程の資質向上及び高度化の方策」『日本教師教育学会年報』第23号，10-19頁

（渡辺恵子）

視点 21　国際バカロレア（IB：インターナショナル・バカロレア）

グローバル人材をどのように育てるのか

◤ 国際バカロレアとは

　国際バカロレアとは，国際バカロレア機構（IB機構，本部はジュネーブ）が提供する国際的な教育プログラムを意味している。国際バカロレア教育のルーツは，ヨーロッパ共同体に属する国際学校として設立された「ヨーロッパ学校」にある。現在の国際バカロレアは，文化の多様性や世界の複雑さを理解し，平和な世界の形成に貢献できる探究心，コミュニケーション能力，挑戦する心などを備えた若者を育てること，国際的通用性をもった大学入学資格を付与することを目的として提供されている。国際バカロレア教育とは，グローバルで，学際的な教育システムであり，それぞれの国や地域，民族等が有する政治的，文化的，経済的特性を超えた世界共通の理想に基づく教育システムであるといえる。

　国際バカロレアによる教育は具体的にどのような人間を育成しようとしているのか。これについては，「IBの学習者像」として，10の人物像（探求する人，知識のある人，考える人，コミュニケーションができる人，信念をもつ人，心を開く人，思いやりのある人，挑戦する人，バランスのとれた人，振り返りができる人）として表現されている。

　国際バカロレアのプログラムは，2015年10月１日現在で，世界で140以上の国・地域，4344校で実施されており，わが国における認定校は35校である（うち，学校教育法第１条に規定されている学校は，12校である）。

◤ 国際バカロレアのプログラム

　国際バカロレアにおいては，その理念を実現する人材を育成するために，子どもの年齢に応じて，次のようなプログラムを提供している。

(1) プライマリー・イヤーズ・プログラム（PYP）

　　3歳～12歳を対象にした，知力，身体，精神をバランスよく育成することを重視したプログラム。言語制限はなく，母国語で学習可能。

(2) ミドル・イヤー・プログラム（MYP）

　　11歳～16歳を対象とした，学んだことと実社会との関わりを重視したプログラム。言語制限はなく，母国語で実施可能。

(3) ディプロマ・プログラム（DP）

　16歳～19歳を対象とした，定められたカリキュラム履修と試験等により，国際的通用性をもった大学入学資格（国際バカロレア資格）が取得できるプログラム。

　ディプロマ・プログラム（DP）は，原則，英語，フランス語，スペイン語で実施されてきたが，現在，一部を導入国の言語で実施できるプログラムが開発されており，日本語DPは2015年から実施されている。

(4) キャリア関連プログラム（CP）

　16歳～19歳を対象とした，キャリア形成のためのスキルの育成を重視したプログラム。プログラムの一部を，英語，フランス語，スペイン語で実施。

　なお，これらのプログラムは，すべてのプログラムを導入することも，一つのみ導入することも可能であり，わが国の認定校35校のうち，PYPは19校，MYPは9校，DPは26校で導入している。

IB普及への課題

　日本政府は，「日本再興戦略－JAPAN is BACK－」において，国際バカロレア認定校を200校（2018年）に拡大することを目標として掲げている。しかし，その普及のためには，国内の大学入試における国際バカロレア資格やそのスコアの活用，国際バカロレアを担う教員の養成制度の整備，学校教育法1条校が国際バカロレア認定校となるための条件の整備（学校教育法等の法令とIBの教育課程の両方を満たす必要がある）等が課題となっている。

　なお，2013年には東京学芸大学を中心に国際バカロレア教育に関する情報連携のために「国際バカロレア・デュアルランゲージ・ディプロマ連絡協議会」（2015年9月現在，62校・機関が参加）が設置され，その普及を図っている。

もっと詳しく知るために

- 文部科学省ホームページ（「国際バカロレアとは」「国際バカロレアの理念等」）
- 国際バカロレア・ディプロマプログラムにおける「TOK」に関する調査研究協力者会議「国際バカロレア・ディプロマプログラム Theory of Knowledge TOK について」，2012年

（赤羽寿夫）

視点 22 　「子どもの最善の利益」をめざす幼保一元化の再考

なぜ，乳幼児期の教育の改革は進まないのか

幼保一元化とは

　わが国の乳幼児期の保育（幼児教育）制度を担ってきたのは幼稚園と保育所の二つの制度であることに疑いはない。幼稚園に関しては文部科学省，保育所に関しては厚生労働省が所轄官庁であり，それぞれに別々の制度として発展してきた。幼稚園に関しては３～５歳児を対象として４時間（標準），保育所に関しては０～５歳児を対象として８時間（原則）保育に当たっている。こうした所轄官庁や制度設計の違いから，日本の乳幼児期の保育（幼児教育）は対象年齢が重複するとの主旨からOECD（経済協力開発機構）の勧告では「すべての子どもにできるだけ最良の人生のスタートを切る機会を与えるために，保育所と幼稚園を一体化し，保育所に通う子どもに対する教育機会を促すことなどによって，首尾一貫した幼児教育および保育の枠組みを構築する」との提言がなされた。近年の指摘を受けるまでもなく，いわゆる「幼保一元化」が保育現場を含めた内外からいわれてきた経緯は1960年代より存在する。そうしたなか，幼保一元化や待機児童問題の解決を期待された制度として2015（平成27）年４月より認定こども園制度が施行された。

幼保一元化で待機児童問題は解決するか

　認定こども園制度は，所轄官庁を総務省内閣府管轄の組織として出発した。幼保一元化や待機児童問題，現在の実際の幼稚園，保育所を利用する世帯を対象に考えると事態は保育行政の制度問題といえない現状がある。核家族化といわれて久しい昨今，ことに都市部においては核家族かつ共働き世帯が多くを占めている。つまり，日中保護者が会社勤めをしている間に乳幼児を預かる施設が必要不可欠なのである。そうした社会の実態を反映し，幼稚園では預かり保育を新設し，保育所では延長保育をとり行うことが常態化してきた。それでもなお，保護者が勤務中の保育施設が足りないため待機児童問題が生じる事態となっている。現代においては，保育制度のみでの対応を語ることが困難な状態であるといえよう。制度として，幼保一元化の機能をもたせた施設を用意したから解決する問題ではな

くなりつつある。国をはじめとし，乳幼児期の子どもの教育を担うことの意義，子育て世代への支援等を包括的に問い直す必要がある。

▎保育（幼児教育）の受益者である乳幼児たち

加えて，幼保一元化のいかんにかかわらず，保育制度にて最大の受益者であるのは乳幼児期の子どもたちである。この乳幼児一人ひとりの利益をいかに保障するかが乳幼児期の教育改革を進めるうえで，重要な観点である。海外での調査（ヘックマン，2015）であるが，乳幼児期に教育資源（就学前教育プログラム）を事前分配した乳幼児には，そうでない乳幼児と比して認知的スキルのみならず非認知的スキルにおいて有意差を生じる結果となったとの報告がある。今後日本においても同様な乳幼児期の教育効果を測定する必要が生じるのではないか。

▎エビデンスに基づく保育現場のエンパワメントをめざして

そのためにも，新しい保育実践を行うのではなく，科学的知見を援用しつつ，これまでの保育実践の再構成・再検討を行うことが大切であると考える。簡単な例として，小学校での集団行動がある程度スムーズに行えるのは，幼稚園，保育所が非認知スキルとして集団行動の基礎を培っているからである。同様に，今現在も日本の保育者たちが，学校教育でいうところの「教科書」なしにとり行ってきた保育実践には，暗黙裡のうちに就学前教育として機能している要素があり，その内実に関する整理は不十分な面も多い。今後，乳幼児期の教育として幼稚園，保育所の機能や保育・教育内容を一元化するうえでも，現状の保育（幼児教育）が暗黙裡に積み重ねてきた実践の整理こそ，保育分野全体の担うべき機能を明らかにすることにつながる。そのうえで，スキル重視によるグローバル時代への対応も重要であろうし，「人生最良のスタート」を切るべく乳幼児期からの事前分配も重要であろう。国民皆教育の始発点である乳幼児期の教育の方向性を考えるためにも，保育実践とそれらを支援する科学的知見の整理，積極的援用が今後ますます期待されるところである。

もっと詳しく知るために

- 日本子ども学会編（2009）『保育の質と子どもの発達――アメリカ国立小児保健・人間発達研究所の長期追跡研究から』赤ちゃんとママ社
- 竹内通夫（2011）『戦後幼児教育問題史』風媒社
- ジェームズ・J・ヘックマン（古草秀子訳）（2015）『幼児教育の経済学』東洋経済新報社

（奥泉敦司）

視点 23　新しい職の設置と教員組織の変化

新しいミドル層の登場と学校経営の変化

◾学校の組織運営の課題——中堅教員の極端な不足

　文部科学省の調べによると，2014年3月31日時点における公立小・中学校教員の平均年齢は44.0歳で，50代が39.4％，40代が25.5％，30代が22.0％，20代が13.2％となっている。50代が20代の約3倍である一方で，30代，40代前半の中堅層が手薄になってきていることがわかる。

　例えば，大阪府の場合，1999年度に100名程度だった新規採用教員が，2003年度に1,000名を超え，2007年度には2,000名を超えるなど，1947～1949年生まれの団塊世代の大量退職と新規教員の大量採用に加えて，30～40代の教員層の空洞化が進み，教員構成の4～5割が50代となるなど，近年の学校では，中堅教員の極端な不足と年齢構成のいびつさが問題になってきた。

　2011年の中央教育審議会・教員の資質能力向上特別部会「教職生活の全体を通じた教員の資質能力の総合的な向上方策について（審議経過報告）」では，年齢構成の変化と今後の学校の組織運営の課題が次のように述べられている。

- 今後10年間に，教員全体の約3分の1，20万人弱の教員が退職し，経験の浅い教員が大量に誕生することが懸念されている。これまで，我が国において，教員の資質能力の向上は，養成段階よりも，採用後，現場における実践の中で，先輩教員から新人教員へと知識・技能が伝承されることにより行われる側面が強かったが，今後は更にその伝承が困難となることが予想される。
- さらに，今後，大量の新人教員と少数の中堅教員からなる教員集団をまとめていくために（中略）これまで以上に組織的で計画的な教育活動，学校経営が不可欠であり，校長のリーダーシップとマネジメント能力がこれまで以上に求められる。
- このような状況に何らかの手を打たないと，大量の経験不足の教員と少数の多忙な中堅教員，新しい時代の学校運営に対応できない管理職により運営される学校が全国各地に生まれるといった状況にもなりかねないが，他方，教

員全体数の約3分の1が入れ替わるこの10年は，学校教育をよりよい方向に変えていく絶好の機会ともいえる。

▮「新たな職」の設置とこれからの学校経営

以上のような課題状況にあって，従来の「鍋ぶた型」であった学校組織が見直され，2007年の学校教育法の改正により，副校長，主幹教諭，指導教諭などの「新たな職」が導入された。これにより，校長をトップとする「ピラミッド型」の組織によって，意思決定の迅速化・効率化が指向されることになった。

ただし，学校は，企業とは違い，利潤追求のような明確な組織目標がなく，その成果も数値等で客観的に測定できないことから，合理性や効率性だけでは，その活動の成否を判断できない。また，教員だけで教育活動が完結することはなく，保護者や地域住民，行政との関係も重要となり，組織の自律性は強くない。その一方で，学級活動や各指導場面では，個業性が強く，それゆえ，チームワークなどを通しても協業や分業を合理的に行う仕組みが容易に成り立たない。

これらを踏まえると，単に，合理的・効率的な改革や校長のリーダーシップの強化だけでなく，学校の組織特性を踏まえたうえで，経営の在り方が模索される必要があるといえる。また，近年の職場の課題状況としては，若手は，力量・経験不足だが，組織的・計画的な育成システムを欠いており，中堅は，自分のことで精いっぱいであり，「評価」など慣れない仕事へのプレッシャーが強い。

ただし，これらは，社会変化による構造的な問題なので，職場の人格のぶつかり合いを避ける必要がある。見方を変えると，能力や責任感を問わず，どこでも起きている問題であり，そのため個人で抱え込まずに，複眼的に状況と向き合い，希望を見いだすことも重要だろう。学校のミドルリーダーとは，年齢や職制だけでとらえられるものではなく，校長等より下に位置づき，学校のために何らかの経営責任を負う者すべてのことをいう。今後，経営環境がますます複雑化し，課題の高度化も予想されるが，急いで単純に考えずに，「対話」の継続により，ミドルリーダーを中心に学校に余裕をつくっていくことが鍵を握るであろう。

もっと詳しく知るために

- 小島弘道・熊谷愼之輔・末松裕基（2012）『学校づくりとスクールミドル』学文社
- 浜田博文編（2010）『「新たな職」をいかす校長の学校経営』教育開発研究所
- 八尾坂修編（2008）『主幹教諭——その機能・役割と学校の組織運営体制の改善』教育開発研究所

（末松裕基）

視点 **24** 少子化と学校統廃合

未曾有の社会変化のなかで学校はどう生き残るのか

◢ 少子化と人口減少社会

　日本の2013年の合計特殊出生率（2014年6月4日厚生労働省人口動態統計月報年計）は1.43と欧米諸国に比べて少子化傾向にある。しかし，問題は少子化だけではない。国立社会保障・人口問題研究所の発表によると，2010年（1億2806万人）をピークとして人口減少過程に入り，50年後の2060年には8,674万人になる人口推移を予測している。そして人口構成も2010年から2060年の変化では，年少人口は13.1％→9.1％，生産年齢人口が63.8％→50.9％，老齢人口が23.0％→39.9％となると予測している。このように，日本は高齢化を伴う人口減少社会を迎えるのである。

　さらに人口減少は，「『国土の中間展望』中間とりまとめ」（国土審議会政策部会長期展望委員会，2011年2月）や日本創生会議人口減少問題検討分科会（2014年5月に「消滅可能性都市」を発表）が指摘しているように，都市圏（東京圏，名古屋圏，大阪圏）以外の地方圏ではより深刻に進むことが予測され，都市そのものが消滅する可能性もはらむなど，地域間格差の問題も含んでいる。

　このような人口動態の変化は，学校教育にも深刻な影響を与えている。公立小中学校の児童生徒数は，2014年度には20年前より約25％減少している。また学級数については，公立小学校の46.5％が11学級以下となっており，クラス替えが困難なほど小規模化している状況がある。

◢ 学校統廃合とは

　学校の小規模化のデメリットとして，人間関係の固定化，多様な教育活動ができにくいなどが指摘されている。そのため小規模化を解消するためにこれまで学校統廃合が行われてきている。しかし地域に学校がなくなることへの地域住民の抵抗は大きく，学校統廃合の実施には多くの困難が伴ってきている。

　このようななか，文部科学省は1958年に出された「義務教育諸学校の施設費の国庫負担等に関する法律施行令」で示された適正規模の条件を見直し，2015年1月に『公立小学校・中学校の適正規模・適正配置等に関する手引』を公表し，新

たな学校の適正配置の基準を発表した。

　このなかでは，学級規模については，学校教育法施行規則で定められている標準（小学校では12学級以上，18学級以下）を下回る場合に考慮すべき視点や対応を例示している。通学距離は従来の小学校4キロ以内，中学校6キロ以内というのは妥当であるとしながらも，通学時間については，スクールバスなどの交通手段利用を前提としておおむね1時間も可能と提言している。

　しかし，一律に上記のような基準で学校統廃合を行うのではなく，児童生徒の教育条件の改善の視点を中心に置きつつも，地域とともにある学校づくりという視点をもち，統合の課題と効果を保護者，地域住民も含めて関係者が共有し合い，魅力ある学校づくりを検討することの重要性を指摘している。また，小規模校を存続させる場合の留意点や都道府県教育委員会の指導・助言・援助のあり方も提言している。

持続可能な学校教育

　2014年12月に「まち・ひと・しごと創生総合戦略アクションプラン」（閣議決定）が発表された。そのなかで，公立小・中学校の適正規模化，小規模校の活性化，休校した学校の再開支援が項目としてあげられ，地域コミュニティの核としての学校の役割を重視しつつ，活力ある学校づくりを実現できるよう，市町村の主体的な検討や具体的な取り組みをきめ細かに支援することが盛り込まれた。このように今後は，児童生徒の教育を受ける権利を保障しながら，学校の適正規模化を図りつつ，地域の核としての学校の機能を維持していくという持続可能な学校教育の在り方を検討することが必要となっている。

　その視点としては，ICTの活用や小中一貫教育も含めた学校間連携，学校事務の共同実施など多様な視点からの新しい学校教育の在り方の検討が必要である。2015年4月から新しい教育委員会制度のもとで総合教育会議が発足する。その場において，地域創生，まちづくり，地域づくりの視点からも持続可能な学校教育の在り方を検討することが期待される。

もっと詳しく知るために

- 国立社会保障・人口問題研究所『日本の将来推計人口（平成24年1月推計）』
- 増田寛也編著（2014）『地方消滅』中公新書
- 国立教育政策研究所（2014）『平成25年度プロジェクト研究報告書　人口減少社会における学校制度の設計と教育形態の開発のための総合的研究』

（植田みどり）

視点 25　県費負担教職員制度と教員人事システム

わが国の教員の人事システムの未来像とは

■県費負担教職員制度

　学校教育の質を左右する要素はさまざまあるが，このうち学校や教室といったインフラ，教材や教具，教員の「数」などについては，それぞれ国や地方が一定の基準を設けることで質保障を果たしている。一方，教員の「質」も学校教育の質保障に直結する重要な要素だが，免許制度や採用試験で一定水準を確保するのとあわせて，多種多様な得意（と不得意）をもった教員を学校の特徴やニーズに合わせて適正に配置することが求められる。

　わが国の公立学校では，そうした適正配置を実現するために県費負担教職員制度を採用している。簡単にいえば，市町村を設置者とする公立小・中学校に勤務する教職員の給与負担と人事権を都道府県がもつ制度で，これにより地域間・学校間の偏りを押さえた機動的な教員配置が可能となっている。

　教育行政の地方自治を理解するうえで「設置者管理主義」は重要な原則である。しかし，これに従って公立小・中学校教員の給与負担と人事権を市町村のものとした場合，その規模や財政力に大きな幅のある現状では，財政状況がよく教員を厚遇できる地域に有能な教員が集まり，そうでない地域には能力に劣る教員や未熟な教員が自身の待遇改善（キャリアアップ）をめざして勤務するという帰結が想像できる。わが国でも，かつては市町村の財政力に応じて教員の処遇や配置状況が異なり，それが教育の質や成果に反映されていた。

　また，いったん採用した教員の所属が各学校や市町村といった単位で固定化されると，ニーズの変化に合わせた人材の確保が難しくなる。何らかの学校課題に対して，生徒指導力に優れた者や特定の教科における学習指導に優れた者などが必要になった場合，より広範囲から適材を探す方が有効である。しかし，そうした「適材適所」の実現は教員の最低水準（＝資格要件）による質保証だけでは難しく，より広域な異動を制度化するなかでのみ可能となるのである。

■市町村への教員人事権委譲の動向

　このように県費負担教職員制度とその運用による広域人事（市町村域をまたぐ異

動）は，教育の機会均等を教員の質の面から保障しているが，弊害も指摘されている。市町村や学校が教育改革を進める際，当事者であるはずの教員の人事権が都道府県にあるため市町村や学校の職員としての意識が薄く，改革を減速させるという指摘や，総合的・広域的な調整の結果として教員の配置が決まるため，個々の市町村や学校はニーズや要望に対して一番の「適材」が得られるとは限らず，人材を「あてがわれた」感覚になるという指摘である。

　近年の分権改革では，市町村や学校が教員人事に関わる余地を増やすことで，上記の諸弊害の克服が試みられている。具体的には市町村費で独自に教員採用ができるようになったことや，県費負担教職員制度の運用において市町村教委の意向が反映されやすくなったことなどがあげられる。これらに加えて，県費負担教職員の人事権を市町村に委譲することも検討されている。

　市町村（や学校）にとって，これらは教員の採用や配置に関する裁量が増えることを意味する。確かに自らの計画・方針に沿った人事が行えることは市町村（や学校）の主体的な改善・改革の実現に資すると考えられるが，このことは先にあげた広域調整機能の低下と表裏一体である。人事情報をよく把握し交渉力の高い教育委員会（事務局・教育長）を擁し，勤務条件のよいところには人材が集まり，そうでない地域と格差を生じる可能性が指摘できる。これは広域的な教育水準の向上にとって，むしろ負の効果を生む可能性すら指摘できる。

　また教員採用の裁量性については，常勤教員よりも「○○支援員」「○○指導員」といった名称の非常勤職員の雇用で発揮されつつある。確かにこれらの職員は教室での諸指導の補助を担い，教育条件の改善につながってはいるものの，それらの雇用条件は市町村で異なる。勤務形態，給与，資格要件等は市町村に任されているため，これらが財政状況等に左右されるのは想像に難くない。

　中長期的・広域的な学校教育の改善を構想するうえで，これまで県費負担教職員制度と広域的な教員人事システムが担ってきた平準化機能は，決して無視されるべきものではない。市町村・学校レベルの自主・自律との緊張関係のもと，今後の制度変革が構想されるべきであろう。

> **もっと詳しく知るために**

- 苅谷剛彦（2009）『教育と平等』中公新書
- 川上泰彦（2013）『公立学校の教員人事システム』学術出版会
- 日本教育行政学会研究推進委員会編（2012）『地方政治と教育行財政改革——転換期の変容をどう見るか』福村出版

（川上泰彦）

視点 26 教員の勤務実態と職務負担の改善

教員の長時間勤務は克服されるか

▮ 日本の教員は世界的にも長時間勤務

　教員の勤務時間は参加国平均38.3時間であるのに対して日本は53.9時間。指導時間は参加国平均19.3時間に対して日本は17.7時間。2014年6月にOECDの国際教員指導環境調査（TALIS）の第2回調査結果が公表された際，マスコミ各社はこの点を大々的に報じた。一般的事務業務などに多くの時間を費やしていると考えられるほか，課外活動等の指導時間が顕著に長く，学習指導以外の面で多様な職務に従事していることが他国との相違として注目された。

　とはいえ，教員の長時間勤務は，TALIS調査以前から広く認識されている課題でもあった。東京大学による勤務実態調査（2007）では，年間ベースでの平均残業時間が1か月あたり約42時間にものぼる実態が指摘され，業務の効率化が模索された。TALIS調査の結果は，この勤務実態調査以後のさまざまな業務効率化促進策（情報ネットワーク構築や会議の精選，統計調査の統合削減など）がほとんど功を奏していないことを示した格好である。

▮ 長時間勤務の原因は何か

　なぜ，長時間勤務は改善されないのか。ここには，日本の教師文化と職務環境の相互規定的な関係があると考えられる。第一に，久冨ら（1994）が教師の多忙は物理的多忙よりも精神的な多忙感が問題であると指摘したように，日本では多忙であることに疲弊しつつも，多忙であることをよしとする心性が根強くある。働くことに関する価値意識は時代とともに変容しつつあるが，学習指導に特化せず子どもの育ち全般に関わり，保護者とともに責任を負っていく教師観は当然のように人々に浸透している。

　学習指導と生徒指導はともにあるので，身なり，持ち物，給食当番や掃除の仕方まですべて教師が「指導」すべき範囲に含まれる。しかも，それらは児童生徒理解や信頼関係構築のために不可欠なコミュニケーションなので，この部分を"分業"することは心情的に困難である。負担感を感じつつも，子どもの学校での生活全般にわたって関わり続けることを規範的前提としているために，なかな

か削減できる職務が見えてこないのが現状であろう。

　このような現状で分業を進めれば，それだけ事前の打ち合わせや交代時点での引き継ぎに時間を割かれることになり，教師の職務負担を軽減することにはつながらない。一方，業務支援システムの構築が進む反面，危機管理の面から情報セキュリティは一層厳密になっており，ほとんどの事務的業務を学校で処理しなければ帰宅できない。このような情報支援システムの活用も職務負担の軽減につながっているのかどうか，丁寧な検証が必要なところである。

何をどう変える必要があるか

　ではどうすればよいか。まず，学校は外部諸機関との連携に一層積極的に取り組み，協働のノウハウを蓄積していくことが必要である。子どもや保護者の多様化に伴って，児童相談所やカウンセラー等との連携ばかりでなく，子どもの命を守るための警察との連携も一般的になりつつある。これらの連携を実質あるものにしていくことが，将来的な職務負担の軽減につながるといえよう。

　学校内部に多様なスタッフを拡充することも検討されている。中央教育審議会初等中等教育分科会のもとに設置された「チーム学校」作業部会では，この点を含めた学校の組織体制を強化することについて2015年12月に答申を出している。とはいえ，意識したいことは，「職務の分業」ではなく「責任の分有」を進めることであろう。教師の職務は領域で区分して単純に分業できるようなものではない。例えば，発達障害への対応や家庭環境面でのケアなど，分担してすむ課題ではない。多様な専門スタッフとの協働によってめざすべきことは，教師が関わる時間の短縮以上に，「責任の分有」を当たり前とする価値観の変容である。これが当たり前になってはじめて，教師は自身の授業実践や学級経営に専心することができるようになろう。過剰な責任感から解放されることで，時間の使い方に気持ちの余裕が生まれれば，労働時間の短縮は結果的についてくると考えたい。子どもの育ちに関する責任を，関わる大人全員で担うことが当たり前になることが，長時間勤務改善の最も効果的な近道なのである。

もっと詳しく知るために

- 国立教育政策研究所編（2014）『教員環境の国際比較：OECD国際教員指導環境調査（TALIS）2013年調査報告書』明石書店
- 東京大学（2007）『教員勤務実態調査（小・中学校）報告書』
- 久冨善之編著（1994）『日本の教員文化』多賀出版

（安藤知子）

4節　カリキュラムの現在と未来

1．カリキュラム編成の担い手としての教師

　カリキュラム（curriculum）とは，教育の公文書で用いられる「教育課程」の原語であり，日本では一般に教育の実践において扱われる教育内容（具体的には，文部科学省によって告示される教育内容の国家基準である「学習指導要領」）もしくは教育計画といった意味で用いられている。これに対して本章ではカリキュラムを，欧米におけるカリキュラム概念の伝統を踏まえ「子どもたちの学びの経験（の履歴）」としてとらえることにしよう。

　子どもたちの学びの経験を組織するのは，日々子どもたちと関わり，教育の実践を担う教師である。教師は，教育に関わる各種法令等の規制のもと「学習指導要領」に沿いつつ，学校や地域の歴史と文化，保護者や地域住民の期待や要望，そして何よりも子どもたちのこれまでの学びの経験，子どもたちの実態と未来への見通しを考慮しながら授業を組織し，実践する。学習指導要領上では同一の教育内容であれ，教師がどのような意図と目的をもって知識内容と活動内容を組織するかによって，子どもたちの学びの経験は大きく異なってくる。教師は，カリキュラム（子どもたちの学びの経験）を編成する主たる担い手として位置づけることが可能である。

　このように教師は，自らの授業を実践するにあたって**カリキュラム編成**の担い手となる。しかしカリキュラム編成の担い手となりうるのは，教師個人にとどまらない。カリキュラムの編成は，学校単位でも行われる。現に，**研究開発学校制度**（1976-）のもとでの指定校や，**教育特区**（2002- ）における研究開発学校では，学習指導要領等の基準にはよらないカリキュラムの編成と実践が認められ，実践研究を通じて特色あるカリキュラムの開発を行ってきた。

　教師は，これからの社会を生きる子どもたちのためにどのようなヴィジョン（将来展望）とスタンス（意識，態度，考え方）をもってカリキュラムの編成に取り組んでいったらよいだろうか。本章では，子どもたちの生きる現代社会を踏まえ，

教師がカリキュラムを編成するうえで考慮していくべき観点を提示することにしたい。

2．今日の社会とカリキュラム編成

さて，今日の社会を形容する際，グローバル化，情報化，多文化化といったキーワードが多用されるように，現代は変化が著しく価値観の多様化が進む時代である。加えて，地球温暖化，エネルギーや資源問題，食糧問題等，地球規模の諸問題は深刻化し，その解決に向け取り組む必要性が一層高まっている。社会の著しい変化に対応し，深刻化する諸問題の解決に向け取り組むためには，一人ひとりが，自らの属する社会（地域，国家，地球等）を形成する主体的担い手としての自覚をもち，社会の形成に積極的に関与していく必要がある。子どもたちに対し社会形成に関与するのに必要な能力や態度を育成するという点でこれまで提唱されてきた教育には，**シティズンシップ教育**（市民性教育；citizenship education），**持続可能な開発のための教育**（または持続発展教育；education for sustainable development，以下 ESD），**海洋教育**（marine education），**防災教育**がある。これらが提唱する理念や諸概念，そして実践事例は，教師が個人として，また学校単位で，各教科，総合的な学習の時間，特別活動，道徳の時間のカリキュラムを編成するにあたって活用することが可能である。

シティズンシップ教育の問題関心は，社会の形成に関与する「市民」の育成にある。1990年代以降，英国（一部地方を除く）をはじめとする諸外国の教育改革で注目されるようになり，わが国でも優れた実践が蓄積されている。ESD は，環境，経済，文化等を含む総合的な視点から「持続可能な社会」をつくる担い手を育成することを目的としている。わが国の提言した『国連持続可能な開発のための教育の10年（UNDESD）』（2002）が国連総会で採択されたことにより，2005年以降，世界各国で推進されている。主にユネスコスクールを中心に年間を通した取り組みが行われ，実践は蓄積されている。2014年をもって ESD のための10年間が経過したことから，今後はその発展的な取り組みが期待される。**海洋教育**は，わが国が海洋国家であることを踏まえ，海洋の環境保全や，国際的視点で平和裡に持続可能な海洋開発ならびに海洋利用のできる人材を育成することを目的とする。国連海洋法条約（1994），海洋基本法（2007），海洋基本計画（2008，2013，閣議決定）等の政策動向を背景としている。**防災教育**は，「災害に適切に対応する能力の基礎を培う」ことをめざすものであり，1998年版，2008年版学習指導要領で強調さ

れている「生きる力」を育む安全教育として位置づけられている。主に避難訓練とその前後の学級活動からなる従来の実践を超えた教育の在り方がめざされている。

3. 学習指導要領とカリキュラム編成

これまであげたのは，教師が各教科，総合的な学習の時間等のカリキュラムを編成するうえで活用可能な教育の数々である。しかしこれらの教育の趣旨を活用するしないにかかわらず，教師にとって，学習指導要領で明示されている各教科やその他の領域が，現代の社会情勢との関連でどのように議論されているかを認識しておくことは重要である。とりわけ学習指導要領で掲げられる各教科，領域のうち，**総合的な学習の時間**，**外国語教育**（小学校では**外国語活動**），小中学校における道徳の時間をめぐる議論について留意しておきたい。

総合的な学習の時間は，1998年版学習指導要領（小，中，高校）で，変化の著しい知識基盤社会において必要とされる「生きる力」を育むことをねらいとして設置された。しかしカリキュラムの編成にあたっては課題とされる点が少なくない。2008年版学習指導要領では問題点を改善すべく教育内容の明確化を図っているものの，活動内容の組織の在り方，教科指導や他の領域の指導との関連性，教育の成果に対する評価のしかたなど，考慮していく必要がある。

グローバル化の進む現代において**外国語教育**は，広い視野，国際感覚等を備えた人材の育成という点でその取り組みに期待が寄せられている。2008年版学習指導要領では，そのねらいとして，4技能（読む，聴く，書く，話す）を総合的に育成しコミュニケーション能力を養うことを掲げている。そこには，外国の文化や言語，日本文化，日本語に対する理解，コミュニケーションを図ろうとする態度の育成，外国語で発信する力の養成が含まれる。これらの目的を遂行するために教師が具体的にどのようにカリキュラムを編成していったらよいのか，検討すべき課題は多い。一方で，外国語教育が英語教育に偏重している現状や，小学校段階での**外国語活動**の導入とその教科化の動きなど，今後の動向についても認識しておくことが重要である。

小中学校における道徳では，第二次安倍内閣（2012- ）のもとでの副教材『心のノート』の再導入，**道徳の時間の教科化**の動き等を踏まえたうえで，学校での教育活動全体と関連づけつつカリキュラム編成の在り方を検討していく必要がある。とりわけ教科化は，教師の実践にどのような変化をもたらし，子どもの学び

の経験にはどのような影響を及ぼしうるのか，認識しておく必要がある。

4．潜在的な子どもの学びの経験：隠れたカリキュラム

　ここで，教師がカリキュラム編成の担い手として留意すべき点は，授業や各種行事等を組織するうえで教師が意図的に取り扱う教育内容だけでは十分でないことである。子どもたちが学校で授業等，教育の営みを通じて学んでいるのは，学校の明示する教育目標や教師の意図する教育内容（知識，技術，価値観等）だけにとどまらず，それ以外のものがあるからである。

　日々の教育活動の過程に潜在する人間形成の働きは，**隠れたカリキュラム**（または，**潜在的なカリキュラム**；hidden curriculum）と呼ばれる。教師にとって，隠れたカリキュラムの存在を十分理解し，日々の実践全体を通じてそれに対して自覚的であることは重要である。というのも，学校という制度的空間で行われる教育の営みを構成するあらゆるもの（学習指導要領，教科書等教材に記載された内容，教員や子どもたちの構成，学校施設や設備等）や教師の言動の一つひとつが，隠れたカリキュラムとして子どもたちに対して何らかの作用を及ぼしうるからである。ここでいう作用には，子どもたちの同質化，特定の子どもに対する差別や排除といった子どもの人権に関わるものも含まれ，グローバル化，多文化化の時代ともいわれる今日において，決して軽視することはできないのである。　　　　　（金井香里）

視点 27　　　研究開発学校制度と教育特区

特色あるカリキュラムの開発とは

◢ 特色あるカリキュラム開発

「特色ある」カリキュラムづくりという表現が多用されるようになったのは，2004（平成16）年度に導入された学校運営協議会制度の活用によると一部でいわれるが，それ以前から「総合的な学習の時間」の導入時点で，既にかなりいわれたといってよい。学校裁量の大幅に認められたこの時間の学習内容が，当時「画一的」すぎると批判されていた学校教育に，風穴をあけるものと期待されていたこともあり，その時間が各学校の「特色」づくりに大きな役割を果たしたのである。それが，ここ10年間ほどは，総合的な学習のみでなく，教育課程全体における「特色づくり」に拡大されてきたものといってよい。

しかし，「特色づくり」は「公教育の公平性を損なうもの」という批判もあり，「公共性を担保すべき」公教育の「共通性・同質性」を保つべきだとする強い声もある。けれども，これまで「画一性」が問題にされてきた流れを考えると，「画一性」と「共通性・同質性」との区別は難しく，また「特色づくり」による「画一性の打破」は必要なことであり，それが学校現場からの内発的な動きでなければならないとしても，それを生む契機が中央の行政当局から与えられたのであれば，それを効果的に生かすことは望ましいことであろう。確かに，学校現場の動きが画一的になったのは，これまでの上からの行政施策によるものであるとはいえ，だから，上からの「画一性打破」の動きが出てきたことを歓迎できない，とする構えは決して望ましいことではない。「公教育の公平性を担保しつつ，各学校の特色づくりに努める」ことは，決して矛盾しないものである。学校の現場教師は，このような動きを活用して，少しでも自由で主体的な活動経験を増やし，力量を高めておくべきだと考える。

◢ 研究開発学校制度

「特色づくり」を学校の教育課程全体に拡大するうえで大きな役割を果たしたものに，「研究開発学校制度」がある。この制度は元来1976（昭和51）年に創設された，教育課程の改善に資する実証的資料を得るために，中央の教育行政の施策

立案に役立てることを目的とした制度である。その意味では,「特色づくり」に直接結びつくものではないが,実質的にそのような研究開発を促進する制度として機能している。特に,その研究開発課題については,公募制を採用し,原則として,課題例は示すが,学校側の自発的な課題設定を前提としており,この点で行政側からの「研究指定」とは異なるものである。過去40年以上の歴史があるが,後半の20年は,本来の趣旨である,教育課程とその国家基準の改善に役立つものとして一定の成果を上げ,重要な役割を果たしてきており,「生活科」「総合的な学習の時間」「外国語活動」の導入などは,研究開発学校の実証的なデータなしには実現できなかった施策であるといってよい。

　具体的には,毎年公募が出され,予算により採択数は年によって変わるが,有識者・専門家による会議の慎重で公正な審議を経て,おおむね10〜15校の採択があり,2015(平成27)年度から研究開発期間を3年から4年に延長して,研究成果の質の向上を求めている。この研究成果については,教育課程の国家基準の改善に役立つものとして開示・提示が必要とされており,この点で各学校における,通常の「特色づくり」のもつ地域性・独自性とは異なる,一般性・普遍性が要求される。その種の難しさがあるためか,応募校には大学附属学校園が多く,もっと普通の公立学校園からの応募が増えることが望まれる。

教育特区から教育課程特例校へ

　「教育特区」とは,2003(平成15)年4月に施行された「構造改革特別区域法」により,内閣府から,全国一律の規制を撤廃ないし緩和することを認定された地域で,教育分野でその種の認定を得た地域およびその制度の通称である。この特区に認定された学校は,国家基準たる学習指導要領の規定に従わず,地域の特性などに応じて特色ある教育課程をつくることを許されている。2008(平成20)年4月からは,認定者を内閣府から文部科学大臣に変えて,その種の特別な教育課程の編成・実施を認めることとなったので,以来「教育課程特例校」と呼ばれるようになった。現在は,2011(平成23)年6月に成立した「総合特別区域法」により,その趣旨を一層強化する方向で「教育特区」=教育課程特例校として,そのカリキュラム編成は学習指導要領によらずに行えるほか,株式会社立の学校設置も認められ,官民の連携・協力による公私の協力学校の設置なども特例措置として認められるなど,その推進が図られている。

　「教育課程特例校制度」は,この意味では「研究開発学校制度」とは趣旨が異なる。この制度はまさに「公教育の公平性」を念頭に置きつつも「地域の活力を

高める」ことをねらっているといってよい。この点で,「株式会社立」の学校の設置も認められているが,本来,株式会社は営利を目的として設けられるものであるため,学校についても利益を生まない場合はあっさり閉校する可能性が高く,教育上無責任なものといわれかねない。もちろん,株式会社立の学校でも責任をもって経営しているケースもあるが,利益優先ではない。また,教育効果の上がるのが見えにくい教育の分野では,この点の懸念は払拭できない。

しかし,このような問題点があるとしても,株式会社のみならず,これまでフリースクールなどを運営してきたNPO法人などによる正規の学校設置も認められるなど,地域や法人などの学校設置をさまざまな支援措置などにより容易にする方向は,必ずしも悪い面ばかりではない。長い目で見れば,そういう経験を国民各自が地道に積むことにより,よい点があればそれを広く公立学校にも導入・展開するというかたちで公教育の質を高めていけばよい。今や公権力が何もかも抱え込めない時代に入っているのを機会に,何でも国や官僚が先につくる「公共性」ではなく,国民が自ら自力でやる見識と力量とを身につけ,その延長上に新たな「公共性」をつくることが必要になってきているのである。自由民主主義の社会は,そういう自立した国民によって保持される。この意味で,地方や民間,親・保護者に決定権を認める方向は,生かし方次第なのである。

▰ 学校主体のカリキュラム開発を!

「特色あるカリキュラムの開発」は,以上のような制度に依拠して行われねばならないわけでは決してない。また「特色」は,何も特別のものとは限らない。むしろ,国は学習指導要領で,各学校が日常的にそのような「特色あるカリキュラム」を,それぞれの地域・子どもの特性等に応じて,創意工夫してつくることを求めている。例えば,「総則 第1 教育課程編成の一般方針」には,次のような文章がある。

> 1 学校の教育活動を進めるに当たっては,各学校において,児童(生徒)に生きる力をはぐくむことを目指し,創意工夫を生かした特色ある教育活動を展開する中で,(中略)個性を生かす教育の充実に努めなければならない。

これ以外にも,「第2 内容等の取扱いに関する共通的事項」のなかで,

> 2 学校において特に必要がある場合には,第2章以下に示していない内容を加えて指導することができる

また,「第3 授業時数等の取扱い」のなかの,

> 4 各学校においては,地域や学校及び児童(生徒)の実態,各教科等や学習活動の特質等に応じて,創意工夫を生かし時間割を弾力的に編成することができる。

「第4 指導計画の作成等に当たって配慮すべき事項」のなかの,

> 1 各学校においては,次の事項に配慮しながら,学校の創意工夫を生かし,全体として,調和のとれた具体的な指導計画を作成するものとする。

などと,繰り返し「各学校の創意工夫による特色づくり」を促している。もちろん,進歩派や保守派の一部の人のいうように,学習指導要領などの規制がかなり強いため,そういわれてもほとんど創意工夫は行えないといった批判はあるが,それらの人がいうほど行えないわけではない。むしろ,多忙さもあり,上からの規制の影におびえて,何もしない方がよいと考えている教員や学校関係者の方が多いことこそ,「画一性」を生んでいる要因のように思われる。

　ここで明言しておきたいことは,「教育課程」というものは「各学校」にしかない,ということである。国や教育委員会には存在しない。この点で国や地方でつくった基準等をも含む,「カリキュラム」というカタカナの原語とは意味が異なるのである。日本でいわれる「教育課程」は,各学校が学校でつくるものであり,国や教育委員会がつくるものではない。後者はその国家基準や地方基準をつくることができるだけである。この意味で,「教育課程」は「学校主体」でつくるものであるというしかないのであり,これを文字通り各学校は実行してほしいのである。それによって,その成果を分析評価して,国家基準や地方基準の改善を行い,その結果,よりよい基準ができて一層よい教育課程がつくられる,というプラスの循環によって「カリキュラム開発」を進めていくことが望まれる。

　「特色づくり」は必ずしも「教育課程」の領域ばかりではなく,組織体制や人事・予算などでも行うことができるが,それらの特色も,大なり小なり教育課程・カリキュラムに関係してくるものである。だからこそ「教育課程」は「学校教育の要・中核」と呼ばれるのであり,また「授業」は「教育課程の展開過程＝展開カリキュラム」と呼ばれたこともあるのである。各学校は,自校の教育課程・カリキュラムをどうつくれば,より効果的で,質の高い,特色ある教育成果を上げられるかに真剣に取り組む必要がある。

(安彦忠彦)

視点 28　これからの学校教育に求められるカリキュラム編成

子どもの学びの経験を組織する具体的な方法と作業とは

◢ 学力観の転換とカリキュラム編成

　これまで学校では，教師の多くは，それぞれが実践する授業についてのカリキュラム（子どもの学びの経験）を一人で編成してきた。言い換えると「教科担任」「学級担任」という言葉が示すように，担任となった教師が主に一人で教科や学級の指導を担ってきたのである。このことは当たり前のように受け入れられてきた。しかし，時代が変われば，当然学校教育の役割や求められる学力もそれに伴って変わってくる。すなわち，時代や社会の変化を受けての学力観の転換である。この学力観の転換に対応するように，子どもの学びの経験を組織する具体的な方法と作業も変わっていかなければならない。

　では，今，どのような学力観の転換が起きているのだろうか。今日到来したいわゆる「知識基盤社会 (knowledge-based society)」においては，新しい知識や情報・技術革新などが社会のあらゆる領域での基盤として飛躍的に重要性を増している。この知識基盤社会では，学校教育に求められる学力はこれまでの学力とは明らかに違ってきているのである。例えば，OECD（経済協力開発機構）のPISA（国際学力到達度調査）における「読解力 (reading literacy)」とは，「自らの目標を達成し，自らの知識と可能性を発達させ，効果的に社会に参加するために，書かれたテキストを理解し，利用し，熟考する能力」と説明されている。これまでのような教科国語における「主に読み取りとしての読解力」とは大きく違っている。このPISAの読解力をはじめ，知識基盤社会で必要とされる学力は，単に知識をたくさん習得するのではなく，知識を活用し判断し問題を解決する力が重視されている。

　しかし，近年のPISAやTIMSS（国際数学・理科教育調査）等の国際学力調査や全国学力・学習状況調査などで見えてきたことは，日本の子どもたちは，知識などを受動的に獲得することは得意であるが，論理的に考えたり，考えたことを表現したりする力に課題がある，ということである。

　知識基盤社会の到来という時代の変化に伴って，学校教育には，知識や技能の

習得量とその再生の正確性といった「覚える」学力だけでなく，思考力・判断力・表現力等の能力といった「考える」ことを基軸とした新たな学力を子どもたちにしっかりと身につけさせる新たなカリキュラム編成を確立していかなければならない。

組織（チーム）として取り組むカリキュラム編成

「考える」を基軸とした学力を学校教育でどう育成していくか，これがこれから問われていくことである。これまでの日本の教育は，時代が変わるなかで変遷しつつも，その役割と機能をよく果たしてきた。言い換えれば，日本の学校教育は，その時々の時代や社会が求める学力の育成に対応できていたということである。その要因の一つに日本の教師の有能さがあげられる。

日本の学校の一教室あたりの児童生徒数は，諸外国に比較して多い。例えば，日本の国公立学校での平均学級規模（2002年）は，初等教育28.7人，前期中等教育34.2人であり，また，国公私立学校での教員一人あたりの児童生徒数（2002年）は，初等教育20.3人，前期中等教育16.2人である。いずれもOECD平均を上回っている（OECD・OECD教育革新センター編，2014）。

このような状況のなかで，これまでTIMSS（国際数学・理科教育調査）等の国際学力調査で日本が上位に入ってきたのは，やはり日本の授業が優れていたからといえるだろう。そして，そのことは，日本の一人ひとりの教師の有能さや指導力があってこそのものである。もちろん，日本の学校での授業が，日本の教科書の存在によっても，しっかりと支えられていたということもあるだろう。日本の教科書は，学習指導要領に準拠し，目標や内容をすべて網羅しているといっても過言ではない。教科書に沿って授業を進めることで，学習内容を漏れなく子どもたちに学習させられる，という構造になっていることが教師一人ひとりの授業レベルを支えてきたのである。

しかし，これから求められる学力は，これまで学校教育で学力としてとらえられてきた知識の習得と再生とを量的に測定する学力とは違う。これからの学校教育に求められる学力は，習得した知識を活用する思考力・判断力・表現力等を含むバランスのとれた学力である。教科書に頼る学習方法では，こうした学力を十分に育成することはできない。このように，一人ひとりの教師が担う対象が多様化し複雑化している状況で，これまでのように担任する大勢の子どもたちを一人の担任教師がすべて掌握し，子どもたちそれぞれの学びの経験を組織するという方法はきわめて難しくなる。教師一人ひとりの責任と指導力だけに頼ったままで

は，限界がある。

　これからは子どもたちの実態をしっかりととらえ，活用できる教育リソースを把握し，「考える」を基軸としたバランスのよい学力の育成をするためのカリキュラム編成を学校全体で組織（チーム）として取り組むことが重要となる。

子どもの学びの経験を組織するカリキュラム開発

　学校教育に求められる学力が大きく転換してきている今，一人ひとりの教師のもつ個性を組織（チーム）として生かすことが大事である。そのためには，学校全体として，担任教師が一人で子どもたちに向き合うことからのパラダイムシフトを図っていくことが重要になってきている。「考える」を基軸とした学力を育成することは，短期間にはできない。学校が継続性をもって，その育成に向けて，何をどのように行っていくべきかのベクトルを共有し，次にあげるような点に留意して教育活動を進めることが大切であると考える。

　第一に，学校のグランドデザインを明確にして，各教科や総合的な学習の時間等の枠を超えて，学校の教育活動全体のネットワーク化を図ることである。学校としての共有ヴィジョンをもち，カリキュラム開発のために学校全体でチームとして「学習する組織」（センゲ，2006）になることである。

　第二に，学校の実態はそれぞれであるから，各教科や総合的な学習の時間等の授業は，実態に合わせて具体的場面を想定しながら展開することである。これまで指摘してきたように，これからの学校に求められる「学力」は21世紀を生き抜くために必要とされる能力である。このような「学力」を育成するには，教育方法として，教師による一方的な講義形式の授業ではなく，いわゆるアクティブ・ラーニングの手法を取り入れることが必要になる。学習者が能動的に授業に関わることが大切で，授業中の学習活動としてのコミュニケーションが成立していることが保証されなくてはならない。もちろん，メッセージを一方的に受け取るだけ，あるいは発信するだけでは真のコミュニケーションにはならない。学習者である子どもたちが協力してよりよい結果を希求していき，その過程で創造的な関係が構築できる「共創型対話」が強く求められるのである（多田，2006）。

　第三に，各教科や総合的な学習の時間等において，子どもの学びをもとにしたカリキュラムおよび評価モデルの開発を学校全体で図ることである。そのためには，各教科でのカリキュラムのとらえ方の違いを認識することが大切である。例えば，教材としての「テキスト」のとらえ方一つとっても各教科において違いがあるはずである。こうした各教科におけるカリキュラムのとらえ方の違いを各教

科間で交流し情報交換することが，指導者間の子どもの学びについての理解をさらに深め，しかも各教科で協働して子どもの学びの経験を組織する必要性を再認識することにつながるのである。

カリキュラム・マネジメントによる評価

　カリキュラム・マネジメントは，カリキュラムを経営・管理するための実践的な技法の確立を図るためにある。これまで日本の学校においては，カリキュラムそのものを対象とした評価はあまりなされてこなかったといえるが，学校がどのような学力を育成し，どれだけ子どもたちにその学力を身につけさせたかを明確に示すことは重要なことである。カリキュラム・マネジメントの発想は，これからの時代のなかで，教育も管理・経営的でなければならないとして位置づけられたことの一つの象徴でもある。

　カリキュラム・マネジメントの基本型に PDCA サイクル（plan-do-check-act cycle）がある。この PDCA サイクルでは，単元，学期ごと，年間といったさまざまなスパンでとらえることの重要性はもちろんのこと，小学校段階，中学校段階など全体のプロセスを統制するための評価機能をもつことがより重要である。そのためには，カリキュラム・マネジメントを「カリキュラムを再構成し，吟味して，意味づける行為を通して，新たなカリキュラムを創出する循環型のプロセス」としてとらえるということが大事である（髙木，2015）。

　PDCA サイクルにおいて，重視されるべきは，カリキュラムのリフレクション（自省・熟考）である。リフレクションを繰り返しながら常にカリキュラムのバージョン・アップを図っていくことにより，PDCA サイクルは有効に機能していく。そのことが変動する社会を生き抜く学力および子どもの人間としての成長が保証される柔軟な教育活動を生み出すことにつながると考える。

もっと詳しく知るために

- 多田孝志（2006）『対話力を育てる――「共創型対話」が拓く地球時代のコミュニケーション』教育出版
- 髙木展郎（2015）『変わる学力，変える授業――21世紀を生き抜く力とは』三省堂
- ピーター・M・センゲ（枝廣淳子ほか訳）（2011）『学習する組織　システム思考で未来を創造する』英治出版

（米澤利明）

視点 29　　　　　　　　　　　　　　　　　　　シティズンシップ教育

「地球市民」はどのように育てることができるか

◢ グローバル人材の育成において求められる資質・能力

　グローバル化は現代社会のキーワードである。グローバル化の進展は情報革命と交通革命により世界中の人々が国家を超えて結びつき，国家中心の時代からさまざまなアクターが活動する地球社会時代へと歴史を進めている。しかし，グローバル化の進展は世界の国の内外で経済的格差を拡大させ，不安定な要因をもたらしている。地球環境の悪化による自然災害の多発，そこに宗教問題や核問題が複雑に加わり，不確実・不安定な難しい時代ともなっている。

　そこでグローバル人材を育成するねらいをもつシティズンシップ教育は重要性を増しているが，世界政府が存在しない地球社会ではスタンダードが作成できていない。では，グローバル人材として育成される資質・能力では，何が求められているのであろうか。近年，教育の世界ではさまざまなキー・コンピテンシーが設定され21世紀型学力育成が注目されている。その一例が日本の「生きる力」を発展させたOECD（1997年-2003年のプロジェクト）の「鍵となる能力（key competencies）」である（立田，2006）。個人の人生の成功と社会の持続的発展に貢献できる価値ある能力として，①ツールの総合的な活用能力，②異質な集団での関係能力，③自主的な行動能力があげられている。特に，「異質な集団で交流する能力」は，グローバル化を意識した多元的社会の多様性に対応する力および社会的資本の重要な力として注目されている。

　次に，注目されているのがアメリカやオーストラリアなど6か国の政府と大学・産業界（IT企業）が協力して作成した21世紀型スキル「ATC21S（Assessment and Teaching of 21st Century Skills）」である（田村ほか，2014）。具体的なスキルとして下記の能力が示されている。
○思考の方法（創造性，批判的思考，問題解決，意思決定と学習）
○仕事の方法（コミュニケーションと協働）
○仕事の道具（情報通信技術〈ICT〉と情報リテラシー）
○世界で暮らすための技能（市民性，生活と職業，個人的および社会的責任）

しかし，藤崎が指摘しているように，このような「グローバル企業のビジネスマン」的な資質の強調としての21世紀型スキルの要素には，批判がないわけではない（藤崎，2015）。

■ イギリスのシティズンシップ教育からの示唆

地球上には約600の民族が存在するといわれている。約72億人の人々が196あまりの国家を形成して生活している。単一民族国家はほとんど存在せず，多くの国家が多文化共存の多民族国家である。もちろん，風俗や慣習，言語や宗教も異なり平和的共存が難しい国家も多い。そのために，民族相互の共存・共生をめざす教育に国家は力を入れている。

特に，多民族国家であるアメリカ，カナダ，オーストラリア，EU諸国で市民性教育としてのシティズンシップ教育が盛んとなっている。例えば，イギリスの事例を紹介してみると，イギリスは伝統的な教科「地理」「歴史」に加え，1999年のナショナルカリキュラム改訂に伴い「市民科」を導入し，2002年から「シティズンシップ教育」を始めている。嶺井はグローバル時代の国民・市民形成について，世界の14か国の事例を取り上げ「シティズンシップ教育」について従来の欧米にかぎらずアジア，旧ソ連諸国を含めて俯瞰的に比較研究を行っている（嶺井，2008）。シティズンシップ育成は，グローバル化と多文化化等による国民国家の社会構成原理の変化に対応させ，望ましい市民性の変容への移行を課題とする時代に入ったといえよう。

水山の指摘によれば，シティズンシップで求められている能力は，参加による役割の分担とアイデンティティの確立が目標になる（水山，2010）。

> シティズンシップは，子ども達の精神的，道徳的，文化的発達を促すとともに，彼らをして教室の内外において，より自己を信頼し責任感のある存在になることを促す。シティズンシップは，子ども達が，学校や近隣，コミュニティ，さらにはより広い世界で有益な役割を果たすことを励ます。シティズンシップはまた彼らに，われわれの経済や民主主義のしくみや価値を教え，様々な国家的，宗教的，民族的アイデンティティを尊重することを励ます。そして，<u>論争問題についてしっかり考え，討論において重要な役割を果たす能力を発達させる。</u>
> （下線部筆者）

イギリスと日本とでは置かれた多文化化の状況や歴史・風土が異なる。また，「市民」概念のとらえ方にも違いが認められるのは事実である。イギリスのシティズンシップカリキュラムがそのまま参考になるとはいいきれない。しかし，討論能力重視の市民性育成など実践カリキュラムとして大いに示唆を得ることがで

き，シティズンシップ教育が多文化共存の社会にあって現代的な教育課題になっていることを読み取ることができる。また，知識と能力を一体的に育成するために論議のテーマや方法の具体例まで提示していることに注目したい。

「18歳選挙権」の成立を踏まえた市民性教育の課題

　「18歳選挙権」を実現するための法律が成立（2015）し，日本も他国なみに18歳から主権者として参政権をもち，自立した大人としての公正な判断力が求められる時代になった。それは，地域・国家の課題を超えてグローバル化している地球規模の課題解決に結びつく思考力・判断力・表現力を兼ね備えた政治的リテラシーの育成課題である。この問題は，若い世代の課題だけでなく大人の政治的教養と政治意識・行動の問題でもある。大人の投票行動も国政レベルでは50-70％，地方の首長選挙においても年々投票率が低下している。主権者である国民は，いまだ政治を他人事とし，社会形成には関心を示さない傾向にある。近年の国政選挙や地方統一選挙における投票率の低迷から，一層，主権者としての政治意識向上のためのシティズンシップ教育（市民性教育）の充実が求められている。

　このような問題の背景には，日本では大化の改新（645）に遡る「公民」の概念があるが歴史的に定着せず，明治期の地方の選挙民としての公民が登場し，やがてヨーロッパの市民社会で成立した市民の概念が国民とともに使われてきた。しかし「公」の概念が歴史的に定着せず，「公共」問題の解決に参加する市民性が欧米と比較して育ってこない政治風土があるようだ。

　2006（平成18）年に教育基本法が改正され「公共の精神に基づき，主体的に社会の形成に参画し，その発展に寄与する態度を養う」ことが教育の目標にされた。しかし，先述したように日本の教育では「公民」概念が定着していないため，公共の精神に基づき国民や市民が主体的に社会を形成し，運営し，改善する社会参画能力は，学校教育の中心課題になっていなかった。

　戦後の6・3・3・4制は児童生徒の身体的成長に合わず，制度改革が教育課題になり，小中連携や中高一貫教育が課題となっている。中島章夫（元文部省大臣官房審議官）は，中等教育の立て直しについて，戦後行政が生んだ中高の断絶を個性・人間力を養う全体像が明確になっていなかったと省察している（日本経済新聞，2014.5.26）。中学校，高等学校が別々の教育理念のもと，教科学習中心の教育を行ってきたと批判し，この時期に個性と能力を厳しく見つめながら，どのような人間に育て上げるか，教育の全体目標が必要になることを説いている。「18歳選挙権」成立を踏まえ，中島が指摘する「人間」を「市民」（「主権者」）に置き換え，

グローバル化時代の市民性教育の課題を再考しなければならない。主権者育成と「地球市民」育成は，双方向の教育課題である。

「地球市民」の育成とその課題

現代社会は，地球環境問題をはじめ，国際テロの脅威，グローバル経済の進展による格差の拡大など，「地球市民」の育成の重要性が再認識されている。地球政府が存在しない以上，「地球市民」の生命や財産は国家に依存せざるを得ない。価値観や文化が異なる国家・社会に生活している地球人は，この一つしかない地球社会でともに平和に暮らす課題がある。

これからの地球社会では，各国は自国の国益を追求するだけでなく，人類共通の利益の視点に立って，思考し判断・行動することが必要になる。日本・日本人もまた「地球市民」としてこの地球上に生活していることを自覚して国民や市民の安全と繁栄のために利益を追求するとともに，世界の平和と繁栄に貢献することが期待されている。私たちは地球社会に暮らす「地球市民」としての自覚をもち，日本の置かれている立場から，真の国際平和を願い人類の福祉の実現に向けて，一人ひとりが，何ができるのかを考え，行動していかなければならない。この課題解決は，未来志向による教育の成果に期待するしかない。教育の今は，未来社会を形成する「地球市民」としての資質・能力を目標に，児童・生徒の社会形成力を育成することである。

もっと詳しく知るために

- ドミニク・S・ライチェン，ローラ・H・サルガニク編著（立田慶裕監訳）（2006）『キー・コンピテンシー――国際標準の学力をめざして』明石書店
- 田村学，黒上晴夫（2014）『考えるってこういうことか！「思考ツール」の授業』小学館
- 藤崎さなえ（2015）「グローバル人材に求められる学力観」日本グローバル教育学会『グローバル教育』第17号
- 嶺井明子（2007）『世界のシティズンシップ教育』東信堂
- 水山光春（2004）「英国の新教科『Citizenship』に学ぶ」京都教育大学『教育実践研究紀要』第4号
- 西村公孝（2013）『社会形成力育成カリキュラムの研究』東信堂
- 杉浦真理（2013）『シティズンシップ教育のすすめ』法律文化社
- 日本社会科教育学会（2008）『東アジアにおけるシティズンシップ教育』明治図書

（西村公孝）

視点 30　能力開発指向の日本のESDをとらえ直す

ESDの新たな時代をひらくホールスクール・アプローチ

ESDはいかに伝えられたか

2014年の「ESD（持続可能な開発のための教育）に関するユネスコ世界会議」で採択された「あいち・なごや宣言」をもって「国連ESDの10年」（以下，「10年」）に終止符が打たれた。今後のESDの可能性について論じたい。

「10年」の間，ESDは時代先行型の概念であるがゆえに，多くの関係者がそのモデルを希求してきたといえる。しかし，ユネスコは，その本質的な特徴として，「環境・社会・経済という持続可能性の3領域の望ましい状態について扱うこと」などをあげているものの，各地の独自性を重視するために「普遍的なモデルは存在しない」ことを強調している（UNESCO, 2005, 30頁）。

では，日本では「持続可能性及び教育の優先的課題」はどのように伝えられてきたのであろう。ここで官民双方の作成した代表的な図を取り上げてみたい。

図1は，ESDの推進が期待されているユネスコスクール関係者の間で知られている図である。「ESDの基本的な考え方」として「知識・価値観・行動等」が中心に据えられ，「環境・経済・社会の統合的な発展」とともに，周囲に位置づけられている既存の学習や地球規模の課題がそれらを共有している。

図2は，「10年」の当初から民間ベースで活動を支えてきたESD-J（認定NPO法人「持続可能な開発のための教育の10年」推進会議）による図である。この図の中央には「エッセンス」が置かれ，それを共有するかたちで周辺に，戦後に誕生した「新しい教育」が位置づけられている。

ESDは多様な学習や教育の「基本」や「エッセンス」として見なされていることがわかる。

ESD構成図の陥穽

ユネスコは「10年」の国際実施計画におい

図1　ESDの概念図
（出典：文部科学省〈日本ユネスコ国内委員会〉ホームページ）

て、ESDは「教育の新たな方向づけ」であると強調してきた。これは既存の教育の在り方そのものの変容に迫るラディカルなヴィジョンである。「10年」を経た現在、ESDの真髄を探求するためにも次の問いに向き合わねばならない。図2にある「環境学習」や「国際理解学習」等は「エッセンス」からの影響のもとにどれだけ変容したのであろうか。教材づくりや教員養成において、環境学習の専門家はいかほどに社会や経済の要素を統合し、国際理解学習の専門家はどれほど環境や経済の要素を導入したのか。

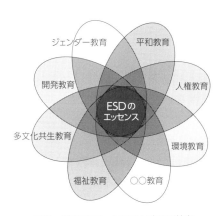

図2　ESDのエッセンスと諸々の教育
（出典：ESD-Jによる冊子：『持続可能な社会のための「人」づくり』）

この10年を振り返ると、「10年」の国際実施計画で当初から想い描かれたような深い次元での変容はさほど見られなかったのではないだろうか。なぜ限定的にしか変容がもたらされなかったのか。その理由の第一に、図1の「真ん中」の説明が断片的な思考を助長するようなしかたであったこと、第二に、ことさら能力開発が強調される説明であったことである。本来、ESDは基本的な性格としてホリスティックであり、それゆえに能力開発にとどまらず全人的な発達観を内包していた。日本では、こうした本質にさしたる意識が置かれないままに施策が打ち出されてきたことは「10年」の残した課題であるといえる。

図3は、特にESDを実践することが期待されているユネスコスクールなどの学校現場において強い影響力をもってきた図である。よく見ると、「概念」も「能力・態度」も例示であることが記されているが、この図に従ってESDに取り組んできた学校等は少なくない。確かにこうした図示の試みはESDの特徴を丁寧に示しており、「10年」の間、現場がESDという抽象度の高い教育概念に取り組むうえで大きな役割を果たしたといえよう。しかし、その解説が実際にはどのように影響を及ぼしたのかについては吟味されねばならない。

「ESDの断片化」は、能力・態度のみならず、ESDに取り組む個々の教育領域にも見られる。本来は図1の「真ん中」と向き合うことが期待されているにもかかわらず、その部分の抽象度の高さゆえの理解の困難からか、周辺のいずれかの専門領域のなかでの能力開発の努力をもってよしとしてしまい、全体としては変

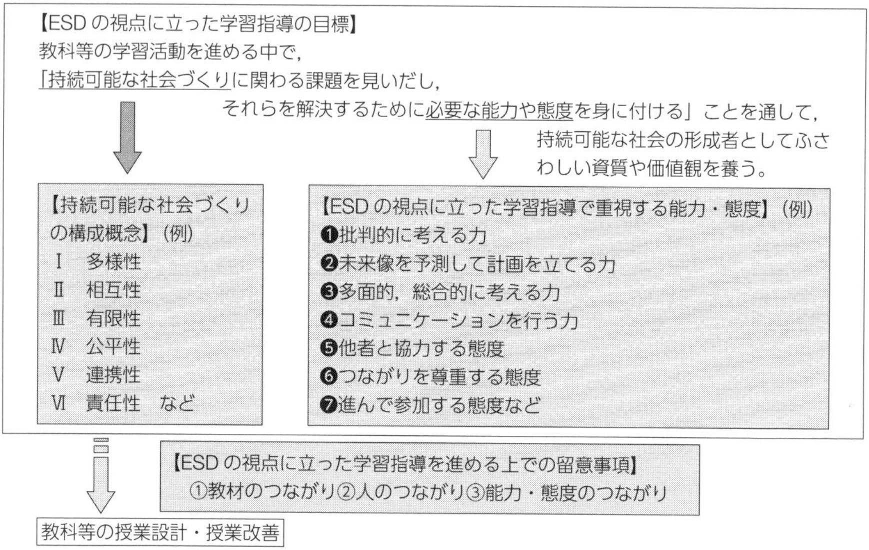

図3　持続可能な社会づくりの構成概念およびESDの能力・態度
(出典：国立教育政策研究所〈2012〉『学校における持続可能な発展のための教育（ESD）に関する研究（最終報告書）』4頁)

容がもたらされないという傾向は「ESDの矮小化」としてとらえられる。この点を意識することなくして，ポスト「10年」にESDを推進したとしても，従来の教育とさして変わらぬ実践が繰り返されることになりはしないだろうか。

ポスト「10年」のESDデザイン

　ESDは教育の在り方自体をとらえ直すラディカルなヴィジョンである。「21世紀の日本の教育全体の基本方針」にESDを据えて教育課程全体の基調とする全体構想をもつべきという安彦忠彦（2014）の主張のとおり，能力開発論に収まるような性格の教育ではない。

　「あいち・なごや宣言」で採択されたグローバル・アクション・プログラム（GAP）にはホール・インスティテューション・アプローチ（学校等の組織全体でESDを浸透させていく手法）が強調されており，学校ではホール・スクール・アプローチと呼ばれている。ESDをめぐる「断片化」や「矮小化」という問題が各国の共通課題であったことの証左である。この問題を繰り返さないためには，まずもってホリスティックな手法が重要であるという共通認識の現れといえよう。

　実はこうした努力は，決して多くはないものの，学校活動の全体（ホール）にわたってESDの真髄を体感できるような学校づくりとして試みられてきた。

ホールスクールの観点から学校の持続可能性に関する構想を体系的にまとめてきたのは，ブレア政権時代のイギリス政府と市民である。学校全体を8つの扉から変えていこうというデザインが示されている（図4参照。永田, 2010）。こうした学校デザイン構想のもとであれば，ESDは特定の授業内で実践される特定の技能習得という限定的な性格ではなく，まさに個々の取り組みが有機的に連動するホリスティックな実践へと導かれるであろう。

図4　サスティナブル・スクールのための8つの扉
（出典：http://www.teachernet.gov.uk
2009年10月25日閲覧，翻訳は筆者）

以上は，イギリスの例であるが，国内では横浜市立永田台小学校など，ホールスクールの試みが見られる（教育新聞社「教育新聞」第3412号，2016年1月1日）。

これらの事例に共通しているのは，ホリスティックな視点である。それは，先の要素還元的に能力や技能を示す教育観とは根幹を異にし，今世紀の教育をデザインしていくうえでこのうえなく重要なアプローチである（永田, 2012）。グローバル化の時代においては断片的な能力開発主義に陥りがちである。全人教育を指向してきたESDでさえも，時代の波に乗れるように，コミュニケーション力や問題解決力が強調されてきた傾向は否めない。しかし，教育は人材開発と同義なのであろうか。おそらく現代ほど，この問いについて立ち止まって考えることが求められている時代はなかったといえよう。

（※本稿は，『教育展望』（2015年7・8月号）「ESDの真髄と日本の課題：ホリスティックな教育デザインの必要性」を加筆修正した。）

もっと詳しく知るために

- 安彦忠彦（2014）『「コンピテンシー・ベース」を超える授業づくり：人格形成を見すえた能力育成をめざして』図書文化
- 永田佳之（2012）「ESDの実践へと導く四つのアプローチ」日本国際理解教育学会編『国際理解教育 Vol.18』明石書店，44-51頁
- 永田佳之（2015）「「ESD推進のためのユネスコスクール宣言」から読み解く日本のESDの成果と課題」ユネスコ・アジア文化センター編『ユネスコスクールの今』
- UNESCO（2005）*UNDESD (2005 – 2014) International Implementation Scheme.*

（永田佳之）

視点 31 　　　　　　　　　　　　　　　　　　　　　　　　海洋教育

人と海との共生はどうすれば実現できるのか

◢ 海洋教育とは

　海洋教育は，単に海に関する教育を指してはいない。海洋教育とは，人と海との共生を主題化する教育であり，J. ブルーナーの言う学びの「現実的な意味（relevance）」を獲得し，人々の海からの疎外状況を克服する教育である。以下，全国にてその実践が蓄積され始めたなか，具体的な実践の事実をもとに，また，全国調査が明らかにした事実をもとに，海洋教育の可能性を素描しよう。

◢ 海洋教育の実践の展開

　海洋教育の実践は，現在，人文・社会科学領域と自然科学領域の双方において展開されている。人文・社会科学領域の海洋教育は，海と人とが共生する地域における「市民性」を育む教育として，学びの「現実的な意味」を獲得しており，自然科学領域のそれは，海洋の持続的開発をめざす海洋科学の展開を背景とする最先端科学の教育として，学びの「現実的な意味」を獲得している。

　海洋教育の推進を市の教育政策として位置づけて2016年に5年目を迎える神奈川県三浦市では，国内最古の臨海実験所である東京大学理学部附属臨海実験所と協同し，豊かな生物相を誇る三浦半島近海の海洋環境や三崎港を中心とする水産業の発展を題材とする海洋教育の実践が多様に蓄積されている。なかでも「三浦の人たちの暮らしを支えたい。三浦の人たちを豊かにしたい」と切実に語るにいたる小学校5年生の学びは，新たな市民の確かな育ちを示している。

　網野善彦が若くして中世の資料を発掘した田烏（当時の表記は多烏）の漁村へのフィールド・ワークを重ねる「社会研究」（SSH学校設定科目）に着手した福井県立若狭高等学校では，これからの漁村の振興をめぐって地域の古老と真剣に議論し，安直な問題の解決策には満足せず，深刻な問題の共有とその深い理解にたどりついた高校3年生の学びが輝いている。

　「海と生きる」ことを再び宣言した宮城県気仙沼市，「新しい里海」を掲げる三重県志摩市，複数の離島・真珠・海女に代表される「海民」の文化の厚い三重県鳥羽市などにおいても地域に根ざす海洋教育実践の蓄積が始まっている。

最先端の海洋科学の学びとしても海洋教育の実践は展開されている。海洋は科学的探究の最前線に位置する。津波の海洋物理学を学ぶ海洋教育が，教師・海洋物理学者・教育学者の協同によって東京都立日比谷高等学校において展開されている。従来，音と光の波動現象を学ぶことに限定されてきた高校物理の発展として，波動現象としての津波に数値シミュレーションの方法で接近する「物理する学び」は，物理の学びの「現実的な意味」を獲得している。

　若狭高校では，地域が抱える課題の発見と探究を，水産学や海洋生物学の最新の研究活動に参加しながら学ぶ海洋教育も展開されている。「海底湧水と水産資源の関係」「LED漁灯搭載船の燃料消費」「アラレガコの食文化復活」といった課題の設定と探究が進められている。

　「海洋人間学科」（教育課程特例校設定科目）の探究に着手した私立逗子開成中学校では，目前の逗子海岸の海でのヨット帆走と遠泳の学びをもととし，最先端の海洋科学の探究とともに，「社会のなかの科学」をも学び始めている。

海洋リテラシー（海洋に関する共通教養）の現在

　東京大学海洋アライアンス海洋教育促進研究センターによる「全国海洋リテラシー調査」は，全国の公立中学校3年生および小学校6年生の「海洋リテラシー」の現在を明らかにしている（層化三段階抽出法による計4,515人を対象）。

　養殖漁業と遠洋漁業の展開の理解は，小学校6年生で正答率39％，中学校3年生で50％であり，日本の水産業の展開の理解が一層求められている。海流と気候の関係の理解は，中学校3年生で正答率55％，そもそも海流と気候の関係の理解を欠く生徒が$\frac{1}{4}$程度ある。また，サケの一生と海洋の理解では，中学校3年生の正答率は33％，そもそも川と海を往還するサケの回遊の理解を欠く生徒が$\frac{1}{3}$程度ある。示唆の一つとして，海洋リテラシー形成のための鍵概念としての「国際的海洋管理」（水産学），「海流」（物理学・地学），「浮遊」（生物学）の統合的な理解を促す海洋教育のカリキュラム開発がまたれている。

　今後は，海洋教育という新しい教育にふさわしい新しい評価の開発（評価基準とするルーブリックを活用するパフォーマンス評価等）や，海洋教育の実践を支える人々の一層の協同（漁協，博物館・水族館，大学，研究機関，市民等）が求められる。

もっと詳しく知るために

- 東京大学海洋アライアンス海洋教育促進研究センター編集（2015）『海洋教育のカリキュラム開発――研究と実践』日本教育新聞社

（鈴木悠太）

視点 32　防災教育

災害に対応するための「生きる力」はどのように育むことができるか

■ 東日本大震災以降における防災教育の課題

　東日本大震災は学校防災の在り方に根本的な見直しを迫るものとなった。「考える防災教育」といわれるように，災害時において児童・生徒が主体的に判断し，行動できるような資質を育むための教育プログラムの開発が求められている。従来の防災教育にあっては単発的な避難訓練の計画・実施にとどまることが多く，児童生徒にとって受動的・他律的な訓練となりがちであった。こうした反省から現在では避難訓練の方法の見直しや内容の改善に加えて，児童生徒の発達段階および地域の特性に応じた多様な教材，授業，カリキュラムの開発が進められている。

　また，防災教育を推進するにあたっては学校と地域・保護者・行政機関との連携が必要不可欠となる。地域を巻き込んだ避難訓練や避難所体験訓練のように，地域社会における防災活動の要として学校が担う役割は大きい。ただし，多忙化する学校のなかで防災のために特別な時間枠を確保し続けることは容易ではない。「防災についての教育」から「防災を通した教育」へ転換し，「防災の日常化」を図りつつ，既存の教育課程のなかで防災教育の要素をどのように組み込み，持続可能な取り組みとして定着させるかが今問われている。

■ 生きる力を育む教育としての防災教育

　防災教育の扱う内容は，学校教育が取り組んできた「生きる力」を育む教育と重なり合う部分が多くある。例えば，岩手県では「生きる力」を育む教育を防災教育として読み直し，「いきる・かかわる・そなえる」を柱とする「いわて復興教育プログラム」を新たに作成して，その副読本およびカリキュラムの全県的な普及を図っている。最新の防災科学の知見も，最善解をめざそうとする判断力も，知識伝達型の指導だけで身につけるには限界がある。「みずから考え，行動する力」を養うには，体験学習や話し合い活動を交えつつ，誰もが当事者意識をもって防災に向き合う姿勢が必要となる。津波の際に率先して逃げることを伝えた「津波てんでんこ」の教えもまた，家族や共同体における日常的な対話のなかで

人々に根づき，伝承されてきた歴史をもつ。困難な現実や想定を前にして，自分なりに考え，応答を繰り返した経験こそが「生きる力」となる。

このことに関連して，阪神大震災を契機に開発された「クロスロード」や「災害図上訓練 DIG」「避難所 HUG」といった実践は，災害時における複雑かつ困難な状況を参加者に擬似体験させ，他者との対話を繰り返す「情報交換・合意形成」型のアプローチをとるものとして注目されている。静岡大学藤井研究室では，クロスロードをヒントにして，防災教育と道徳教育を連携させた「防災道徳」授業を開発し，その実践と普及を図っている。同授業では，災害時に実際に起きた葛藤場面（ジレンマ）を児童生徒に考えさせ，児童生徒の思考力や判断力の形成をめざすとともに，そうした葛藤に陥らないための事前の備えや家庭や地域における日常的な話し合いの重要性を伝えている。また，慶應義塾大学大木研究室は，地震の際の初期避難行動を身につける「じしんだんごむし体操」等を発案し，楽しく防災を学べる活動として各地で導入が進められている。

防災科学と防災文化を両輪とする防災教育

これらの教材に加えて，モニュメントや災害遺構，地域に伝わる知恵といった地域社会で保存されてきた有形・無形の「防災文化」も貴重な教育資源となる。日本社会が自然災害を通して向き合ってきたことは，自然の猛威を人間の力でいかに抑圧するかということよりも，自然との共生を図りながら，被害をできるだけ低減するにはどうすればよいかという課題であった。人間社会と自然界との折り合いのつけ方，人間どうしや自分自身のうちでの折り合いのつけ方について，過去の自然災害の記録や記憶から学べることは無数にある。

地域の顕在的・潜在的な防災文化に触れることは，児童・生徒の防災意識の向上を促すだけでなく，市民社会の一員としての役割や責任を自覚させることにもつながるはずだ。防災教育はさまざまなアプローチを通して，多彩に行うことが可能であり，かつすべての教育課程および学校・地域・家庭との連携のなかでより総合的に設計されていかなければならない。さらに，災害時要援護者に対するケアの視点も欠かせない。災害に対応する「生きる力」はそうしたトータルかつインクルーシブな視座のもとで初めて獲得される力である。

【もっと詳しく知るために】
- 矢守克也・渥美公秀編著（2011）『防災・減災の人間科学』新曜社

（藤井基貴）

視点 33　　総合的な学習の時間

総合学習—教師はどのような授業を組織すべきか

▱「生きる力」の育成へ——「総合的な学習の時間」の創設

　21世紀への世紀転換期において，「総合的な学習の時間」（以下「総合学習」と略記）が創設された（小中は1998年，高校は1999年の学習指導要領）。総合学習は，現代的課題や生徒の興味関心・地域や学校の特色に応じて設定した課題について，体験的・問題解決的な学習を展開し，児童・生徒の「生きる力」を育成するものである。また，学習指導要領で一定の枠組みは示すが，目標・内容等の詳細は規定せず，各学校の創意工夫を生かして実践するものである。一言でいえば，学校を基礎にしたカリキュラム開発（SBCD）が求められた。

　その後，2003年の学習指導要領の部分改訂では，総合学習に関して，①知の総合化の視点を重視，②目標・内容・全体計画の作成，③学校内外の教育資源の活用，が補足された。さらに，2008（高校は2009）年の学習指導要領でも，総合学習の制度は継続した。実施時間は減少傾向にあるが，総合学習の位置づけはむしろ増大した。創設時は総則のなかで記述されたが，今回は独立した節となった。また総合学習の指導要領解説も小中高それぞれに一冊ずつ作られ，実践上の指針が詳細に述べられている。また，実践に際して以下の３点，すなわち①探究的な学習としての充実を図ること，②各学校段階間の取り組みの差異化を図ること，③体験活動と言語活動の充実を図ることなどが特に求められた。

▱求められる４つの力——総合学習のねらいと学習活動

　創設時，総合学習の「ねらい」は次のように規定された。

> （1）自ら課題を見付け，自ら学び，自ら考え，主体的に判断し，よりよく問題を解決する資質や能力を育てること。
> （2）学び方やものの考え方を身に付け，問題の解決や探究活動に主体的，創造的に取り組む態度を育て，自己の<u>在り方</u>生き方を考えることができるようにすること。

（下線部は引用者）

　この「ねらい」は，小・中・高に共通である。唯一の違いは，高校のみ「在り方」が入っている点である。また，これらの内容は，①問題解決の資質や能力，

②学び方やものの考え方，③主体的・創造的な探究の態度，④自己の生き方を考える力の４つに分節化できる。これらのうち，①〜③はいずれも方法的能力であり，教科学習においても重視される。そこで，総合学習の特質を示すねらいとしては，④の規定が特に重視されるべきであろう。

学習活動の例示はどうであろうか。

小学校学習指導要領・中学校学習指導要領
各学校においては，２に示すねらいを踏まえ，例えば国際理解，情報，環境，福祉・健康などの横断的・総合的な課題，児童（中学は生徒）の興味・関心に基づく課題，地域や学校の特色に応じた課題などについて，学校の実態に応じた学習活動を行うものとする
高等学校学習指導要領
各学校においては，上記２に示すねらいを踏まえ，地域や学校の特色，学校の特性等に応じ，例えば，次のような学習活動を行うものとする。 ア　国際理解，情報，環境，福祉・健康などの横断的・総合的な課題についての学習活動 イ　生徒が興味・関心，進路等に応じて設定した課題について，知識や技能の深化，総合化を図る学習活動 ウ　自己の在り方生き方や進路について考察する学習活動

小・中の記述は，「児童」と「生徒」を除けば，全く同一である。それに対して高校の場合，「ア」は小・中と同じだが，「イ」と「ウ」は異なる。

「イ」では，「生徒が興味・関心，<u>進路等に応じて設定した課題について，知識や技能の深化，総合化を図る</u>学習活動」とされている。下線部が高校に独自の規定である。すなわち，ここでは，「進路」の項目が加わり，「知識や技能の深化，総合化を図る」ものとして学習活動のねらいが示されている。また，「ウ」は，高校独自のものである。ここでも「進路」が明示され，「在り方生き方」について考察する学習活動が例示される。高校では，小・中の例示のうえに，いくつかの点で学習活動を発展的に記述している。特に，「イ」と「ウ」の両方に「進路」が示され，「自己の在り方生き方」という包括的な学習課題が提示されていることが注目される。高校の総合学習にあたっては，「進路」や「自己の在り方生き方」に関わる学習がそれだけ重視されている。

「流行すれども定着せず」の教訓──戦後総合学習の３つの波

総合学習には，３つの条件──①テーマに即した学習，②子どもを主体にした

探究学習，③学校を基礎にしたカリキュラム開発（SBCD）——がある。そう考えると，戦後日本における総合学習の実践には３つの波がある。

その第一は，戦後初期である。小・中では「自由研究」(1947年版)，高校では選択社会科として「時事問題」(1947年版，1951年版)が実践された。前者は，「児童の個性の赴くところに従って，それを伸ば」す時間としてデザインされた。後者は，社会的課題を取り上げて生徒が探究的に学ぶ科目として誕生したものであり，自律的学習をめざした総合学習の一系譜として注目される。

総合学習の第二の波は，1970年代である。高度成長の終焉に位置するこの時期は戦後日本の一大転換点であり，地球的問題群の登場，高度成長と地域社会の変貌，学園紛争の経験，高校の大衆化，系統学習の限界と個性重視への要請という社会や教育の変容と連動して，総合学習の動きが台頭した。具体的には，民間プランの「教育課程改革試案」(1976)に「総合学習」が位置づけられ，現場の実践を刺激することとなった。

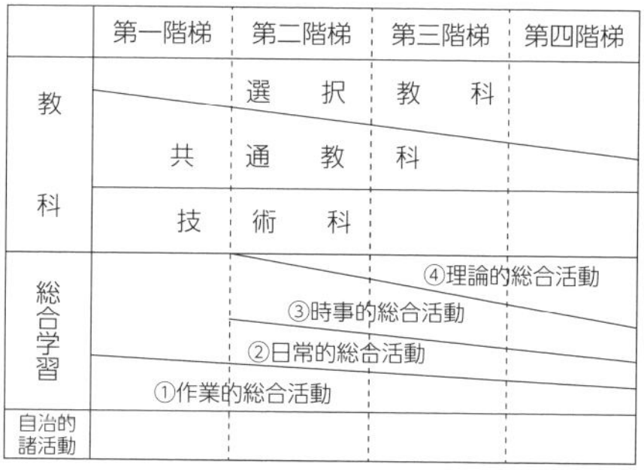

試案の特徴点は，①四階梯というかたちで，初等中等教育段階を一貫した発達的教育課程を提起したこと，②教育課程全体を一体のものとして構想し，「総合学習」「自治的諸活動」という分野を打ち出したこと，③研究者と教師が共同で，それまでの民間教育研究の成果を総括して教育課程構想にまとめたこと等があげられる。

図1 「教育課程改革試案」における総合学習の構造図
（出典：『教育評論』1975年7月）

試案の総合学習では，①自然と社会についての科学的認識の統一（社会的諸問題のリアルな認識），②認識と実践の統一をめざす行動能力の育成がめざされていた。総合学習構想は，1960年代後半から1970年代前半にかけて，全国の教師たちが公害・平和・人権・性等のテーマで推進した実践のなかから生成した。総合学習は，もともと現場の実践を通して，提起されてきたことに留意したい。

そして総合学習の第三の波は，今回の「総合的な学習の時間」の創設である。

こう見てくると，戦後総合学習の実践の蓄積に学ぶとともに，「流行すれども定着せず」の過去の教訓に配慮することが求められる。とりわけ，学校段階でカリキュラム開発の方法論をきたえ，子どもの探究を支えるツールを適切に用意することが重要である。

カリキュラムと探究ツールの開発

総合学習の典型実践には，どのような事例があるだろうか。その一例として，熊本県立鹿本高校の場合を参照しよう。同校の実践で特徴的なことは，単元開発の内容と方法の的確さである。ちなみに，単元構成は次のようである。

> ① Apple Program（1年前期）
> ② 成功へのエチュード～バーチャル市役所プラン（1年後期）
> ③ 知の方法論～ディベート（2年前期）
> ④ Young Doctor Plan（2年後期）
> ⑤ 未来への架け橋（3年前期）

これらは，学習の順次性や進路選択の段階に対応してうまく構成されている。さらに特筆すべきは，それぞれの単元において丁寧な学習指導の手順や探究ツールの開発と活用に配慮されている。ここでいう探究ツールとは，生徒の探究を促進するソフトウェアの総体のことである。明確な構造性をもったカリキュラムと探究ツールを伴った実践指導の要諦が確立している。

21世紀型能力の育成に向けて

上述のように，総合学習のねらいは，児童・生徒が自律的で探究的な学習の経験を経て，自己の生き方や進路をひらく力を育成することである。その点に関係して，最近，国立教育政策研究所の提起した21世紀型能力の開発が提起されている（2014）。そこでは，21世紀に求められる能力として，①「基礎力」（言語・数量・情報スキル），②「思考力」（問題解決力・発見力・創造力，論理的批判的思考力，メタ認知・適応的学習力），③「実践力」（自律的活動力・人間関係形成力・社会参画力・持続可能な未来への責任）の三層構造が提示された。OECDのキー・コンピテンシーや教育国際団体「ATC21S」の提唱する21世紀型スキルでも，同質の議論がされている。ここで示される思考力や実践力は，自ら課題を設定して主体的に学ぶ総合学習のなかでこそ，きたえられるものである。

総合学習が創設されて十数年が経過した。小・中ではおおむね定着してきたが，高校では本来の趣旨が生かされていないケースも少なくない。現代社会の基本的な課題を取り上げ，子どもの生き方に迫る実践の開発が求められている。

もっと詳しく知るために

- 梅根悟ほか（1977）『総合学習の探究』勁草書房
- 和井田清司（2012）『高校総合学習の研究——自律的学習の展開』三恵社

（和井田清司）

視点 34 グローバル時代にふさわしい外国語教育・外国語活動

「グローバル人材育成」を超えた「地球市民育成」の教育へ

地球市民育成のための外国語教育・外国語活動

「グローバル人材育成」「コミュニケーション重視」の文言が氾濫する現在だが,「英語で戦える, 使える人間」のみを生み出すことが外国語教育の目標であってはならない。外国語教育の主な目的は, 他の教科教育と同様, 多様性と他者を尊重する豊かな人格形成と, 良識ある社会人としての自己実現を後押しすることである。

鳥飼玖美子（2015）はこれからの外国語教育がめざすべきは「人材」ではなく「グローバル市民性（global citizenship）」の育成であるとする。戦うための道具としての語学力ではなく, 異質な考えを理解しようとする開かれた心の育成であるとし, その資質を, ①アイデンティティと自律性（autonomy）, ②異質な他者に対する寛容性（tolerance）, ③言語による関係構築（communication）, ④専門性を有する教養人として多文化共生社会に貢献（diversity）, としている。

政府の文書に散見する CAN-DO（能力到達指標）は, 欧州協議会（Council of Europe）が開発したヨーロッパ言語共通参照枠（CEFR）に由来する。CEFR の理念は,「複言語・複文化」,「言語コミュニケーションには異文化能力が伴うという認識」,「従来の読む, 書く, 聞く, 話す, の4技能にやりとり（interaction）を加えた5技能の評価」にある。これらを導入すべきであろう。

小学校における外国語活動

現在の日本の外国語教育は「英語」「英語文化」という単言語・単文化主義に陥っている現状を改善する必要がある。現実問題として中等教育からは, 事実上「国際共通語」である英語学習が必要となるが, その前倒しの教育をするのではなく, 多様な言語や文化に触れるなかで言語意識や言語技術を高める教育が必要なのである。また, 言語教育は「言葉への気づき」を中心として, 母語と外国語との効果的運用を促すものでなくてはならず, 母語を切り離したかたちでは外国語教育は成り立たない。コミュニケーション能力の「素地」は母語でこそ養われるものである。また, 小学校外国語活動は, 言葉のおもしろさ, 豊かさ, 怖さ,

というものを気づかせる「言葉活動」であるべきだろう。

　グローバル・スタンダードの言語教育では，以下の力の育成をめざしたい。①対話：論理的に受け答えする力。②物語・要約：物語の構造を理解し要約する力。③説明：わかりやすく情報を伝達する力。④報告：レポートや報告書などで，事実や進捗状況を的確に伝える力。⑤記録：話し合いの経過や結果をまとめ報告する議事録を的確に書く力。⑥クリティカル・リーディング：文章を論理的に分析し解釈できる読解力。以上をまず母語で磨くことが，中等教育における外国語教育への準備となる。

中等教育における外国語教育

　グローバル時代の英語教育で，大事にしたいポイントは以下の三つである。

　第一に「国際共通語としての英語」の視点を示すこと，生徒たちが将来英語を使う相手は，英語非母語話者であることが圧倒的に多いはずだ。お互いに母語でないのだから間違うのは当たり前。しかし，相手に理解してもらえるように，わかりやすい，正しい英語を身につけよう。辛抱強く，相手が伝えようとしていることを理解する努力をしよう。生徒たちに，そう伝え続けることが重要である。

　第二に，生徒たちに「当事者意識」をもたせること。授業で扱う教材が「絵そらごと」であってはならない。生徒たちが自分のこととして考えることのできる教材を工夫すること，自分のことを語れる活動を取り入れる必要がある。

　第三に，生徒の視野を広げ，知的好奇心をくすぐる教材を工夫する。生徒が「知りたい」「伝えたい」と思うときこそ，力が伸びるときだからである。そのためには教師自身がワクワクできる素材を見つけ教材化することが大切である。

　授業形態については，協同学習のスタイルが望ましい。実技教科ととらえ，授業そのものをダイナミックなコミュニケーションの生まれる場とする。少人数のグループ学習によって不安が解消し，積極的にコミュニケーションを図ろうとする態度（willingness to communicate）が高まることを期待できる。

もっと詳しく知るために

- 江利川春雄・斎藤兆史・鳥飼玖美子・大津由紀雄（2014）『学校英語教育は何のため？』ひつじ書房
- 鳥飼玖美子編著（2015）『一貫連携英語教育をどう構築するか──「道具」としての英語観を超えて』東信堂

（南　美佐江）

視点 35　道徳の時間の教科化

道徳の教科化により教師の実践はどのように変化するか

教科化の動き

　今回の道徳の教科化は，平成25年1月15日に，教育再生実行会議の設置が閣議決定されたことから始まる。その第一次提言として，平成25年2月26日には「いじめの問題等への対応について」が出され，そこでは「道徳を新たな枠組みによって教科化し，人間性に深く迫る教育を行う」ことが提案された。

　その後は，文部科学科省に有識者会議である道徳教育の充実に関する懇談会が設置された。さらに，平成26年10月21日には，懇談会の議論をうけて，中央教育審議会から「道徳に係る教育課程の改善等について」と題する答申が出され，「道徳の時間を『特別の教科　道徳』（仮称）として位置付ける」ことが提案された。現在ではすでに，「特別の教科　道徳」に関して，小学校および中学校学習指導要領の改正が告示されている。さらに，文部科学省のホームページ上で，小学校および中学校の『学習指導要領解説　特別の教科　道徳編』が公にされている。今後，教科書検定が行われ，平成30年度からは小学校で道徳の教科化が始まり，一年遅れて，中学校でも実施される予定である。

　今回の教科化の議論の出発点から考えると，これまで以上に，いじめ問題に対する対処法として道徳教育が期待されているといえる。このことは，道徳教育の内容や方法に関して，当初予想された以上の変化をもたらすことになるように思われる。後述するが，学習指導要領では，問題解決的な学習や道徳的行為の指導など，これまでの道徳の時間では十分には取り入れられなかった指導法なども導入できるような記述になっているからである。

教科であるということ

　教科であるということには法的定義は存在しないが，一般には，三つの条件があるといわれている。教科書があるということ，中学校以上の学校種ではその教科の教員免許があるということ，数値による成績評価を行うということ，の三つである。しかし，「特別の教科　道徳」については，これまでどおり，学級担任が担当するのが望ましいということで，教員免許はつくらないことになっている。

また，評価についても，数値による評価は道徳教育にはなじまないとされている。つまり，「特別の教科 道徳」に関しては，教科書をつくるということだけの教科化が主張され，実施される。

教科書とは，教科書の発行に関する臨時措置法第2条によれば，「小学校，中学校，高等学校，中等教育学校及びこれらに準ずる学校において，教育課程の構成に応じて組織排列された教科の主たる教材として，教授の用に供せられる児童又は生徒用図書であり，文部科学大臣の検定を経たもの又は文部科学省が著作の名義を有するもの」と定義されている。

検定を受け採択された教科書は使用しなければならないものとされている。この問題に関しては，1990（平成2）年1月18日に最高裁で原告の訴えが棄却された伝習館訴訟がよく知られている。この訴訟は，学習指導要領違反，教科書使用義務違反，一律評価による法律違反等を理由に，懲戒免職処分を受けた福岡県立伝習館高校の教師が，処分の取り消しを求めて起こしたものである。この訴訟の判決において，教科書は使用する義務のあることが明示されたのである。

この使用義務は，道徳の教科書についても適用されると考えられるが，「特別の教科 道徳」においては，郷土愛など，全国一律の内容を記載した検定教科書の教材では教えにくいものもあり，一部の教材に関しては，代替することが可能だと考えられている。

◢ 授業実践と教師

改正された小学校および中学校学習指導要領では，「児童（生徒）の発達の段階や特性等を考慮し，指導のねらいに即して，問題解決的な学習，道徳的行為に関する体験的な学習等を適切に取り入れるなど，指導方法を工夫すること」と記されている。これまでのように，読み物資料を用いて登場人物の心情を追いかけ，話し合いを通して道徳的価値に気づく，というやり方だけでなく，問題解決的な学習や，道徳の行為に関する動作や所作の学習など，多様な指導法が導入される可能性がある。

問題解決的な学習としては，資料を用いて考えさせる授業や，体験を主体的に再構成させるような取り組み，モラルジレンマ授業のような価値葛藤資料を用いた授業なども取り入れることができるだろう。また，道徳的行為に関する動作や所作の学習としては，役割演技の導入や，ソーシャルスキルトレーニングやモラルスキルトレーニングのようなものの導入が想定されるであろう。

しかし，注意しなければならないのは，この導入には，学習指導要領でも条件

が付されているという点である。つまり、「児童（生徒）の発達の段階や特性等を考慮し、指導のねらいに即して」、そうしたやり方を導入することが認められるということなのである。指導のねらいに即しているかどうかを考える際には、どのような内容すなわち道徳的価値を取り上げるのかを明確にしておかねばならない。従来の「道徳の時間」においても、また新しい「特別の教科　道徳」においても、道徳的価値を教えるという点に変更はない。例えば、ソーシャルスキルトレーニングを用いた場合でも、その授業が、学習指導要領の内容に記されたどの道徳的価値を教えたのかが問われることになる。そうした点が明示されていなければ、その授業実践はこれまでと同様に、「道徳科においてやるべきことではない」という批判にさらされることになるだろう。

　先にも述べたように、道徳の教科化は、一部の内容では代替が認められるにしても、基本的には、教科書を使わなければならないということを意味する。このことは、授業を展開するうえで、教師の自由度が狭められるということにもつながる。この自由度の狭さは、自分で教材を見つけたり、自作資料を作ったりすることができなくなるという点で、熱心な教師にとっては足かせ以外の何物でもないといえよう。場合によっては、そうした教師のやる気を失わせることになりはしないだろうか。

　しかし、これまで道徳教育に力を入れてこなかった教師にとっては、道徳教育を実践するうえで、かえって取り組みやすいといえるかもしれない。与えられた教科書を、教科書会社が発行した教師用指導書に従って、順にこなしていけばよいのであるから。これまで全く道徳の授業実践をやってこなかった教師がいるとすれば、少しは前進したといえるのかもしれない。けれども、それは喜ぶべき事態であろうか。出来しているのは、形骸化・形式化した授業である。一方で、熱心な教師のやる気を失わせるとすれば、総体的には、むしろ授業実践の質を低下させることになるのではないか。そうならないように、教科化が道徳教育の充実につながるように、一人ひとりの教師が与えられた枠組みのなかで、実践上の工夫を凝らしていくことが求められよう。

　文部科学省は、今回の道徳教科化の概要を説明するための文書「道徳教育の抜本的改善・充実」（平成27年3月）のなかで、「『考え、議論する』道徳科への転換により児童生徒の道徳性を育む」と記し、「考える道徳」「議論する道徳」への転換を強調している。こうした点は、学習指導要領のなかにも見て取れる。例えば、平成20年告示の学習指導要領には「道徳的な心情、判断力、実践意欲と態度」と

記載されていたものが，今回の改正では，「道徳的な判断力，心情，実践意欲と態度」と記され，心情と判断力の記載の順序が入れ替わった。この順序は，授業で取り上げる順番を意味しているわけではない。しかし，これまで，心情重視で行われてきた道徳の時間を，理性的な判断力を中心に展開していくという方針が読み取れる。こうした方針についても，教科化の議論がいじめ対応から始まったことと無縁ではないように思われる。道徳はもはやきれいごとでは終われない。具体的にどうするかを子どもたちが主体的に考えて議論し解決していかなければならないのである。

　いずれにせよ，道徳教育は自律した人間を育てる教育でもある。自律した教師こそが，もっともよく自律した子どもを育てることができる。そういった意味では，授業方法や教材論を超えて，教師の生きざまこそが，今まで以上に問われることになるように思う。

道徳性の評価

　数値による評価はしないということが，これまでも道徳教育の原則であった。しかし，一方で何らかの評価は必要である。子どもの道徳性の状態がわからなければ，効果的な指導案を書くこともできないからである。これまで同様に，作文やノート，質問紙，発言や行動の観察，面接など，さまざまな方法を通して，子どもの状態を知ることが必要であるし，中央教育審議会答申では，「学習活動における表現や態度などの観察による評価（「パフォーマンス評価」など），学習の過程や成果などの記録の積み上げによる評価（「ポートフォリオ評価」など）」も提案されている。なお，文部科学省では，この道徳の評価の問題に関して，「道徳教育に係る評価の在り方に関する専門家会議」を設置して，議論を続けている。平成27年度中には報告がまとめられるであろう。

もっと詳しく知るために

- 柳沼良太（2006）『問題解決型の道徳授業——プラグマティック・アプローチ』明治図書
- 林泰成（2013）『モラルスキルトレーニングスタートブック——子どもの行動が変わる「道徳授業」をさぁ！はじめよう』明治図書

（林　泰成）

視点 36　隠れたカリキュラム

子どもたちは学校生活を通じて何を学んでいるのか

隠れたカリキュラムとは

　学校生活を通じて子どもたちが学んでいるのは，学校が明示する教育目標や教師が意図的に伝達する教科書の知識内容だけにとどまらない。例えば，子どもは，授業中質問をしたくなったときには，挙手をして教師に質問の許可を得なければならないことを知っている。チャイムの合図で授業が始まれば，終業を知らせる次のチャイムまで教師の指示に従い教室で振る舞わなければならないことも知っている。日々繰り返される教育活動を通じて子どもたちは，集団の一員としての適切な態度を学び取っているのである。学校教育に潜在するこうした人間形成の営みは，学校や教師によって明示的もしくは意図的に組織されるカリキュラム（顕在的カリキュラム）とは区別して，隠れたカリキュラム（または潜在的カリキュラム：hidden curriculum）と呼ばれる。

　教室での長期的な参与観察を通じて隠れたカリキュラムの存在を見いだしたのは，米国の教育学者ジャクソン（Jackson, P. W.）である。ジャクソン（*Life in Classrooms*, 1968/1990）によれば，子どもたちは日々，高度に様式化された学校という場所で規則（rules），規制（regulations），慣例（routines）に従うことを余儀なくされており，これら3つのR（3 R's）が隠れたカリキュラムを構成している。隠れたカリキュラムを通じて子どもたちは，まずもって忍耐と集団の一員としての適切な態度を身につける。さらに，自らに対する評価に関わる対処方略を構築し，（教師という）権力への適応のしかた，権力に対処するための方略を獲得する。いわば将来，社会生活を送っていくうえで必要不可欠ともいえる学びを経験しているというのである。

　隠れたカリキュラムは，幼稚園をはじめどの学校段階にも，いかなる形態の授業にも存在する。しかも子どもの学業達成には，顕在的カリキュラムだけでなく隠れたカリキュラムにおける習熟の度合いも大きく関わっている。隠れたカリキュラムを習熟し教師の指示に対して従順に応えようとする子どもは，教師の指示通りに家庭での学習課題をこなし，授業の予習に取り組む。その結果，学校では

好成績を修めるかもしれない。ジャクソンは，隠れたカリキュラムの存在が避けられないことを認めたうえで，日々「当たり前」のように繰り返される教室での実践のなかに隠れたカリキュラムが存在することに対する自覚を促そうとしている。

隠れたカリキュラムの機能——制度依存と無能化

1970年代以降，隠れたカリキュラムは多くの研究者の関心を呼び，大きく展開した。そのなかで，オーストリア出身の社会学者イリッチ（Illich, I. I.）は『脱学校の社会』（*Deschooling Society*, 1970／邦訳1977）を著し，学校という制度に潜在する隠れたカリキュラムの機能を踏まえ，学校制度に対する批判を展開している。イリッチが問題視するのは，近代において確立され普及した諸制度である。教育，医療，交通輸送の制度化が推し進められたことで，人々は，自らが何かをするためには，そのための制度とそれを管理する専門家が必要であるといった制度信仰，制度依存に陥っているというのである。

イリッチにとって，これら「偽りの公益事業」のなかでもっとも陰険なのは，学校である。学校では，技能訓練と人間形成（教養教育）という教育に関わる二つの要素を無理やり結合させて遂行しているからである。仮に技能訓練のみを行っていれば，教師と子どもの間には，技能における上下関係しか存在しないはずである。が，実際には人間形成が行われ，学校での人的関係は人間的依存関係へと際限なく拡張され，これが学習者の制度依存の基盤をつくっている。

学校教育を通じて子どもたちは自ら学ぶ力や（権力者に対して）抵抗する力を喪失し，無能化される。イリッチにとって隠れたカリキュラムは，子どもたちを労働社会もしくは消費社会（モノの消費活動に価値を置く社会）へと入会させる通過儀礼として機能しているにほかならない。

隠れたカリキュラムと教師——教師の役割

ジャクソンならびにイリッチの議論を踏まえると，隠れたカリキュラムは，子どもたちにとって相反する二つの学びの経験として機能している。第一に子どもたちは，将来社会で生活していくうえで必要な態度や方略等を学ぶことができる。しかしその一方でそれは，自ら創造する力，権力に対し抵抗する力を喪失することにもなっている。学校教育において隠れたカリキュラムの存在を避けられないのであるとすれば，教師は，隠れたカリキュラムに対してどのように向き合い，日々教育の実践を行っていったらよいのであろうか。

隠れたカリキュラムは，教師自身の言動をはじめ，学校という制度的空間で行

われる教育の営みを構成するあらゆるもの(学習指導要領，教科書等教材に記載された内容，教員や子どもたちの構成，教師や子ども，その他職員を含む人的関係，学校の施設や設備等)を通じて，教師の意図とは別に子どもたちによって体験される学びの経験である。教師にとって授業や授業以外のさまざまな活動や行事を組織し実践していくうえで重要となるのは，教師が自らの言動をはじめ学校教育を構成するあらゆる人的・物的要素が隠れたカリキュラムとなっていることを自覚し，隠れたカリキュラムを可視化しようとすることである。隠れたカリキュラムを可視化し，これからの社会を担う子どもたちにとってふさわしい授業の組織，学級経営，生徒指導の在り方を探究していくことが望まれる。ここでは，隠れたカリキュラムの可視化という点で，教師が考慮すべき観点を3点取り上げることにしたい。

　第一に，日本の学校における隠れたカリキュラムの特徴である。自己完結的な「共同体」的性質を帯びた日本の学級で，子どもたちは「協調的共有体験」や「皆が，同時に，同じことをする」体験(それは例えば，授業内外での諸活動や発言内容，あいさつなどの規格化等に見いだされる)を重ね，さまざまな感情と価値観を共有していく(恒吉，1992)。子どもたちは，学級内の温かい人間関係のなかで日々広範囲にわたる活動を通じて，他の子どもと「同質」であることや「同調」できることをよいとする価値観を内面化している。しかしこうした価値の共有は，同時に同質化ないし同調への圧力，異質性の排除ともなりうる。この事態が，グローバル時代，多文化共生時代といわれる今日に重視すべき諸々の価値観と真っ向から対立するものであることはいうまでもない。教師がシティズンシップ教育，ESD等の教育実践や，対話型授業，協同学習等の授業形態をとり入れる場合，その円滑な遂行を妨げる可能性がある。

　第二に，ジェンダーをめぐる隠れたカリキュラムである。ジェンダーをめぐる隠れたカリキュラムは，教科編成の在り方をはじめ，教科書等教材の内容，学校段階や教科ごとの教師の男女構成，教師の日常的な言動の一つひとつと，広範囲に及んで存在する。この隠れたカリキュラムを通じて子どもたちには，「女は家庭，男は仕事」といった性別分業のイデオロギーをはじめ，男性優位の能力観，「男らしさ」「女らしさ」の概念が形成される(木村，1999)。しかし，子どものなりたい自己像(性別カテゴリーにかぎらず，能力観，役割観，職業観，自己の身体的特徴や魅力についての認識等)もしくは性的指向とは別に，子どもに対して「男子」「女子」と名づけたうえで，「男らしさ」「女らしさ」や「男子」「女子」としての能力や役割を強要すれば，それは差別にもなりうる。このことは，性的マイノリティの

子どもたちのみならず，すべての子どもに関わる問題である。教師はこの点を心にとどめ，自らの言動をはじめ，授業の知識内容や活動内容の組織，教材の選定等において常にジェンダーの形成を意識していく必要がある。

　第三に，評価の方法における隠れたカリキュラムである。従来，学校では評価の公正性を担保するものとして，客観テストが広く利用されてきた。客観テストには，子どもが正誤や自身の知識との一致を判断するもの（正誤問題，多肢選択問題等），子どもが自身の知識を再生し表現するもの（単語等の穴埋め問題，順序問題等）がある。客観テストは，子どもの基礎的な知識習得の度合いを測るという点では一定の意義をもつ。しかしその一方で，そこには同時に授業の目的や学習の意義，知識観等をめぐる隠れたカリキュラムが存在している。子どもたちは，教科書の知識内容は常に正しい，学習の目標は知識を正確に再生し表現できることである，といった価値観を抱くにいたっている。

　これからの時代において必要とされる思考力や判断力，探究等を重視した顕在的カリキュラムを組織するにあたっては，評価方法に潜在するこうしたカリキュラムに留意し，顕在的カリキュラムにふさわしい評価方法を採用していく必要がある。その点で注目すべき評価方法には，パフォーマンス評価がある。パフォーマンス評価において子どもは，知識の活用が要求される「真正の課題」に挑み，教師は子どもの五感で表現される学習の豊かな様相を長期的に把握する。さらに教師は評価方法を創意工夫したり，学習の成果を表現する方法を子どもたち自身に選択させる（田中，2010，54頁）。具体的には，レポートや作文，エッセイ，ポスター，新聞等の作品や，口頭発表，プレゼンテーション等の実演をもとに教師は子どもの理解や考え方，感じ方を把握し評価していく。

もっと詳しく知るために

- 恒吉僚子（1992）『人間形成の日米比較　かくれたカリキュラム』中公新書
- 木村涼子（1999）『学校文化とジェンダー』勁草書房
- 田中耕治（2010）『新しい「評価のあり方」を拓く』日本標準

（金井香里）

5節　未来の学校教育に求められる教授と学習の方法を問う

　教授や学習の方法とは，個々の教師の専門性や教育に対するヴィジョンと強く結びついたものであり，その時代の社会状況を色濃く反映するものでもある。本章では，近年，学校教育において注目を集めているいくつかのキーワードを取り上げ，21世紀の教育を標榜する実践に深く関わる教授と学習の方法について検討していくとともに，実践の担い手である教師の役割についても論じる。

1．今，教授と学習方法の再考が求められている

　21世紀は，知識基盤社会や生涯学習社会の時代といわれている。これは，知識が重要な基盤となり社会のさまざまな分野が発展していくという時代のとらえ方であり，しかも，そこで想定されている知識は絶えず革新され進展するものであるため，人々は生涯を通じて学び続けることが求められている。このような時代のとらえ方をうけ，学校現場では，これまで実践してきた伝統的な教授と学習の方法を再考する必要に迫られている。教師は単に既存の知識や技能を効率よく伝達することに終始するのではなく，子どもたちが実際に知識や技能を活用したり，新たな発見をめざして探究したりすることのできる教授と学習の方法を，積極的に取り入れていくことが求められているのである。

　教授や学習の方法をめぐるこのような近年の動向は，**21世紀型能力**の育成といった言葉で語られることも多い。しかし21世紀型能力というような名称を持ち出す前に，従来の教科枠組みのなかで行われてきた教育実践についての検討は，果たして十分に行われてきたのだろうか。まずは，**真正の学び**，すなわち教科の本質に沿った学びという観点から，従来の教科枠組みのなかで行われてきた教授と学習の方法について再考してみる必要があるだろう。また，21世紀型能力という話になると，数学や科学といった領域がクローズアップされることが多い。だが，歴史や文学，あるいは**芸術教育**の分野で育まれる力は，この21世紀型能力と呼ばれるもののなかで，いったいどの程度考慮されているのだろうか。こういった点

を十分に吟味することなく「○○型」という言葉だけが一人歩きすると，あたかもこうした規格化された新しい能力があらかじめ存在しているかのようにとらえられ，学校現場ではそれを画一化した型として子どもたちに教え込むという，およそ知識基盤社会や生涯学習社会の理念とはほど遠い混乱した状況を招きかねない。

2．多様な他者やモノとの相互作用という視点の重要性

近年，教授と学習の方法に関する議論に大きな影響を与えているのが，**学習科学**である。学習科学は，認知科学や教育心理学，情報科学や社会学など多岐にわたる学問分野の知見を統合したものであり，未来の学校教育を考えるうえで，さまざまな示唆を与えるものとして注目されている。とりわけ，多様な他者やモノとの相互作用によって学習が深まるとする学習科学の知見は，これからの教授と学習の在り方に重要な視点を与えるものである。

多様な他者との相互作用という観点から近年注目されているのが，小グループによる**協同学習**や**対話型授業**と呼ばれる実践である（注：現在，「協同学習」「協働学習」「協調学習」など多様な表記が存在するが，各々の示す概念や使用する文脈などが異なるため，本章ではあえて表記を統一せず，個々の執筆者に一任することとした）。これらはいずれも，多様な他者との相互作用が子どもたちの学びを豊かにするという考えに基づく実践であり，学習の成果を個人のレベルに限定した知識や技能の獲得量に見いだすのではなく，他者とのやりとりのなかで知識や技能がいかに活用され，ときに修正されたり，新たなものが生み出されるところに意義を見いだすものである。

こういった協同や対話を重視する考え方は，近年，**アクティブ・ラーニング**という用語の登場により，さらなる注目を集めるようになった。アクティブ・ラーニングとは，学習者が主体的・能動的に参加することのできる学びの実現をめざすものであり，グループ・ディスカッションやディベートなどは有効な活動例の一つであるとされている。当初，このアクティブ・ラーニングは，大学教育の質的転換のための施策として登場したのであるが，近年は，初等中等教育においても必要性が示され，次期学習指導要領の重要なキーワードになると考えられている。

さらに，多様なモノとの相互作用という観点から注目すべき動向は，コンピュータやタブレット端末といった多様なテクノロジーを活用した教育実践の普及である。これは，近年，日本においても，**ICTを活用した教育**としてさまざまな実

践が展開している。ICTを活用した教育は，教科書やノートや黒板といった従来の教材教具を用いた学びを転換し，さらには，他者とのコミュニケーションの在り方をも大きく変容させる可能性を有している。

しかし，このように教授や学習の方法に，多様な他者やモノとの相互作用の機会を積極的に取り入れようとする動きがある一方で，成績や理解度に基づき，同じようなレベルの子どもたちを集め指導するという**習熟度別指導**を実施する学校も増加傾向にある。また，ICTを活用した教育も，多様な他者やモノとの相互作用の機会を拡大するという方向ではなく主に個別学習や反復学習の手段として使用されている教室も見受けられる。

3．教師の役割の重要性

このように考えると，教師はただ単に教授や学習の方法に関するさまざまなレパートリーを数多く獲得し，それらを巧みに実行することよりも，そもそもなぜそのような方法が必要なのかを自身の教育的ヴィジョンに照らし合わせて熟考し，自身の実践している方法が，真に子どもたちの学びを豊かにしているのかどうかを絶えず省察し続けなければならないといえるだろう。つまり，教師は単に多数の教授や学習の方法に精通している技術的熟達者ではなく，常に子どもたちの学ぶ姿を通して自身の実践を省察する**反省的実践家としての教師**であることが求められているのである。

教師が自身の実践する教授や学習の方法を省察するために，日本においてこれまで重要な役割を果たしてきたのが**授業研究**である。授業研究とは，教師が自身や他者の授業実践から，また子どもたちの学ぶ姿から，専門家として学び続けるための学習システムであり，日本には戦前から続く授業研究の長い歴史がある。近年，この日本の授業研究は海外からも注目されており，アジア，アメリカ，ヨーロッパなど，さまざまな国に広がりを見せている。

しかし，これまで述べてきたような教授と学習の方法をめぐる近年の動向に鑑みると，日本の授業研究にも，いくつかの検討すべき課題が存在している。これまで日本の授業研究は多くの場合，一斉授業を研究の対象としてきており，基本的には学級全体を単位として行われる発問や発言を主な分析対象として展開してきた。もちろん，そのなかで蓄積されてきた教材や発問や教室談話等に関する研究は，今日もなお重要な意義をもつものである。しかしながら，上述のような協同学習を取り入れた授業では，各グループの議論が教室のあちこちで同時に生起

することになるだろうし，ICT を活用した授業では，インターネットを介して教師の教材研究の範囲にとどまらない多様な情報が教室に持ち込まれる可能性も想定される。このような一斉授業の範疇を超えた多様な形態の授業を検討するための研究方法の開発は，これからの日本の授業研究における大きな課題といえるだろう。

さらに，近年，授業研究は単に授業を改善する手段にとどまらず，個々の教師が同僚とともに学び合い専門性を磨き合う学校文化を創造することに寄与するものとしても注目が集まっている。このような教師が学び合う学校組織は，**専門職の学習共同体** (professional learning community) と呼ばれ，その成立の条件や維持していくための要因などに関する研究が進められている。

これからの未来がどのような様相を呈することになるのか，そして，その未来を生きていく子どもたちに必要とされる力を育むための教授と学習の方法は果たしてどのようなものになるのか，現時点で，それらを的確に予見することは難しい。しかし，重要なことは，未来の社会の予想図をできるだけ正確に描き，それに備えるための教育を計画する議論に労力を費やすことではない。それよりも，たとえこの先，社会が私たちの予想を超えるような未曾有の出来事に直面したとしても，子どもたちが新たな未来を切り拓いていけるような力を育む教育の在り方を，ともに考えていくことの方がはるかに重要であろう。　　　　（北田佳子）

視点 37　　　　　　　　　　　　　　　　　　　　　21世紀型能力

未来を生きる子どもたちに求められるのは「○○型」能力なのか

■ 21世紀型能力が求められる社会的背景

　21世紀は知識基盤社会や生涯学習社会の時代といわれており，そのような社会を生きる子どもたちに必要とされる資質や能力についての議論が活発化している。2002年にアメリカのIT企業や教育機関関係者が中心となって開始した「21世紀型スキルのためのパートナーシップ」プロジェクト，2009年にロンドンで開催された「学習とテクノロジーの世界フォーラム」から立ち上がった「21世紀型スキルの学びと評価プロジェクト（ATC21S）」，2013年に日本の国立教育政策研究所が提起した「21世紀型能力」など，これまで数々のプロジェクトや提案が打ち出され，未来を生きる子どもたちに必要とされる資質や能力をめぐる議論が世界の教育改革の中心課題となっている。しかし，「21世紀型能力（あるいはスキル）」（以下，まとめて「21世紀型能力」と表記する）といった表現は，ややもすると，こうした規格化された新しい資質や能力があらかじめ存在しているかのように無批判に受け入れられ，それをある種の型として子どもたちに教え込むといった状況を招きかねない。「21世紀型能力」という言葉が一人歩きしないようにするために，われわれは，少なくとも次の3つの問題を丁寧に検討しなければならないだろう。

■ 問題①　21世紀型能力は，知識経済で勝ち残るために必要なのか

　21世紀を生きる子どもたちに求められる資質や能力をめぐる議論のなかで，知識基盤社会や生涯学習社会と同じぐらい，あるいはそれ以上に頻出するキーワードが「知識経済」である。「知識経済」とは，知識を重要な資源や資本と見なし，知識を基盤として発展する経済活動のことを指す。急速にグローバル化，テクノロジー化する社会のなかで，この「知識経済」の競争に勝ち残ることはどの国においても緊要の課題であり，そのために「21世紀型能力」の育成が必要性だと主張されることも少なくない。

　確かに，経済活動は社会における重要な営みの一つであり，学校教育とも密接な関わりをもつものである。しかし，学校教育は，「知識経済」に勝ち残るための人材を育てることを第一の目的とする場所ではない。むしろ，経済活動での成

功を追求するあまり引き起こされる諸問題，例えば，格差の拡大や環境破壊，人種・宗教間の対立などといった，未来を生きる子どもたちが避けては通れない複雑で深刻な問題について真剣に考え，自分たちにできることは何かを問い続ける場を学校教育は進んで提供しなければならないはずである。つまり，まず第一に，「21世紀型能力」はいったい何のために，また誰のために必要となる資質や能力なのかという問いの吟味を忘れてはならないだろう。

問題② 21世紀型能力は，基礎から応用へというプロセスで獲得されるのか

国立教育政策研究所は，国内外の社会の変化と教育改革の動向を踏まえ，これからの子どもたちに求められる資質や能力を図1のような「21世紀型能力」として打ち出している。この「21世紀型能力」は「思考力」を中心に据え，それを支える「基礎力」，そして身につけた資質や能力を現実世界の問題解決に生かしていく「実践力」の三層で構成されている（国立教育政策研究所，2013）。

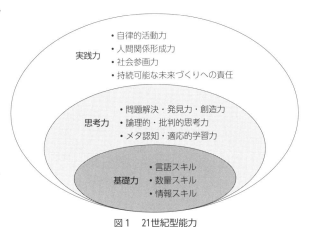

図1　21世紀型能力

出典：国立教育政策研究所（2013）26頁

この枠組みは，未来の子どもたちに必要とされる多様で複雑な力をわかりやすく整理し提示しているが，一つ留意しなければならないことは，「基礎力」のとらえ方である。われわれがよく耳にする「基礎を固めてから応用へ」といった表現に象徴されるように，まず基礎的な知識や技能をしっかりと獲得した後でなければ，実際に知識・技能を活用して思考したり実践したりする活動に移行することはできないとする学習観を抱いている人は少なくない。だが，多くの場合，基礎的な知識や技能というものは，実際にある事柄について思考したり実践したりするなかで，具体的にいつどのような知識や技能が必要となるのかということを身をもって経験するなかで獲得されていくものである。もちろん，基礎的な知識や技能が不足していれば，思考できることや実践できることには限界があるだろう。しかし，その限界を実際に経験するからこそ，さらに思考を深めたい，より

よい実践ができるようになりたいと願う気持ちが芽生え，今の自分に不足している知識や技能を自覚し，もっと学びたいという大きな原動力が生まれてくるはずである。したがって，授業のなかで必要なことは，「まず基礎を固めてから」という学習観に固執し「基礎力」の獲得のみに焦点化した活動に終始するのではなく，子どもたちが実際に思考し実践することのできる豊かな機会をどれだけ保障していけるかということだろう。

問題③　21世紀型能力をどう評価するのか

冒頭で触れたATC21Sのプロジェクト名である「21世紀型スキルの学びと評価」にも記されているように，「評価」の問題は，これからの子どもたちに求められる資質や能力について考えるうえで避けては通れない重要なポイントである。なぜなら，ペーパテストに代表されるような伝統的な評価方法では，「21世紀型能力」として提唱されているような複雑で高度な思考力や実践力を適切に測定することはきわめて難しいと考えられるためである。

教育評価に関しては，主に二つの評価のタイプ，すなわち，単元のまとめや期末テストのようにあるひとまとまりの学習を終えた時点で実施する「総括的評価」と，学習の途中で適宜実施し，その時点までの成果や課題を把握し指導に生かす「形成的評価」という，二つの評価の在り方が論じられてきた。しかし，ATC21Sでは，「21世紀型能力」を測るためには「変容的評価」，すなわち「学習しながら同時に行う状況に埋め込まれた」評価が必要であることを打ち出している（グリフィンほか，2014）。「変容的評価」は，学習の途中で実施されるという点では「形成的評価」に類似しているが，より学習と評価が分かちがたく結びついているものと考えられており，授業のさまざまな活動が学習を促進するためのものであると同時に評価の有効な方法にもなっているというものである。例えば，「変容的評価」の一例として，「ナレッジフォーラム」と呼ばれる学習支援用に開発されたコンピュータシステムを用いた活動があげられる。「ナレッジフォーラム」上に子どもたちが理科の実験結果などを書き込むという作業を想定してみよう。この作業は，コンピュータを介して実験結果を他者と共有し学習を深めるための活動であると同時に，自分の書き込みを他者のそれと比較してよりよいものへと修正したり，あるいは「ナレッジフォーラム」の機能を活用して，自分の書き込みの傾向に関する情報を得ることができるものとなっている。例えば，自分の書き込みは実験の現象の記述だけに偏っていて考察が少ないなどといったフィードバックを得ることで，学習を進めると同時に状況に埋め込まれた「変容的評

価」が行われるようになっている。

　さらに，PISA2015では，協調問題解決（collaborative problem solving）という新しい分野の課題が加わり，子どもたちが他者と協調的に課題を解決していく力を測定しようという試みが開始される予定である。これは，テストを受ける子どもが，コンピュータ上の仮想の相手とやりとりをしながらある具体的な問題を解決していくという形式のものである。もちろん，実際に他者とともに協調的に問題を解決していく力を測定する方法としてはまだ多くの課題を有するものではある。しかし，少なくとも，個人の資質や能力だけに焦点化した評価ではなく，他者との協同のなかで何ができるかという点を考慮した評価方法の開発が進められていることは注目に値するといえるだろう。

◢「○○型」能力を超えて

　21世紀を生きる子どもたちに求められる資質や能力は，決して「○○型」といったあらかじめ想定された型があるかのようにそれを教え込む教育によって育むことのできるものではない。これまでさまざまなプロジェクトや提案によって打ち出されてきた「21世紀型能力」の枠組みを参照しつつも，それを文字通りの型としてとらえるのではなく，われわれはこれからも丁寧な議論を重ね，未来の子どもたちに求められる資質や能力について考え続けていかなければならないだろう。その際，少なくとも上記三つの問題，すなわち「知識経済」との関係，「基礎力」のとらえ方，「評価」の方法は，必ず議論に含めなければならない重要な論点となろう。

> もっと詳しく知るために

- 国立教育政策研究所（2013）『教育課程の編成に関する基礎的研究　報告書5　社会の変化に対応する資質や能力を育成する教育課程編成の基本原理』（http://www.nier.go.jp/kaihatsu/pdf/Houkokusho-5.pdf より取得）
- パトリック・グリフィンほか編（三宅ほなみ監訳）（2014）『21世紀型スキル　学びと評価の新たなかたち』北大路書房
- 松下佳代編著（2010）『〈新しい能力〉は教育を変えるか　学力・リテラシー・コンピテンシー』ミネルヴァ書房

（北田佳子）

視点 38　　　　　　　　　　　　　　　　　　　　　真正の学び

今，あらためて既存の教科を問い直す

▊「真正の学び」とは

　2018年に改訂予定の学習指導要領では，アクティブ・ラーニングの重要性があげられ，子どもたちが問題解決的に，そして主体的に学習に取り組むことの必要性が示されている。しかし，何か新しい特別なものを導入しなければならないと考えるのではなく，これまでの教科の授業研究や授業改善をベースとして，より児童生徒が意味のある学習活動を行うことができるように，「真正の学び（authentic learning）」を中核としてあらためて授業を構想することを考えたい。

　「真正の学び」の「真正の」とは「ほんもの」を意味し，「真正の学び」は「本物の学び」を指す。もともと，「真正の評価」として米国の教育評価において展開され，大人が実際の仕事場や生活の場で行うような，実際と同様の文脈の課題に生徒が取り組むなかで，知識や技能を活用する力として真正の学びが考えられた（石井，2015）。また，日本では，佐藤学が協同的な学びにおける「学びが成立する要件」の一つとして真正の学びを位置づけ，「教科の本質に即した学び」（佐藤，2015）と定義している。

▊教科の本質を追究する学びと授業

　まず，真正の学びが，協同的な学びに位置づけられていることが重要である。教師主導のチョーク・アンド・トークの一斉型の授業から，子どもたちが主人公となって思考し表現する，協同的で探求的な授業への転換が求められる。そのうえで，ある教科や領域において，知識や技能が実生活と結びついたり生かされたりする課題や，学問を学ぶ研究者が知識を探求してきた過程を協同的に経験する課題がデザインされる必要がある。自己と他者と対象との対話を通して，実生活の問題や学問上の課題，文学や科学や芸術などの本質に即した課題が，子どもたちの関係性のなかに準備されねばならない。

　このように考えるならば，授業は，教師が一つの解法を説明し，子どもたちがそれを使って一つの答えを求めるための課題ではなく，多様な解法や感じ方が存在する課題や原理や公式の意味に迫る課題を協同的に思考し探究するものとなる。

例えば，算数や数学の授業において，多様な解法を子どもたちが探し出して共有し，そのなかで，「最もうまい方法」や仲間と考えた「自分たちのやり方」を探し出すなかで，実用的な問題や数学的なものの考え方や美しい公式や，数学のよさを見いだしていくような授業が考えられる。真正の学びは，既存の教科の内容をベースとして発展させた課題を設定し，未知の世界を協同で模索することに，そのおもしろさと難しさがある。

真正の学びを保障するコミュニティの創造

　真正の学びを追究することは，学びを保障するコミュニティに参入することでもある。このコミュニティは，教室，グループ，学校，地域であり，もう少し拡張してとらえるならば，教科や学問，すなわち先人たちの生み出した経験と歴史でもある。授業のなかに，幾重にもコミュニティが生み出され，それぞれの子どもたちがその一員として参加していくことによって学びが深まる。「真正の」という言葉の語源に「著者性（authorship）」が含まれていることを考えるならば，子どもと教師の両方にとって，授業や課題が「私（たち）のもの」となり，それぞれの声が授業のなかに生かされなければならない。このような授業は，目の前にいる子どもたちの学びを引き受け，その教科を子どもがいかに学ぶかということを研究する，教師の授業研究や教材研究によってしか生み出され得ないものである。幸い日本には授業研究や実践記録という教師の歴史的な積み重ねがある。歴史の蓄積や研究を紐解くことに加え，「学校で，その教科を学ぶとはどういうことか」をあらためて問い，これまでの教科の学びを基礎に授業を見つめ直す必要がある。そして，教師も「本物の学び」を求める，よき学び手であり続けることが求められている。

もっと詳しく知るために

- 石井英真（2015）『今求められる学力と学びとは――コンピテンシー・ベースのカリキュラムの光と影』日本標準ブックレット No.14，日本標準
- 佐藤学（2015）『専門家として教師を育てる――教師教育改革のグランドデザイン』岩波書店

　　　　　　　　　　　　　　　　　　　　　　　　　　　　　　　（黒田友紀）

視点 39 　　　　　　　　　　　　　　　　　　　　芸術教育

学校教育の中であらためて求められているものは何か

これまでの芸術教育に対する意味づけ

　学校教育において，数学や科学などの教育とは異なり，音楽や美術に代表される芸術教育は直接受験とは関係がないため，これまで周辺教科として位置づけられてきた。近年，グローバル化が急速に進展するなか，哲学者のヌスバウムはこのような状況のなかでこそ，文化的，社会的，宗教的背景の異なる人々と共生していくために，これまで等閑視されてきた人文学や芸術で養われる「批判的な思考能力」と「想像力と共感の力」が必要であると提唱している（ヌスバウム，2013）。しかし，これまでこれらの能力の育成は芸術教育にではなく他教科に期待され，周縁的な立場に置かれた芸術教育に求められたものは，あくまでも人間形成のための情操陶冶という限定的な役割であった。

　小中高の音楽と美術に関する学習指導要領を見てみると，二つの教科ともに，「豊かな情操を養う」ことが最終目的として明記されている。すなわち，芸術に内包される真善美に触れることによって，子どもたち一人ひとりの感性が高められるに伴い情操が豊かになり，よりよい人間性を育むというものである。芸術教育が人間性の育成に寄与するという考え方は大正期には既に確立されていた。その後，戦時中は天皇制を主柱とする超国家主義，戦後は一転して民主主義のイデオロギーと結びつけられながら，芸術教育は常に人間形成の手段として意味づけられてきた。さらにこれら二つの教科では，「豊かな情操を養う」ための具体的活動として「表現」と「鑑賞」の領域が設けられ，これらの活動を支える「基礎的な能力」を培うことが重視されている点も共通している。「基礎的な能力」を重視する根底には，音楽や美術の教科で身につけるべき専門的な知識や技能が発達段階的に確実に獲得されていかなければ，それぞれの芸術の本質を深く感受・理解させ，音楽活動や造形活動の表現を向上させることができないという考え方がある。はたして芸術教育の究極的な目的は人間形成のための情操陶冶なのだろうか。また，人と芸術の豊かな関わりや営みには「基礎的な能力」が必要不可欠なのだろうか。

これからの芸術教育の在り方を考える

　ここでは音楽を例に考えてみたい。作曲家の林光は，子どもたちにシューベルトの歌曲を贈るため，それまで理解しづらかった歌詞を新しく訳した際に，音楽専科の教師から，「小学生にシューベルトがわかるでしょうか？」といわれたという。このことについて彼は，「わかる」という問いかけは，歌曲に付された歌詞への共感やシューベルトの「すてきさ」を第一に感じ取らせるのではなく，歌曲を構造づけるコード進行をわからせることによって，シューベルトの「偉大さ」や「音楽の権威」を教えようとしているのだと反論する（林，1998）。また近年の音楽的発達研究は，「人は音楽的に見てどのように育つのか」という，あらかじめ方向づけられた音楽的成熟への発達段階的な視点から，「人は生きていく中でどのように音楽をしているのか」という，人が音・音楽を介しながら，自己への気づきや洞察とともに，他者との関係を編み出していくための音楽的発達へと視点を転換することを促している（今川，2002）。

　これらの音楽と人との在り方には，芸術が絶対的な価値あるものとして存在することによって，人間性を陶冶したり，知識や技能の獲得がより深く芸術を感受・理解していく術になるという考え方はない。むしろ人が音楽と出会い触れ合うことによって，新たな世界を知ることへの新鮮な驚きを経験したり，自己や他者への身体や諸感覚の発見，他者とのコミュニケーションを通して差異や共鳴を感じながら，社会的かつ文化的な経験を積み重ね，自らが新たな世界を拓き創造していく主体となっていくことが提起されている。このことは音楽に限らず美術でも同様で，本来的に芸術教育は未知の世界や他者に対して，自らの思考や感性，身体などを駆使しながら交感していく特質を有している。ヌスバウムが提唱するように，今そして未来の社会に必要なのは，芸術教育の蘇生によって新たに育まれる，このような力なのである。

もっと詳しく知るために

- 上笙一郎，冨田博之編（1987）『児童文化叢書　芸術教育の新研究』大空社（帝国教育会編『芸術教育の新研究』文化書房，1922年の復刻版）
- 佐藤学，今井康雄編（2003）『子どもたちの創造力を育む――アート教育の思想と実践』東京大学出版会
- マーサ・ヌスバウム（小沢自然・小野正嗣訳）（2013）『経済成長がすべてか？――デモクラシーが人文学を必要とする理由』岩波書店

（藤井康之）

視点 40　　　　　　　　　　　　　　　　　　　　学習科学

目に見えない一人ひとりの学びの実態にこだわる教育実践研究

学習科学

　人は誰しも，出会った問題について，他者と学び合いながら，納得のいく解を見いだそうとする潜在的な学びの力をもっている。人が学び合いを通して主体的に自身の使える知識の質を上げていくプロセスを大事にすることは，子ども中心の授業づくりの基本的な発想だろう。

　しかし，そもそも，学び合いはどうして人の理解を深めるのだろうか。学びというものは，本質的には目に見えない人の頭や心の働きであり，しかもさまざまな文脈に依存して起こる活動であるから，そのメカニズムを知ることは意外と難しい。その困難な課題に対峙してきた研究領域が，学習科学である。学習科学（learning sciences）は，人間の学びの仕組みを解明し，質の高い教育実践を実現することをめざして20世紀末に欧米で成立した研究領域である。それまでの学習研究が実験室における反応の分析を中心としてきたのに対して，現実の人間の「学び」を対象にさまざまな実験や調査を行いながら，より質の高い学習実践を提案することをめざす科学として展開されてきた。

　学習科学の特徴的な方法論は，「デザイン研究（DBR）」と呼ばれるものである。DBRは，人間の学びの仕組みについての今ある理論に基づいて，効果が期待できる実践をデザインし，実際に現場で生じた活動を丁寧に記録し，記録を分析することを通して理論を見直し精緻化して，次の教育実践の向上につなげる，という往還的なプロセスによって行われる。近年では，教材開発のみならず，学習の評価や関連するシステムの見直しをも視野に入れた社会的実践としての教育実践をデザインする研究（DBIR）として再定義されるなど，方法論自体も生成発展している。

協調学習研究

　以下，学習科学の重要な主題の一つである協調学習研究に焦点を当てて学習科学の研究で用いる手法の特徴や成果の一端を紹介し，さらに，学習科学の知見を授業研究に活用したプロジェクトの例を紹介したい。

学習科学において主要な研究課題の一つとなっているのが協調学習(collaborative learning)である。20世紀後半，ヴィゴツキーなどの研究をきっかけに，学習を個々の主体が人やモノ，コトとの相互作用を通して知識を構成する営みと見なす社会構成主義の学習観が普及してきた。この学習観を基盤に，協調による理解深化の仕組みを探究し，協調を授業などの教育実践の場で効果的に活用するためのデザイン原則，教材，教具，評価手法などを検討するのが協調学習研究である。研究成果は，OECDなどの国際団体によって提案されている21世紀の学校教育改革ヴィジョンに理論的な基礎を提供している。

役割分担による建設的相互作用説

　では，協調学習研究は，協調的な活動が参加者の理解を深化させる仕組みをどのように説明してきたのだろうか。ここでは「役割分担による建設的相互作用説」(三宅，1985)を取り上げる。この枠組みは，協調的な活動の場における一人ひとりの学びの個性と多様性の説明に主眼を置くところに魅力があり，個々の学びを大事にする授業づくりを考えるためのよい手がかりを与えてくれる。

　「役割分担による建設的相互作用説」は，協調場面で自然に発生する役割分担が参加者の理解の深まりに貢献すると説明する。二人で課題に取り組むとき，課題が両者にとって解くべきものであれば，しばらくするとどちらかが課題を解き始める(課題遂行)。実際に起きる活動には，ものの操作とか発話とかいろいろな可能性がある。このとき，もう一人は自然に相手の課題遂行の様子を見聞きしながら，頭のなかで自身の考えを少し別の視点から見直す(モニタリング)。やがて見えてきたことを話し始めたり，作業を引き継いだりする。今度はさっきまで課題遂行役だった人がモニターとなって自身の考えを見直す。課題遂行とモニタリングの行き来が自然に繰り返されることによって，一人ひとりが知識を構築し，言えることの質が上がっていく。

　この枠組みでは，複数人で一緒に課題に取り組んでいても，思考し，知識を組み立てていく活動はあくまで個々の参加者の主体的な活動だと考えている。協調的な活動は，個人の考えを見直すのを助け，その質の向上に貢献するけれども，やりとりを経ても各自の視点やこだわりは保存されるというわけである。対象とする学習場面をペアの対話から教室の協調学習に拡張した研究では，多様な形態での課題遂行とモニタリングの行き来が同時並行で進行する輻輳的な建設的相互作用を想定することにより，授業に参加する個々の児童生徒の学びのプロセスを説明できることも指摘されている(Saito & Miyake, 2011)。

学習科学と学びの評価

　協調学習研究は，協調的な活動場面の特性を生かした研究でもある。

　協調的な活動の場では他者がいることにより，自分の考えを外に出す機会が自然と増える。学びとは，人の心や頭の働きであって，他者が外から見聞きすることはできない。私たちにできるのは，人が表現してくれるものから，心や頭の働きをうかがい知ることだけである。となれば，学びの仕組みを知ろうとするときに，人ができるだけ考えを外に出しやすい状況をつくり，多くのデータを得た方が，より緻密に学びの実態に迫れるということになる。

　外化物を学びの実態に迫る素材と見なすこうした考え方を応用し，学習科学は，学びの評価についても新しい考え方を提案している。下の図1はあるアメリカの研究者が提案した評価の図式である。

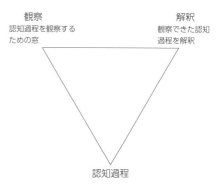

図1　評価の三角形（Pellegrino et al., 2001）

「観察」は，課題の提示や活動の指示によって考えを表現してもらうこと，「解釈」は，表現された考えから「認知過程」を想定することを指す。この図式によれば，評価とは，「観察」から「認知過程」を「解釈」する活動ということになるだろう。評価という営みの根本は，児童生徒の認知過程を見取る活動なのである。

　こうした見方をすると，授業において協調的な活動を行わせることは，多くの観察窓を開けることで，よりよい評価を行うための活動であるとも見なせる。評価をさまざまな観察機会から得られた豊かなデータをもとに児童生徒の学びの実態に迫る活動と考えることで，その活用可能性も広がるのではないだろうか。

　例えば，こうした評価の結果を児童生徒にうまく返せれば，彼らの学びの質を継続的に上げていくことに資するだろう。また，アカウンタビリティを果たすにも，授業が児童生徒にどんな学習成果をもたらしたかについて丁寧な説明を提供できる。最も重要なのは，次の授業デザインの質の向上に役立つことだろう。こういう評価からは，児童生徒がどのように考えを変化させたか，誰が何にこだわっていたかなどがよりよく見えてくるだろう。この情報があれば，授業デザインの成果や課題を児童生徒の視点から検討しやすい。さらに，どんな児童生徒にど

んな学びが起きたのかという情報を媒介とすることで，校種や教科や自治体を超えて他者の実践から学び合いやすくなることも期待できる。

学習科学と授業研究

学習科学は新しい学問分野であり，複雑な教育現場の実践場面における活用可能性の検討は継続的な課題であるといえる。今後は，日本の豊かな教育実践との接合により，教室の実践の豊かな文脈に即して知見の活用可能性を検証し，知見の精緻化を行っていく必要があるだろう。

こうした試みの一つとして，例えば，東京大学CoREFでは，埼玉県教育委員会と連携し，2010年から「協調学習の授業づくり」をコンセプトとした授業改善実践研究を展開している（齊藤，2014）。「人はいかに学ぶか」の理論と，教室における児童生徒の学びの質を上げるための実践的な知見，また，こうした知見を教師たちが積み上げていくための教師自身の学びについての知見は，授業の継続的な改善をめざす実践研究を通して相互に深化していくことが期待される。

もっと詳しく知るために

- 三宅なほみ（1985）「理解におけるインターラクションとは何か」『認知科学選書4 理解とは何か』東京大学出版会，69-98頁
- Saito, M. & Miyake, N., *"Socially Constructive Interaction for Fostering Conceptual Change."*
 (http://old.isls.org/cscl2011/upload/MC-117_socially_constructive.pdf)
- Pellegrino, J.W. et al.（2001）*Knowing what students know: The science and design of education assessment.* Washington D.C. National Academy Press.
- 齊藤萌木（2014）「埼玉県における協調学習　今後の取組の展望①〜④」『埼玉教育』平成26年度第1・3・5・6号，埼玉県立総合教育センター

（齊藤萌木）

視点 41　協同学習

多様であることによって，一人ひとりがもっと磨かれる学び

▌今，求められる協同学習（協調学習・協働学習 collaborative learning）

　教室は教師による知識伝達の場から，子どもが協同的に学ぶ場へと変わりつつある。近年，「協同学習」「協同的な学び」「学び合い」などを校内研究テーマに据える学校は少なくないばかりか，国の教育政策もこうした方向に歩みを進めている。2014年11月の中央教育審議会諮問において，新しい時代に必要となる資質や能力の育成のために，「課題の発見・解決に向けた主体的・協働的な学び（アクティブ・ラーニング）」の重要性が指摘されたことは，今後，小・中学校の授業風景をさらに大きく変えることへとつながっていくだろう。

　協同学習を，単に授業を活気あるものにして成功させるための一つの教育方法・技術だととらえるのは誤りである。私たちは協同することで，一人では難しいところまで探究を深めることができるし，学びの主体として一人ひとりがより輝くことが可能になる。また，子どもたちが他者の考えを取り込みながら自分を磨く学び方を身につけていくことは，一人ひとりが多様に輝きながら協同する社会の構築にもつながる。協同の学びという考え方は，単なる新しい授業テクニックの導入なのではなく，社会的に構成されるものとして「学び」をとらえ直し，今求められる人間や社会の姿，それらを育む教育の在り方について新たなヴィジョンを提供するものである。

▌大切なのは学びの多様性と深まり

　日本の教室には，小グループによる学習の伝統がある。明石師範付属小学校において及川平治が展開した「分団式動的教育法」をはじめ，大正デモクラシー期には既に小集団を単位とする教室の学びの風景は登場しており，戦後の民主教育にもこうした小集団学習，班学習は継承されていった。1960年代以降は，ソビエト教育学に基礎を置く集団主義教育の理論と結びつき，班ごとの競争を通して生産性の向上をねらう学習の様式が普及した。他方で，バズ学習や自主協同学習など協力的な相互作用に重きを置く実践も展開されてきた。

　教室のなかに協同の学びを引き起こす方法は一つではないが，小グループによ

る学習がすべて望ましい協同の学びを引き起こすわけでもない。今めざしたい協同は，班内で作業を分担して解を効率的に導くことではなく，多様な学び手がそれぞれの多様性を生かして，互いの考えの違いを浮かび上がらせながらよりよい解を探究することである。そのため，協力する態度の育成や，流暢に話し合うスキルを獲得するための対話よりは，答えが見えない問いに本気で向き合い，自分たちで知を構築していくような対話や思考の過程を引き起こしたい。コラボレーションを通し，一人ひとりが学問の本質に向けて学びを深めていくことを主眼として，協同の学びをデザインしていく必要がある。

より多くの子どもの豊かな学びのために

協同学習の授業づくりを柱とした力強い取り組みの例をあげてみよう。いずれの取り組みにおいても，一人ひとりの考え方の違いや多様性を尊重し，多様性から子どもたち自身が本質的で価値ある知を生み出すことが追究されている。

近年アジア各国への普及が著しい「学びの共同体」の学校改革は，校内授業研究を通じて小グループでの協同的学びのある授業づくりを日常化し，学び合う文化を学校に育むものである。多様な一人ひとりの考えを尊重し，子どもたちどうしが言葉になりきらない小さなつぶやきにも耳を傾けるよう，聴き合い，尋ね合う関係づくりを重視する。すべての子どもに，他者の考えを取り込みながら自分の考えを伸ばす，質の高い学びを味わう機会を保障することをめざす。

東京大学 大学発教育支援コンソーシアム推進機構（CoREF）では，自治体と連携し，学習科学の知見に基づく「知識構成型ジグソー法」を用いた協調学習の授業づくりのプロジェクトを展開している。子どもたちが異なる知識を統合して解を見いだす授業の構造によって，自分の考えが歓迎される状況，他者の考えを聞いてみたい状況をつくり出し，深い納得を生む対話をしかける。授業の型を共有する利点を生かし，教師たちが子どもの学びをもとにして授業づくりと振り返りを深めるネットワークを広げてきている。

[もっと詳しく知るために]

- 佐藤学（2012）『学校を改革する──学びの共同体の構想と実践』岩波ブックレット No.842，岩波書店
- 三宅芳雄・三宅なほみ（2014）『新訂 教育心理学概論』放送大学振興会
- 東京大学 大学発教育支援コンソーシアム推進機構（2015）『自治体との連携による協調学習の授業づくりプロジェクト平成26年度活動報告書 協調が生む学びの多様性 第5集──学び続ける授業者へ』

（杉山二季）

視点 42　対話型授業をつくる

伝え合う，通じ合う，響き合う，創り合う授業の実現のために

◢ 対話とは

　対話は，特に目的をもたず，軽やかな機智やユーモアを楽しむ会話とは異なり，「目的をもった話し合い」である。対話の目的は情報の交換だけではない。多様な意見・感覚を出し合うことにより，一人では到達しえなかった新たな解や知恵を共創していくこと，その過程を通して創造的な人間関係を構築し，また，参加者が自己成長していくことにある。

　対話は，指示伝達型・真理探究型・対応型・共創型の４つに分類できる。指示伝達型とは，上下関係の対話であり，指示内容の正確さが重要となる。真理探究型とは，「生きるとは何か」といった真理を探求する対話の方法である。対応型とは交渉に典型的に見られるように，自利益追求を基調に妥協点をめざした対話である。共創型対話とは文字通り，参加者が協力してよりよい結果を希求していき，その過程で創造的な関係が構築できる対話である。

◢ 対話型授業とは

　近年，授業の学習過程において「対話」の活用が重視されてきている。この背景には，学びとは人間どうしの協同的な営みであり，対話的関係のなかでこそ成立するとの教育学の再定義がある。

　対話型授業の理論的背景には，多様な見解や意見を統合することにより新たな発展をめざす統合の思想，関連の視点から事象を考察するシステム思考，協力し合い学習目的を追究していく協同学習の考え方がある。協同的な学びにおける対話の意味を，佐藤学は「既知の世界から未知の世界へ到達する学びは，対象世界，他者，自己との出会いと対話という３つの対話的実践の統合であり，それ自体に協同のプロセスが内在している」(佐藤，2003) と述べている。

　対話型授業は，おおむね，授業全体が対話によって構成される〈授業全体型〉，一斉授業のなかに部分的に対話を持ち込む〈プラスワン型〉，教師主導の授業であっても，多様な視点の提示，意図的指名などにより，視野を広げ，論議を深化させ，対話のよさを反映させる〈スパイス型〉の３つに類型化される。

深い対話による対話型授業

　対話には浅い対話と深い対話がある。活発に意見が出されていても、それぞれの意見が絡み合わず、林立している状況は浅い対話である。

　深い対話を希求した対話型授業の基本的考え方は「多様性の尊重と智の創造」にある。多様性を尊重し活用することによってこそ、対話に深さと広がりがもたらされ、新たな智慧は創造できる。深い対話では「伝え合う」ことにとどまらず、「通じ合い」「響き合い」「ともに創り合う」ことを目的としている。必須なのは、知識の豊富さだけでなく、鋭敏な感性やイメージ力、さらに人としてのさまざまなよさを認める全人的なとらえ方である。

　深い対話を生起させる要件は以下に収斂できる。対話への意欲を喚起する「問い」の確認、多様な意見、感覚など「ずれ」の活用、自己内対話と他者との対話との効果的な往還、自己を再組織するための自由に思いをめぐらす時間（沈黙）の保証、既存の知識や思考をいったん捨てる勇気と吸収力の奨励、一定のまとまりにとどめず「ゆさぶり」をかけ、さらに深さを求める意欲の喚起。

学習者主体の対話型授業

　対話型授業には、教師主導の対話型授業と学習者主導による対話型授業がある。後者では、子どもたち自身の目的意識や必要感を起点にする。やがて学習を展開するプロセスで、一人では解決できない、わからない疑問や問題が出てくる。その場面で、新たな学習課題と学習方法を子どもたち自身が設定（形成）し、学びを深めていく授業である。このスタイルはまだ開発の途上にある。しかし、意欲的な教師たちにより徐々に実践研究がなされてきている。現時点で、紡ぎ出されてきた学習者主導の対話を生起させるための要件には以下がある。

　思考・発想方法や議論が混乱・停止したときの対処法の習得、思考を深める多様な資料の準備、聴き合いの関係性の醸成、課題の再構築・論点の整理をする体験の集積、視聴覚資料等によるイメージ形成、教師による意義の説明。

[もっと詳しく知るために]

- 多田孝志（2000）『地球時代の教育とは？』岩波書店、同（2003）『地球時代の言語表現』東洋館出版社、同（2006）『対話力を育てる』教育出版、同（2009）『共に創る対話力』教育出版、同（2011）『授業で育てる対話力』教育出版
- 佐藤学（2003）「学びの対話的実践へ」佐伯胖・藤田英典・佐藤学『学びへの誘い』東京大学出版会
- 秋田喜代美編（2014）『対話が生まれる教室』教育開発研究所

（多田孝志）

視点 43　アクティブ・ラーニング

狭義の教授・学習方法を超えた教育のヴィジョンを示す

◢ アクティブ・ラーニングが登場した背景

　アクティブ・ラーニングという用語が教育政策の文章に登場したのは，平成24年の中央教育審議会答申「新たな未来を築くための大学教育の質的転換に向けて―生涯学び続け，主体的に考える力を育成する大学へ」(中央教育審議会，2012a) においてである。同答申の定義によれば，アクティブ・ラーニングとは，「教員による一方的な講義形式の教育とは異なり，学修者の能動的な学修への参加を取り入れた教授・学習法の総称」であり，「グループ・ディスカッション，ディベート，グループ・ワーク等も有効なアクティブ・ラーニングの方法である」(中央教育審議会，2012b，37頁) とされている。この，大学教育の質的転換に向けた動きは，その後，初等中等教育においても受け継がれることになる。具体的には，平成26年に，文部科学大臣から中央教育審議会に提出された諮問「初等中等教育における教育課程の基準等の在り方について」(文部科学省，2014) のなかで，初等中等教育においても，「課題の発見と解決に向けて主体的・協働的に学ぶ学習（いわゆる「アクティブ・ラーニング」）や，そのための指導の方法等を充実させていく必要がある」と示されたのである。

◢ アクティブ・ラーニングに期待される役割

　では，アクティブ・ラーニングとは具体的にはどのような教育実践を指すのであろうか。以下に示す図1には，アクティブ・ラーニングの果たすべき役割が端的に表現されている (文部科学省，2015)。まず図の左下に位置する「何を知っているか，何ができるか（個別の知識・技能）」という領域は，かつての日本において「知識詰め込み型」と批判された時代のカリキュラムで最も重視されていたものである。それに対して，近年の日本では，図の右下の「知っていること・できることをどう使うか（思考力・判断力・表現力等）」という領域にカリキュラムの重点がシフトしてきている。しかし，今後最も重要となるのは，図の上部に位置する「どのように社会・世界と関わり，よりよい人生を送るか（主体性・多様性・協働性，学びに向かう力，人間性など）」という領域である。つまり，子どもたちがどれ

だけ多くの知識・技能を習得し，それらを使って思考・判断・表現することができたとしても，それが最終的に社会や世界と関わりながらよりよい人生を送ることに結びついていなければ，学ぶという営みの意味は大きく損なわれてしまうことになるのである。そして，この3つの領域の重要な結びつきを生むのが，中央に位置する「どのように学ぶか（アクティブ・ラーニング）」であることをこの図は示している。

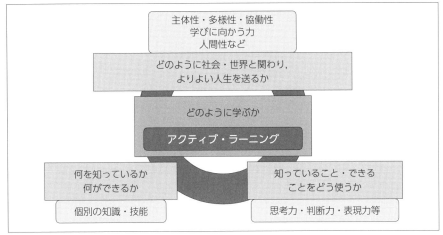

図1　カリキュラムにおけるアクティブ・ラーニングの位置づけ
「2030年に向けた教育の在り方に関する第2回日本・OECD政策対話資料（和訳版）」
文部科学省（2015）「教育課程企画特別部会論点整理関係資料(案)」(平成27年8月5日）より抜粋

　これらを踏まえると，アクティブ・ラーニングとは，単に一方的な講義型授業をグループ・ワーク等を活用した形態へと転換することだけを意味するのではないことがわかるだろう。アクティブ・ラーニングにおいて最も重視すべきは，子どもたちが習得した知識や技能を活用しながら，現実の社会や世界と関わりをもち，一人ひとりがよりよい人生を送ることのできる学びを実現することである。つまり，アクティブ・ラーニングとは，狭義の教授・学習法というよりも，むしろ，学ぶことと生きることをつなぐための教育における大きなヴィジョンを示すものととらえるべきであろう。

もっと詳しく知るために
- 松下佳代編（2015）『ディープ・アクティブラーニング』勁草書房
- 溝上慎一（2014）『アクティブラーニングと教授学習パラダイムの転換』東信堂

（北田佳子）

視点 44　ＩＣＴを活用した教育

テクノロジーの活用で授業の何が変わるのか

◢ わが国における授業でのICT活用の現状

　文部科学省（2011）は，教育の情報化ヴィジョンにおいて「情報通信技術を最大限活用した21世紀にふさわしい学びと学校」を公表した。ICT活用による「学びのイノベーション」である。そして，2010-2012年度には総務省の「フューチャースクール推進事業」，2011-2013年度には文部科学省の「学びのイノベーション事業」によって，児童生徒が一人１台のタブレット端末や学習者用デジタル教科書等を普通教室で活用する実証研究が行われた。その後，先進的な自治体では，同様あるいは簡略にしたICT環境を整備し，同様の取り組みが行われ始めている。

　その一方で，OECD国際教員指導環境調査（TALIS）の結果によれば，わが国において「生徒が課題や学級の活動にICTを用いる」指導を「しばしば」「ほとんどいつも」行っている教員の割合は9.9%であり，34か国・地域のなかで最下位である。また，文部科学省によれば，わが国の「普通教室」における電子黒板の普及率は，小学校10.8%，中学校8.1%，高等学校6.3%である。

　つまり，一部の学校や地域では先進的な取り組みが行われているが，「しばしば」「普通教室」といった「日常」をキーワードにした調査結果によれば，授業が変わるどころか，日常的にICTを活用するための環境にも不足している実態がある。もし，ICT活用によって21世紀型スキルや思考力等を育成したいと考えるのであれば，目新しく特別なソフトウエアを１度だけ活用するようなICT活用では，育成したい学力の性質から考えても，ほとんど効果がない。長期にわたり日常的にICTが活用されることが必要となる。一般的な学校においては，まず，このためのICT環境整備から始める段階にある。

◢ 授業の何が変わるのか

　児童一人１台の情報端末を活用した先進的な実践が示されている「フューチャースクール推進事業」報告書（総務省，2013）など，４冊の文献を分析した結果，ICT活用場面の授業形態は，一斉が169件，個別が73件，グループが28件，ペアが10件であった（高橋ら，2015）。つまり，最も回数の多いICT活用は，教員や児

童による学習課題や成果等の「一斉」の提示であった。また，児童による ICT 活用の目的は，調べる・集める（計73件），まとめる・つくる（67件），伝える・共有する（57件），ドリル（27件）に集約された。つまり，児童の ICT 活用は，ドリルを除けば，調べたり，まとめたり，伝えたりという以前からコンピュータ活用で行われていた学習活動におおむね集約された。さらにいうならば，こういった学習活動の流れは，学習指導要領解説「総合的な学習の時間編」における「探究的な学習における児童の学習の姿」に示されるような「課題の設定」→「情報の収集」→「整理・分析」→「まとめ・表現」とほとんど一致していると考えられた。

つまり，授業の本質的な部分では，大きな変化は見られなかった。変化が見られたのは，例えば「情報の収集」では，わざわざコンピュータ室に行く時代であればインターネットでの検索をしなかったことでも，普通教室にあるタブレット PC で，何度も検索したり，検索結果を資料集と比較したりするようになったことである。質の向上や日常化が変化の中心であった。

しかし，児童生徒による「情報の収集」の質を向上しようとするならば，調べることについての適切な学習指導が欠かせない。タブレット PC が活用できる環境さえあれば，たちまち「情報の収集」の質が上がるといったことはない。ましてや「協働」で「情報の収集」を行うとなれば，さらにハードルは上がり，指導者の力量が問われる。つまり，それは ICT の操作がより困難になるというより，学習課題のもたせ方，調べ方や関わらせ方といった従来からも本質的に重要と思われてきたことの困難さの方が大きい。

新しいテクノロジーが導入されれば見た目の学習環境は大きく変化する。近未来の教室は今よりはるかに ICT 環境が充実しているだろう。しかし，授業づくりの本質を見失わないことが重要な点に変化はないと考えられる。

もっと詳しく知るために

- 文部科学省（2011）「教育の情報化ビジョン」
- 総務省（2013）「教育分野における ICT 利活用推進のための情報通信技術面に関するガイドライン（手引書）2013」（小学校版）
- 高橋純（2015）「革新的な授業技術としての ICT の在り方についての論考」日本学校教育学会『学校教育研究』No.30，50-63頁

（高橋　純）

視点 45　習熟度別指導

能力や成績で子どもたちを分けることの何が問題なのか

■ カリキュラムの多様化：習熟度別指導の導入

　今世紀に入って以降，日本の公立小中学校では，習熟度別指導が急速に普及している。習熟度別指導とは，同一学校内で同一学年の子どもたちを学力テストの得点等をもとに学級編成するものである。日本の学校における導入の特徴としては，①少人数指導との併用，②特定の教科（例えば，小学校では算数，中学校では数学，英語など）での導入があげられる。

　こうした急速な普及の背景には，文部科学省による『確かな学力向上のための2002アピール──学びのすすめ』(2002) がある。文部科学省は，「学力低下批判」を受け同アピールを発表し，5つの方策の筆頭として「少人数授業・習熟度別指導など，個に応じたきめ細かな指導の実施を推進」することを掲げた。以降，導入は急ピッチで進み，2013年の文部科学省『公立小・中学校における教育課程の編成・実施状況調査』によれば，必修教科で習熟度別指導を導入する学校の割合は，小学校の82.9％，中学校の78.9％に及ぶ。

　日本において習熟度別指導は短期間のうちに導入が進められ，一部の例外（佐藤，2004／梅原・小寺，2005など）を除いてはその導入の在り方や習熟度別指導それ自体の是非をめぐって十分な議論がなされてきたとはいいがたい。習熟度別指導の導入に対し反対の立場をとる佐藤学（2004）は，日本では習熟度別指導がいくつかの素朴な思い込みによって導入されていると指摘する。素朴な思い込みとは，①子どもたちは能力，理解度という点で同質な集団での方が異質な集団よりもよりよく学べる，②標準化された学力テストの得点による集団分けは，正確かつ公平な集団分けのための手段として有効であり，教育的効果がある。習熟度別指導によって，③子どもたち全体の学力向上が図れ，④子どもたちの学力格差を縮小できる。⑤習熟度別指導を行う方が教師にとって指導が容易であり教育効果がある，というものである。佐藤は，これらがいずれも間違いであり，この間違った思い込みは，授業と学習の過程，あるいはカリキュラムについての誤った観念によって生まれていると主張する（14-15頁）。

米国における「トラッキング（習熟度別指導）戦争」(tracking war[1])

　実は米国では，1980年代半ば以降，習熟度別指導をめぐって熾烈な論争が展開されている。オークス（Oakes, J.），スレビン（Slavin, R.）らが習熟度別指導に関するそれまでの研究を総合的に分析しその不公平性を明らかにすると，各種教育関連団体が反対ないし慎重な姿勢を表明した一方で，英才教育（gifted and talented education）の推進者らは擁護を主張し，今も鎮静化の兆しはない。

　米国における論争の争点は，習熟度別指導が，人種的マイノリティや貧困層をも含むすべての子どもたちに対して等しく教育資源と教育機会を保障するという社会的公正を損なうことにほかならず，民主主義の学校教育理念とは相容れないというものである（Oakes, 2005, 215頁）。その不公平性は，子どもたちの受ける教育の内容や質が集団ごとに異なったものになるという点はいうまでもなく，その集団分けがテストの得点によるものとされながら，結局のところ子どもの性別や人種，階層や階級といった社会的属性を反映するものとなっている点にも及ぶ。そこには，習熟度別指導での学習の結果もたらされる学力格差の拡大や貧困の再生産，集団分けに内在する差別の問題がはらまれている。

習熟度別指導導入への対処の方途

　東京都教育委員会は2013年，全国に先がけ全小学校高学年の算数，全中学校の数学に習熟度別指導を導入していく方針を固めた。同委員会による習熟度別指導ガイドラインには，個々の子どもの満足度を高め，「確かな学力」の定着と伸長を図ろうとする意向がうかがえ，そこには，習熟度別指導が支持される背景の一端が見てとれる。しかし今一度，米国での議論を参照しつつ，導入の前提となっている事柄を個々に検証する必要があるのではないか。子どもたちは，本当に習熟度や能力という点で同質な集団においてこそよりよく学べるのであろうか。子どもたちの経験する学びの質について，民主主義，分配をめぐる公正の観点をも踏まえ再検討することが求められよう。

もっと詳しく知るために
- Jeannie Oakes (2005) *Keeping Track*, 2nd Ed., Yale University Press, New Haven.
- 佐藤学（2004）『習熟度別指導の何が問題か』岩波ブックレット No.612，岩波書店
- 梅原利夫・小寺隆幸編著（2005）『習熟度別授業で学力は育つか』明石書店

〈注〉
1　ラブレス（Loveless, T.）が1999年に論文のタイトルで提示した造語。

（金井香里）

視点 46　反省的実践家としての教師

今，めざされる専門家としての教師像

■ 反省的実践家とは

　反省的実践家（reflective practitioner）とは，1983年にドナルド・ショーン（Donald A. Schön）によって提示された現代の専門家を特徴づける概念である。現実の問題に対して専門的知識や科学的技術を合理的に適用する近代の専門家像を見直し，複雑かつ複合的な状況に身を置き応じながら実践的見識を形成する現代の専門家像として提起された。不確実な状況への応答性を軸にしたこうした専門家像は，教育の専門職としての教師の実践の特質を明らかにする概念としても注目される。近年，日本を含めた世界各国で，反省的実践家としての教師の育成をめざした教師教育改革が行われている。

■ 省察する教師

　反省的実践家としての教師像は，一定の教育方法や教科の専門的知識を効率的かつ合理的に授業に適用することにたけた技術的熟達者と対比され，授業のただなかで個々の子どもたちや状況に応じ，経験によって培われた実践的な知識を活用しながら，授業を省察，熟考，創造する実践者として描かれている。その本質的な営みとして，「省察（reflection）」が提唱された。

　省察は「振り返り」とも表現され，一般的に行為の後に行われるイメージが強いが，専門家の省察の中核は「行為のなかの省察（reflection-in-action）」であることをショーンは指摘する（ショーン，原著1983 / 2001）。教師の授業実践に即していうならば，「行為のなかの省察」とは，子どもたちや教育内容についての既有の知識や考え方などに照らして，さまざまな要因や要素が複雑に入り交じった状況を包括的に把握し，かつ即興的にそこでとりうる対応や振る舞いを判断し，子どもたちの反応に応じながらその対応や振る舞いを修正し，絶えず状況に適切に応じようとする営みである。

　もちろん，授業後に実践の意味を立ち止まって対象化し，検討する「行為についての省察」も重要視されている。ショーンは，行為と思考が切り離せない関係にあることを強調するために，「行為のなかの省察」を軸に据え，複雑な状況に

柔軟に応じながら省察し続ける専門家の知恵を描き出した。反省的実践家としての教師の成長にとって必要なことは、「行為のなかの省察」と「行為についての省察」の間を絶えず循環することによって、子どもたちや教育内容についての自身の既有知識や考え方を再吟味、再形成し、同時に、理論と実践を統合した自身の教育的ヴィジョンをも再構成していくことだといえる。

教師の省察を促すネットワークの構築に向けて

教師は日々、不確実で多義的な状況のなかで、複雑な思考を働かせながら授業を行なっている。一人ひとりの子どもの学びと育ちを、子どもたちという共同体の育ちのなかでとらえ、しかもそれを知的活動の文脈のなかでとらえながら、子どもの次の学びの一歩を促すよう働きかけている。当然、こうすればうまくいくというマニュアルは存在しない。だからこそ、専門家としての教師の省察には、実践の目的を不問にふした方法論のみの振り返りではなく、実践の意義そのものを問う振り返りが求められる。つまり、自身の教育的ヴィジョンに照らしながら、授業中の関わりや行為がその子どもや教師にとってどのような意味があったのか、すべての子どもの学びを保障できていたのか、あるいは、なぜその関わりなのか、なぜその方法なのか、なぜその教育内容なのかと省察し続けることが不可欠なのである。

こうした省察を、個々の教師のなかだけで持続的に行うのは難しい。また、自身の「行為のなかの省察」を自分一人で見つめ直すのは、見たつもりの反省に陥ることもあり、限界がある。そこで貴重な存在となるのが、同僚教師という他者である。お互いの授業を見合い、自分一人では気づかない、他者だからこそ気づくことのできる子どもの学びの姿を通して、同僚と対話し、協同で省察をする。現在、教師たちの同僚性において行う授業研究や実践記録の記述、校内研修が各地で行われている。教師の省察を学校や教師相互が促し支え合うネットワークづくりが、今後もさらに重要となるだろう。

【もっと詳しく知るために】
- ドナルド・ショーン（佐藤学・秋田喜代美訳）(2001)『専門家の知恵――反省的実践家は行為しながら考える』ゆみる出版
- 佐藤学(2009)『教師花伝書――専門家として成長するために』小学館
- 秋田喜代美編(2014)『対話が生まれる教室――居場所感と夢中を保障する授業』教育開発研究所

（増田美奈）

視点 47　授業研究

日本の授業研究が乗り越えるべき課題

日本の授業研究が直面している課題

　授業研究には，校内・校外で実施するもの，義務的・自主的に行うものなどさまざまな形態が存在する。なかでも近年，教師が互いの専門性を生かしながら学び合う学校組織を実現するための要として，学校全体で実施する校内研修としての授業研究に大きな期待が寄せられている。しかし，中学校以上では主に教科担任制を採用しているため，教科の壁を越えて学校全体で学び合える授業研究の機会を確保することが難しい現状にある。また，小学校では各教員がほぼ全教科を担当するため，学校全体で行う授業研究は広く浸透しているものの，あらかじめ算数科や国語科など焦点化する教科を限定することが多い。その意味では，小学校でもまた，教科の壁を越えて教師が互いに学び合う授業研究が十分実現しているとはいえない状況にある。さらに現在，協同学習やICTを活用した多様な授業形態が広がりを見せるなか，これまで日本の授業研究が蓄積してきた研究方法だけでは，十分検討できない問題も生じてきている。

教科の壁を越えた授業研究の必要性

　同じ教科に限定した授業研究を行うことで，教師たちが当該教科の教材研究や教授手法を学び専門性を高められる意義は大きい。しかし，国立教育政策研究所が行った調査によると，教科の壁を越えて学校全体で授業研究を実施している学校では，さまざまな面でポジティブな効果が現れることが明らかになっている。小学校では学校全体として設定したテーマに加えて，教師一人ひとりが個人研究テーマを設定している学校の方が，同僚間のコミュニケーションが活性化し学力も向上する傾向を示している。また，中学校では，教科の垣根を越えて学校として一つのテーマを設定している学校の方が，授業の水準が向上する可能性の高いことが指摘されている（千々布，2014）。この調査結果は，各教師が担当教科の枠に閉じこもるのではなく，しかし，学校全体の統一テーマだけに縛られるのでもなく，学校全体としての教育ヴィジョンを共有しつつ，各自の多様な専門性を生かしながら学び合うことの重要性を示している。

さらに，あらためて考えなければならないことは，教科の専門性のとらえ方である。本来，ある教科を学ぶ意義やその教科ならではのおもしろさを子どもたちに実感させる授業の実現をめざすならば，教師自身が他教科の意義やおもしろさを知り，自分の教科との違いやつながりを心得ていなければならないはずである。また，現代社会では，もはや知識や技能はある特定の領域に限定されるものではなく，複数の領域にまたがる学際的な視点から論じられることの方が多い。象徴的な一例として，大学入試センター試験の代わりに2020年度から導入が検討されている「大学入学希望者学力評価テスト（仮称）」があげられる。当テストでは，複数の教科・科目にまたがる「合教科・科目型」や，教科・科目の枠組みにとらわれない「総合型」問題の出題が計画されている。つまり，今後教師たちに求められる専門性は，旧来の教科枠組みを踏まえつつも，それに固執しない教科の壁を越えた学際的視点がますます求められるものと予想される。

多様な授業形態を検討する授業研究の必要性

　現在，協同学習やICTを活用した多様な形態の授業を検討するための授業研究の開発は，喫緊の課題である。学習科学の分野では，言語・非言語を含めた協働的ディスコースを分析する手法がいくつか提案されつつある。これらの手法はまだ多くの課題を残しているものの，メンバー間のアイコンタクト，オーバーラップという複数の発話の重なり，バックチャネリングと呼ばれる聞き手のうなずきやあいづちなど，従来日本の授業研究では十分に検討されてきたとはいいがたい微細な要素にも着目し，他者との相互作用によって生み出される知識や意味を分析する研究が進められている（ソーヤー，2009）。さらに，ICTを活用した授業では，コンピュータなどの道具が子どもたちの学習を促進する手段であると同時に，学習過程を記録・分析する媒体ともなり，より複雑で多様な他者との相互作用を検証する授業研究に寄与することが期待される。学習をもはや個人の頭のなかだけで行われる活動ではなく，他者との相互作用による社会的な実践としてとらえる視点が，今後ますます重要視される。

[もっと詳しく知るために]
- 稲垣忠彦・佐藤学（1996）『授業研究入門』岩波書店
- R. K. ソーヤー編（森敏昭・秋田喜代美監訳）（2009）『学習科学ハンドブック』培風館
- 千々布敏弥（2014）『プロフェッショナル・ラーニング・コミュニティによる学校再生──日本にいる「青い鳥」』教育出版

　　　　　　　　　　　　　　　　　　　　　　　　　　　　　　（北田佳子）

視点 48 専門職の学習共同体 (professional learning community)

教師が専門家として学び育つ学校を創造する

■「専門職の学習共同体」とは何か

「専門職の学習共同体」とは,「生徒の学習を育むために,個人的・集合的な能力を高める継続的な努力に従事する,多くの共通の活動に関わる価値や目標をもった人々の集団」(Leithwood et al., 2006) である。「専門職の学習共同体」は,近年の欧米(特にアメリカ)における意義深い学校改善の戦略となっており,その特徴は,個々の教師の学習に焦点を当てるだけではなく,①専門職の学習,②団結力のある集団の文脈,③集合的な知識やスキル,④対人関係におけるケアリングの倫理に焦点を当てることにある(Stoll & Louis, 2007)。

■「専門職の学習共同体」が注目される背景

近年のアメリカの教育研究では,なぜ「専門職の学習共同体」が注目されてきたのだろうか。アメリカの学校では,1970年代に社会学者ローティ (Lortie, D.) が指摘したように,教師たちは「卵の殻の構造(＝教室)」に閉じこもり,個人主義・現状維持・保守主義という固有の規範をもっていた。そのため,教師が専門性を高めるためにお互いに学び合う伝統や文化はほとんど存在しなかった。これに対して,1980年代以降の教育研究は,教師の同僚関係が,児童・生徒の学力向上や問題行動の減少,教師の士気の向上,教師の離職率の減少(新任教師のリアリティショックの緩和)といったさまざまな恩恵をもたらすことを明らかにしてきた。これらの諸研究は,学校改革を成功させて高い教育成果を収める学校には,同僚性と連続的な改善の規範,協働的な教師文化,強力な専門家の共同体といった特徴があることを明らかにしたのである。

「専門職の学習共同体」は,このような教育研究の成果を,企業経営の幅広い理論的な知見(例：企業文化論や学習する組織論)を参照しながら発展させた学校改善の戦略である。そのため,近年のわが国において注目されている「学びの共同体」の議論と比べると,学校全体での質の高い教育成果の追究,校長のリーダーシップ,アカウンタビリティの確立,学校の変革・改善のプロセス,学校の組織文化といった視点が,より明確に意識されている。これらの視点の重要性は,現

在のわが国の学校改革の文脈と共通しているため,「専門職の学習共同体」をめぐる議論は,わが国で学校づくりに取り組む際に,どのような視点や考え方が大切であるか,一時的・形式的ではなく持続的で意義深い学校改革をどのように実現するかといった課題に対して,多くの示唆を与えてくれる。

「専門職の学習共同体」の創造へ向けて

　では,「専門職の学習共同体」はどのような特徴を備えているのだろうか。この概念の発案者であるホード（Hord, S.H.）は,その構成要素（次元）として,①信念・価値・ヴィジョンの共有,②共有的・支援的なリーダーシップ,③集合的な学習とその応用,④支援的な状態,⑤個人的な実践の共有,をあげる。また,学校現場で最も参考にされている書籍の著者であるデュフォー（DuFour, R.）は,その特徴として,①使命・ヴィジョン・価値・目標の共有,②学習に焦点のある協働文化,③最善の実践や現在の現実についての集合的探求,④行為志向（為すことによって学ぶ）,⑤連続的な改善への関与,⑥結果志向,をあげる。近年のアメリカの教育研究では,このような特徴を備えた「専門職の学習共同体」を創造するために,その学校の状態や成熟度を評価・診断するための概念やツールが研究・開発されており,具体的な学校改善の事例が数多く紹介されている。

　こうした特徴をもつ学校を創造するためには,その学校の教師たち自身による協同的・継続的な学習を通じて,専門職としての力量形成や職能発達を行う必要がある。そこでの教師の学習は,個々の教師の認識や態度の変革を通じて,教師集団や学校組織の文化の変革を導き,児童・生徒の学習成果を高めることに焦点化されたものでなければならない。このような意味において,「専門職の学習共同体」における教師モデルは,「教える職業」から「学習する専門職（learning profession）」へ転換する必要がある。校長には,そうした専門職としての教師どうしの学び合いを支援・促進する学校文化を創造・持続するためのリーダーシップを発揮することが求められる。

もっと詳しく知るために

- DuFour, Richard, DuFour, Rebecca & Eaker, Robert (2008) *Revisiting Professional Learning Communities at Work: New Insights for Improving Schools*, Solution Tree.
- 千々布敏弥（2014）『プロフェッショナル・ラーニング・コミュニティによる学校再生──日本にいる「青い鳥」』教育出版

（織田泰幸）

6節　民主的な公共空間としての学校の創造に向けて

　現在，すべての子どもが個人の尊厳と学びを保障され，多様な人々で構成される民主的で開かれた空間としての学校で生きることは，私たちが考える以上に困難を伴っている。学校では，子どもたちのニーズに応答し配慮する実践が試みられている一方で，2000年代以降，新自由主義的な政策の広まりによって，個人の選択と運によってすべてを「自己責任」に帰する風潮が広まっている。グローバル化された経済のなかで競争に勝ち抜くことが求められ，自己責任の名のもとに他者への無関心と疎外が生じている。これは決して日本だけのことではなく，世界的な広まりでもある。

　このような状況で，私たちは，いかに責任を分有しながら民主的な学校や開かれた社会をつくり出すことができるだろうか。教育をめぐるあらゆる状況のなかで，すべての人の学びが保障される公共空間をつくっていくことが重要であることはいうまでもない。しかし，私たちの周りを注意深く見てみると，多様な人々がともに生きようとする学校教育のなかに，いくつもの境界線や亀裂があることに気づかされる。本章では，社会や教育のなかで明確な指針のないものも含めて，学校現場がフロントラインとして対応を迫られていることがらをいくつか扱いたい。

1．子どものニーズに応答する

　近年，学校では特別な支援や配慮が必要な子どもが増えている。子どもたちの特別なニーズといえば，さまざまな障がいをもつ子どもたちの問題を真っ先に思い浮かべる人が多いだろう。最近の傾向として，特別支援学校および特別支援学級の在籍者数は増加し続けており，公立の小中学校の通常学級においても，発達障害（学習障害・注意欠陥多動性障害・高機能自閉症等）の可能性のある児童生徒が6.5％程度在籍するという（文部科学省，2015）。このような現状のなかで，特別な支援が必要な子どもたちの教育について精通している教師はそれほど多くはない。実

際の学校現場に「ハウツー」は存在せず，子どもたちに関わる人々の努力によってそれぞれの子どもの発達に応じた環境と学びが生み出されている。その一方で，特別支援教育の内実も再検討が必要だろう。それぞれの子どものニーズに基づいた個別の対応がもちろん必要だが，子どもたちの生活や学びを「個／孤」に分断することなく，仲間と社会との結びつきを強めるような実践が必要とされている。

特別な支援や配慮が必要なことがらの一つとして，セクシャリティをめぐる問題がある。**性的マイノリティ（「LGBTI」＝レズビアン，ゲイ，バイセクシャル，トランスジェンダー，インターセクシャル）の子どもたちの問題**は，これまで，学校教育のなかでほとんど議論されてこなかったのではないだろうか。セクシャリティの問題は，性的志向あるいは個人的な問題に帰され，問うことさえタブーとされてきた。しかし，この数年で調査や研究が進みつつあり，学校現場での対応が検討されている。LGBTIの子どもたちのアイデンティティの形成について配慮するだけではなく，彼／彼女らが学校生活において幸せに学ぶ権利が認められねばならない。

また，社会の変化に伴い，複雑で多様な環境にある子どもも増えている。例えば，子どもの貧困の問題や複雑な事情を抱える子どもの問題がある。2000年以降，学校に**スクールソーシャルワーカー制度**が導入され，不登校，貧困，家庭内暴力などの子どもの問題にさまざまな形態で対応している。2015年の中央教育審議会の答申案において，スクールソーシャルワーカーを「学校に必要な職員」として法令に明記することが打ち出されている。**スクールソーシャルワーカー**にすべての解決を任せるわけではないが，スクールカウンセラー制度とあわせて，困っている子どもに寄り添い，子どもと子どもに関わるすべての保護者や教師や地域の人々が，よりよい未来に向かう方策をともに創造する必要があろう。

2．教師・学校・地域をめぐる課題

この数年で女性の社会進出・活用を掲げた政策が進められてきたが，果たして**学校教育のなかのジェンダー**はどれだけ可視化され，問題とされてきただろうか。2014年のOECD国際教員指導環境調査（TALIS）において，日本の教師の勤務時間の長さや女性管理職の少なさが指摘された。日本の学校は，教師の男女を問わず，子どもたちのために献身的に働く多くの教師によって学校が支えられてきた。しかし，中学校・高校の管理職は圧倒的に男性が占め（約95％），小学校は約6割が女性教師であるのに，女性校長の割合は全体で20％にも満たない。ここには，教師の性別をめぐる問題が潜んでいる。それは，女性教師が管理職に登用されな

い差別や構造であり，一方で，多忙にさらされ長時間勤務を強いられてきた多くの男性教師の姿である。教師の働き方や実践を自覚的にとらえつつ，学校教育のジェンダーの問題を問い直す必要があるのではないか。

現在，最も論争的な問題の一つが，**学校教育における評価**の問題である。近年，見直しもなされてはいるが，日本の都市部でも市場原理に基づいた学校選択とテスト結果を結びつけた新自由主義的な改革が進行している。全国学力・学習状況調査や自治体独自の学力テストの実施が増加し，教育の管理と統制が強化されている。グローバル化した世界の経済競争で勝つことを動機とする教育政策のなかで，「テスト学力」に特化した狭義の学力観は，多様で豊かな子どもの学びや授業実践を貧困なものにする危険性をはらんでいる。国際学力調査や全国学力・学習状況調査などのランキングによる学力競争とPDCAサイクルに代表される管理と統制を超えて，教育の質を高めるための多様な評価が模索されねばならない。

また，学校が保護者や地域に開かれる必要もあろう。**父母の学校参加や地域連携**は，これまでにもさまざまな取り組みが行われてきた。学校運営協議会や学校支援地域本部事業などのさまざまな形態があるなかで，子どもと地域の未来を志向し，ともに支え，学び合うためには，どのようなしかけが有効だろうか。父母の学校参加や地域連携の過程には課題もあるだろうが，対話を通してさまざまな声と人々が交差する場にこれからの可能性がある。

3．21世紀の学校教育

多くの国で国際学力テストや21世紀型の「新しい能力」に基づいたカリキュラムが提案されつつある。学力テストの実施と，いわゆる「エビデンス」に基づく結果による管理と統制によって，学校へのアカウンタビリティを強め，子どもや家庭に責任を帰する改革が進行している。グローバルな社会での経済的な成長や成功という目標だけではなく，**民主的な学校**では，個人や学校に携わる人々が幸福を追求する結果として多様な目標が認められるべきであろう。

例えば，海外において展開されている民主的な市民を育てる学校づくりや，これまでの教育実践にそのヒントがあるかもしれない。**ケアリング**と応答を中心とした責任（レスポンシビリティ）を皆が分有するモデルへの転換も考えられる。誰もが不用意に傷つけられない配慮がなされ，互いを承認し合い，個人の尊厳が守られる学校と実践を保障するための条件を整備していくことが必要だろう。テストの成績を向上させるための狭義の学力観から脱却して，**ホリスティックなアプ**

ローチから授業や学校生活をあらためて考える試みも一つのモデルとなるだろう。人やものやことがらの間にあるつながりを回復し，多様で豊かな教育をもう一度考えてみることも重要だろう。

　近年，「レジリント（resilient）」という言葉がよく聞かれる。レジリエンス（resilience）とは，辞書的には「弾力性」や「回復力」という意味であり，何らかの困難に直面したときに立ち直り，基本的な目的と健全性を維持する能力である。レジリエンスという概念は，日本においても，3.11東日本大震災以後，災害を扱うリスク学や都市工学において，災害にもちこたえることができるという文脈でさまざまな研究が進んだ。心理学の領域では，子どもがトラブルやトラウマに直面したときに適応する精神力と心理プロセスとして，レジリエンス＝「心の回復力」が注目されている。21世紀の学校教育のなかで，レジリエンスの高さを求めていくこともももちろん大事であるが，個人の能力としてだけではなく，責任を共有するシステム全体について考える必要がある。レジリントという言葉の対義語が，"vulnerable"，"fragile"という「傷つきやすさ」を意味することを考えるならば，傷つきやすさへ配慮することが重要なのはいうまでもない。本節で扱ういくつかの事柄は，デリケートで傷つきやすい子どもたちの問題であり，あるいはこれまで沈黙させられ，議論も解決も難しいとされてきた問題でもある。これまで対処すべき「問題」と見なしてきた差異や多様性のなかにこそ，民主的な公共空間をつくり出すためのヒントがあるということを，私たちは認識することから始めなければならない。

（黒田友紀）

視点 49　多様性を受容する学校づくりと特別支援教育

特別な支援が必要な子どもとともに学ぶために

◢ これからの教員や学校に求められるもの

　現在では，特別な支援を必要とする子どもは全くいないという通常の学級の方が珍しいだろう。文部科学省が2012（平成24）年12月に公表した「通常の学級に在籍する発達障害の可能性のある特別な教育的支援を必要とする児童生徒に関する調査」によれば，小中学校の通常の学級において学習面または行動面で著しい困難を示すとされた子どもの割合は，推定値で6.5％であった。1学級40名とすると，発達障害の可能性があり，特別な教育的支援を必要とする子どもが学級に2～3名在籍していることになる。現代の通常の学級には，発達障害のある子どもたち以外にも，不登校の子ども，日本語が母語でない（外国籍の）子ども，虐待などにより心理的な問題を抱えている子ども等々，実にさまざまな多様な教育的ニーズを抱えた子どもたちがいる。

　もはやこれまでの指導技術では立ち行かず，学級経営や授業に苦慮している教員も多い。従来の教え込み型の授業ではなく，発達障害等の特別な教育的ニーズのある子どもも含め，すべての子どもがわかりできる，ユニバーサルデザインの授業が求められている。

　また，世界的な潮流を見ると，2006年12月に国連総会で「障害者の権利に関する条約」（以下，「障害者権利条約」）が採択され，各国でインクルーシブ教育システムの充実が図られている。わが国は2007年9月28日にこの条約に署名した後，2014年1月20日に批准書を寄託し，同年2月19日に同条約がわが国において効力を発生することとなった。第24条（教育）では，締約国は教育についての障害者の権利を認めることを定めており，人権，基本的自由および人間の多様性の尊重を強化，ならびに，障害者が精神的・身体的な能力等を可能な最大限度まで発達させ，自由な社会に効果的に参加することを可能とすること等を目的として，締約国は障害者を包容するあらゆる段階の教育制度（原語：inclusive education system）や生涯学習を確保することとされている。また，その権利の実現にあたり，障害に基づいて一般的な教育制度から排除されないこと，個々の障害者にとって必要

な「合理的配慮」が提供されること等が定められている（外務省，2014）。

このような学校や時代の変化を踏まえると，教員や学校には，障害のある子どもたちを排除せず，多様性を受け入れる度量や，多様性に応えて一人ひとりの教育的成果を確かなものにする技量が求められているといえよう。

多様性を受容する学校づくり——ともに学ぶために

障害者の権利に関する条約第24条の外務省訳では，inclusive education system を「障害者を包容するあらゆる段階の教育制度」とし，inclusive に「包容する」という訳語をあてている。inclusive education という用語は，条約の署名以前からある言葉であり，インクルーシブ教育や包容教育，共生教育などさまざまな訳語があてられてきた。障害のある子どもを障害のない子どもと分離して行う教育を分離教育というのに対して，ノーマリゼーションや共生社会の実現のために，典型的な発達の子どもたちを対象としたいわゆる通常教育という主流に統合していこうという統合教育やメインストリーム教育の流れが起こり，その後さらにそれを進めたインクルーシブ教育という概念が提唱されてきた。統合教育やメインストリーム教育は，障害のある子どもとない子どもが分離されていることを前提とした教育理念であるのに対し，インクルーシブ教育は，障害のある子どもも大多数の障害のない子どもと同じ仲間として"含める"ことを最初から前提とするという点で，より進んだ教育理念であるとされる。

この考えをうけて，インクルーシブ教育システムの構築のため，2013（平成25）年8月26日付をもって政令第244号として学校教育法施行令の一部改正が公布され，就学基準に該当する障害のある子どもは特別支援学校に原則就学するという従来の就学先決定の仕組みをあらため，障害のある子どもも最初から地域の市町村教育委員会の就学手続きに組み込まれるようになった（その後，就学支援相談の経過のなかで，認定特別支援学校就学者となった場合には都道府県教育委員会の就学手続きのルートに乗ることになる）。

しかしながら，就学先決定の仕組みが変わっただけでは，インクルーシブ教育システムの構築は不十分である。inclusive の反対語である exclusive（エクスクルーシブ）には，研究社「新英和中辞典」によれば，「〈組織・クラブなど〉（特定の仲間だけで）他人を入れない，排他的な，閉鎖的な」という意味がある。障害のある子どもが同じ学校で，同じ教室で学ぶだけでは本物のインクルーシブ教育とはいえない。本当の意味で障害のある子どもが学校や学級のなかの対人的なつながりのなかに位置づいていて，決して孤立したり，排除されたりしない学校・

学級づくりが必要である。

◪ インクルーシブな学校風土づくりに役立つ協同学習の可能性

これに関して，Janney & Snell（2006）は，対人的な能力と仲間関係を育てるための「必要最小限だけ特別な」インクルーシブな教育実践モデル（図1）として，教員や子どもの障害に対する知識や理解を深め，偏見や否定的な態度を撲滅するなどの理解啓発活動や，学級におけるコミュニティづくりや友達づくりなどのような「インクルーシブな学校風土と環境」に関する取り組みを土台とし，通常の学級でのソーシャルスキル指導やピア・チュータリングや協同学習などの指導の実践，さらに個別化された指導の3層からなるモデルを示している。

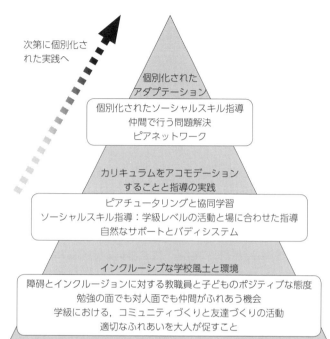

図1　対人的な能力と仲間関係を育てるための「必要最小限だけ特別な」のインクルーシブな教育実践モデル

Janney & Snell〈高野久美子・涌井恵監訳〉〈2011〉『子どものソーシャルスキルとピアサポート——教師のためのインクルージョン・ガイドブック』より引用。

発達障害のある子どもなどの通常の学級に学籍を置く者も，特別支援学級に学籍を置く知的障害などのある子どもも，すべて，「うちの学級・学校の子ども」として所属感のもてる学校風土をつくることが必要である。さらに，特別支援学校に在籍する子どもたちについても，「うちの地域（または市町村）の子ども」として，受け容れられるような地域づくりが，今後求められるだろう。

また，図1にもあげられている協同学習は，一人ひとりの多様性の理解や，学業成績のみならず，子どもどうしの対人関係やソーシャルスキルの促進に効果が

あるとされ，諸外国ではインクルーシブ教育場面における有効な指導技法として広く実践されている (Janney & Snell, 2006ほか)。また，涌井 (2014, 2015) は，自分に合った学び方を各自が選択することで一人ひとりの学びの特性に対応した「学び方選択式協同学習」を提唱している。子どもどうしが協力して学び合う協同学習のなかで，子どもたちどうしのやりとりや支え合う関係を促し，一人ひとりの違いや多様性の理解，そして多様な他者を認め合い支え合う学級集団づくり，すなわち学級コミュニティの構築へとつなげることができる。また，学び方を選択するという指導手続きによって，障害のある子どもへの個別的な「合理的配慮」をスムーズに実施することも可能となる。

加えて，協同学習は，今後育成すべき資質・能力を育む指導方法としても注目されている。特別な教育的ニーズのある子どもも含め，すべての子どもが同じ場で今後育成すべき資質能力を育むことができる指導技法を開発していくことも今後の重要な課題である。これまでの特別支援教育の実践のなかで培った指導技法や教材や支援ツールを，インクルーシブ教育場面においても活用できるよう実践や研究を重ね，効果的な指導方法等について知見を蓄積していかなければならない。

もっと詳しく知るために

- 中央教育審議会初等中等教育分科会 (2012)「共生社会の形成に向けたインクルーシブ教育システム構築のための特別支援教育の推進 (報告)」
  http://www.mext.go.jp/b_menu/shingi/chukyo/chukyo3/044/attach/1321669.htm
  (アクセス日：2016年1月11日)
- 外務省，障害者権利条約パンフレット
  http://www.mofa.go.jp/mofaj/files/000069541.pdf (アクセス日：2016年1月11日)
- 国立特別支援教育総合研究所 (2014)『すべての教員のためのインクルーシブ教育システム構築研修ガイド』ジアース教育新社
- Janney, R. & Snell, M.E. (2006) *Social Relationships and Peer Support*. Paul H. Brookes Publishing Co., Baltimore, Maryland. (高野久美子・涌井恵監訳 (2011)『子どものソーシャルスキルとピアサポート：教師のためのインクルージョン・ガイドブック』) 金剛出版
- 涌井恵編 (2014)『学び方を学ぶ：発達障害のある子どももみんな共に育つユニバーサルデザインな授業・集団づくりガイドブック』ジアース教育新社
- 涌井恵編 (2015)『学び方にはコツがある！ その子にあった学び方支援』明治図書

(涌井　恵)

視点 50　　　　　　　　　　　　　ジェンダー・セクシャリティと学校

性的マイノリティの子どもは幸せに学べているか

◢ 性的マイノリティとは

　近年，「LGBTI」という言葉が使われるようになっている。「LGBTI」とは，L＝レズビアン（女性を恋愛や性愛の対象とする女性），G＝ゲイ（男性を恋愛や性愛の対象とする男性），B＝バイセクシャル（恋愛や性愛の対象の性別にこだわらない人），T＝トランスジェンダー（生まれたときの法的・社会的性別と違う性別で生きる人／生きたいと望む人），I＝インターセクシャル（生物学的に両方・中間の性をもつ人）の頭文字で，性的マイノリティの人々の集合体を表している。

　かつて，同性愛や両性愛は，登校拒否（不登校）などと同様に，病気や障がいであると見なされ，治療や矯正の対象とされてきた。しかし，1990年にWHO（世界保健機関）が同性愛や両性愛を疾病ではないと明言し，日本では1995年にWHOの見解が認められて以降，障がいや疾病ではないという認識が広まった。2000年代以降，性同一性障害などが，テレビドラマやメディアで取り上げられるようになったことや，戸籍上の性別を変更する法的措置（「性同一性障害者の性別の取扱いの特例に関する法律」2003年制定）が認められるようになったことによって，以前と比べるとLGBTIについての理解も進んでいる。2015年には，東京都の渋谷区と世田谷区で同性のパートナーシップを証明する条例が制定されている。それでも，同性婚が認められている国や地域，あるいは，オーストラリア，ニュージーランド，ドイツ，インド，ネパールのように，パスポートなどの正式な性別表記が，「男性」「女性」以外の「第三の性」を選択できる国と比べると，日本は後進国の一つであるといってよい。

◢ 性的マイノリティの子どもと学校教育

　学校教育に目を向けてみるならば，学校は男子と女子の二分法や，異性愛を標準とする文化で満ちている。例えば，トイレ，制服，体育，宿泊行事などがすぐに思い浮かぶ。施設の問題ばかりでなく，健康診断や着替えなどを含め，学校教育では，基本的に「男子」と「女子」に分け，同質的な集団として扱ってきた。また，教科書の挿絵や学校での性教育も異性愛が基準とされている。友人との恋

愛や結婚の話題においても，同性愛や両性愛について「普通」に語られることは，きわめてまれである。LGBTIの子どもたちは，このような学校生活・学校文化に直面し，困難を抱えることが多く，これまでの調査や研究からは，差別やいじめの被害にあった割合が高く，自己肯定感が低いことも明らかになっている。「当たり前」と考えてきた学校文化や慣習を，LGBTIの子どもたちの視点で見直す必要がある。

ともに生きる在り方の選択肢を増やす

6,000人の教師を対象とした調査（日高，2014）から，LGBTについて授業で取り扱う必要性を感じている教師が6割以上存在する一方で，教員養成機関でLGBTについて学んだことのある人は1割以下であることが明らかになっている。しかし，近年，大学にLGBTIの当事者のサークルができたり，サークルのメンバーや当事者である教師が小・中学校でLGBTIに関する授業を行ったりする試みも始まっている。2013年には文部科学省が初めて全国調査を行い，自身の性別に違和感をもつ児童生徒が少なくとも606人いたことが確認され，2015年4月に，性的マイノリティの子どもへのきめ細かな対応を実施することを学校に通知している（文部科学省通知「性同一性障害に係る児童生徒に対するきめ細かな対応の実施等について」）。

LGBTIの子どもたちのみならず，すべての子どもたちが安心して幸せな学校生活を送るためには，私たちが性的マイノリティの人々のことを知り，現実を認識することが肝要である。これまでの考え方や慣習を変えることは，それほど簡単なことではない。しかし，問題を認識することで，ともに生きる在り方の選択肢を増やしていくことが必要ではないだろうか。そのための調査や教育活動が進められることとともに，ともに生きる私たち自身の問題としてとらえることが求められていよう。

もっと詳しく知るために

- 教職員のためのセクシュアル・マイノリティサポートブック制作実行委員会（2014）『教職員のためのセクシャル・マイノリティ サポートブック［改訂版］』（第2版）(http://say-to-say.com/file/sb2.pdf からも取得可能)
- 特定非営利活動法人 ReBit・薬師実芳・笹原千奈未・古堂達也・小川奈津己（2014）『LGBTってなんだろう？』合同出版
- 早稲田大学教育総合研究所監修（2015）『LGBT問題と教育現場：いま，わたしたちにできること』（早稲田教育ブックレット），学文社

（黒田友紀）

視点 **51** スクールソーシャルワーカーがつなぐ人と人

子どもの問題に私たちはどう対応するか

◢ スクールソーシャルワーク（school social work）とは

　子どもが健やかに成長するためには，家庭・学校・地域が安心・安全に生活できる場であることが重要である。いじめ・不登校・児童虐待・暴力行為・非行・発達の偏りなど教育現場と密接に関係するさまざまな問題に対して，子どもの心身の問題とともに，子どもが身を置く環境の問題に焦点を当てることが不可欠である。

　スクールソーシャルワーカーは，社会福祉の専門的な知識，技術を活用し，問題を抱えた児童生徒を取り巻く環境に働きかけ，家庭，学校，地域の関係機関をつなぎ，児童生徒の悩みや抱えている問題の解決に向けて支援をする専門家である（文部科学省，2010）。スクールソーシャルワーカー活用事業実施要領に記載されている具体的な職務は，問題を抱える児童生徒が置かれた環境への働きかけ，関係機関とのネットワークの構築・連携・調整，学校内におけるチーム体制の構築・支援，保護者，教職員に対する支援・相談・情報提供，教職員への研修活動である。地域の特性や各自治体の現状に合わせて，派遣型・配置型・拠点型・巡回型などの活動形態が展開されている。

◢ 家庭・学校・地域を結ぶネットワークづくり

　児童虐待・いじめ・非行・学級崩壊などの子どもを取り巻く問題に共通する課題の一つとして，孤立の問題が考えられる。家庭・学校・地域のなかでの孤立は，時に大きな問題へと発展する。そこで，子どもが家庭・学校・地域のなかで，安心・安全に生活する基盤が存在することが，孤立の問題を防ぐ一番の解決方法であると考えられる。ソーシャルワークの考え方では，フォーマルな資源（公的な資源）・インフォーマルな資源（公的機関による制度・資源ではなく，家族・友人・地域住民・ボランティアなどによる資源）を活用することによって地域社会のなかでのネットワーク構築をめざしている。スクールソーシャルワーカーは，担当している子ども一人ひとりに対して，その子どもを中心としたネットワークを学校内や地域内につくっていくように働きかける。

子どもが心細いときに，心配事があるときに，また危険な状況に身を置くこととなったときに，子ども自身が頼ろうとする人がいること，行ってみようと思える場所があることによって，地域社会のネットワークが子どもを守る役割を果たすことができるのである。また，子どもが地域社会のネットワークにつながっていることは，子どもがたくさんの人と出会い，興味・関心が広がるなどの影響を受け，成長する機会ともなる。もちろん，子どもだけでなく，家庭全体が孤立をしないように働きかけることも必要である。世の中の認識以上に，困っていると感じている家庭が必要なときに必要な支援が受けられないという現状がある。困っていると感じている家庭に対して，どのような関係機関が相談に乗ってくれるかを伝えたり，相談しにくさを一緒に共有したり，地域のなかの資源を紹介することなど何が最適な手段かを一緒に考えていく。

▰ 子どもたちの居場所づくりをめざす東京都杉並区の取り組み

　東京都杉並区におけるスクールソーシャルワークの活動では，現在，杉並区の委託事業となっている「杉並中3勉強会＆アドバンス」と連携しながら，子どもの居場所づくり・活用に力を入れている。小学生・中学生・高校生などが，毎週同じ曜日・同じ時間に，公共の会議室に集って活動している。子どもたちは決まった活動をするのではなく，自分の好きなこと・やりたいこと・得意なことをしている（絵を描く，トランプをする，料理をする，おしゃべりをする，勉強など）。子どもどうしの自然な相互作用を大切にし，お互いの個性を認め合う関係が培われる場所となっている点，そして義務教育である小学校・中学校を卒業しても子どもが居場所を利用し続けたり，必要なときに戻ってきたりすることのできる点が特徴である。日常生活の環境の一つである居場所において，自分らしく，自分の個性が認められる実感を積み重ねることによって，子どもたちのなかに潜む個々の可能性が発揮されていくことは自然な現象である。

　このように，子どもや家庭のニーズや実情に沿ったネットワークを構築していくことによって，子どもや家庭の人間関係や地域社会がより豊かになっていくことにつながるのではないか，子どもが学びや遊びに関心をもつ土壌が育まれるのではないか，と考える。

［もっと詳しく知るために］

- 文部科学省（2010）『生活指導提要』教育図書

（関戸直子）

視点 52 ジェンダーと教師

学校や教職は本当に平等か

▍教育におけるジェンダーの問題

　一般に学校や教師の世界は男女平等だといわれるが，本当に平等は保障されているだろうか。学校がジェンダーを再生産する場となっているという事実はすでに指摘されて久しく（木村，1999），家庭科の男女共修や男女混合名簿など，ジェンダーに敏感な視点を取り入れた教育を進めるための研究や実践も広まりを見せている。しかし，教師の世界に目を向けると，女性は幼い子どもの世話や養育に，男性は集団の管理や力による統制に適しているといったステレオタイプの見方による性別役割分業は，依然として多くの学校に見られる。そこにはどんな問題があるだろうか。教師文化におけるジェンダーという視点で学校教育を問い直してみよう。

▍教職におけるジェンダー不均衡

　教職におけるジェンダー不均衡はさまざまな点において指摘できる。統計データを見るならば，公立学校において女性教師の占める割合は，小学校で62.1％，中学校42.1％，高校30.5％と学校段階の上昇に伴って低くなっている。女性校長の比率は，女性教師が6割を超える小学校においても2割に満たず，中学や高校においては6％前後にすぎない（表1）。勤続年数や給料，採用率においても女性の方が低く，担当教科にも偏りがあることが指摘されている（河野編，2014）。

　また小学校内部に目を向ければ，低学年は女性教師，高学年は男性教師が担当することが多いというジェンダー不均衡が見られる。1年生担任の約9割，2年生担任の約8割が女性教師であり，男性教師の低学年担任の少なさが目立つ（表3）。担任をしていない男性教師が約4割という数字は，男性教師が管理職や主任職を多く担っていることを物語っている。河野は，長時間労働を美徳とする文化もあるという学校は，「出産・育児や介護を経験することになりやすい女性が働き続けやすい環境とはいえず，これらが，短い勤続年数や低い給料，少ない管理職などの現状の背景にある」と指摘している。近年注目されている「ワーク・ライフ・バランス」の実現に向けた取り組みは，教職の世界においても推進され

表1　公立小・中・高等学校の教員数および管理職の女性教師比率

学校種	小学校			中学校			高等学校		
男／女	男性(人)	女性(人)	女性比率(%)	男性(人)	女性(人)	女性比率(%)	男性(人)	女性(人)	女性比率(%)
合計	143,558	234,876	62.1	125,857	91,602	42.1	114,158	50,192	30.5
校長	16,493	3,778	18.6	8,869	556	5.9	3,431	226	6.2
副校長	1,479	556	27.3	940	104	10.0	784	93	10.6
教頭	14,715	4,041	21.5	8,434	749	8.2	4,457	364	7.6
主幹	4,413	4,334	49.5	4,940	1,260	20.3	2,842	396	12.2
指導	244	523	68.2	263	238	47.5	303	84	21.7

(平成25年度「学校教員基本調査」より)

表2　公立小学校教師の担当学年（％）

		担任せず	第1学年	第2学年	第3学年	第4学年	第5学年	第6学年
平成25年度	男	39.3	3.5	5.7	7.8	9.2	12.6	14.0
	女	29.7	14.5	11.4	9.2	8.9	7.7	7.6

(平成25年度「学校教員基本調査」より)

表3　各学年の担任における男女の比率（％）(注)

		第1学年	第2学年	第3学年	第4学年	第5学年	第6学年
平成25年度	男	10.6	19.7	29.3	33.6	44.5	47.4
	女	89.4	80.3	70.7	66.4	55.5	52.6

(注) 本表は，平成25年度「学校教員基本調査」より，男女教師における各学年の学級担任の比率を各学年の学級担任における男女の比率に換算し直して作成した。

ることが求められよう。

男性教師の多忙と女性教師の周辺化

　「ワーク・ライフ・バランス」の取り組みによって，男女が等しく家庭責任を負うことが可能な社会が実現し，女性教師が男性教師と同じように勤続年数を重ねることができるようになること，給料や昇進の差別がなくなることは重要である。しかし同時に，学校や教師の仕事を見直し，再編していくことも必要であろう。2013年のOECD国際教員指導環境調査（TALIS）では，日本の教師の勤務時間の長さが指摘された。日本の教師の1週間当たりの勤務時間は参加国最長（日本53.9時間，参加国平均38.3時間）で，このうち，授業時間は参加国平均と同程度である一方，課外活動（スポーツ・文化活動）の指導時間が特に長い（日本7.7時間，参加国

平均2.1時間）ほか，事務業務等に費やす時間も長い（日本5.5時間，参加国平均2.9時間）ことが特徴である。このように多忙な教師生活の実態を，黒田ら（2010）・船山ら（2013）の研究を参照しながら見てみよう。これらの研究は，小学校の教師たちに対して行ったライフヒストリー・インタビューをもとに，教師の世界に存在するジェンダー不均衡の様相を以下のように描いている。家事や育児，介護を抱える女性教師は，自らの希望あるいは周囲の配慮によって，比較的時間に余裕のある低学年を担当する。その結果，家庭責任を負わない女性教師や男性教師は高学年を担当することが多くなる。高学年は授業時間も長く，宿泊を伴う行事などがあり，時間的拘束が大きい。また，行事や研究発表などを中心的に行う「学校の顔」となる学年であり，その担任は重責を負い多忙をきわめる。そのうえ，子どもたちの問題を腕力や迫力で管理的に抑えることも期待され，激務にさらされる。繰り返し高学年を担当して疲弊し，心身に不調をきたす教師も少なくない。一方では学校運営の中核的な役割を担うことで管理職へ水路づけられていく教師も多い。多忙な高学年担任に光が当たる反面，家庭責任を抱えるがゆえに低学年を担任する女性教師は周辺化され，その仕事の重要性も認められにくくなる。

　このような教師の世界におけるジェンダー不均衡は，単にジェンダーの問題であるだけでなく教育の質にも関わる問題をはらんでいる。低学年，高学年教育の意味，教師の仕事の意味を問い直す必要に迫られているといってよいだろう。

学校と教師の仕事の再編

　教師の世界におけるジェンダー不平等の解消に向けてどのような取り組みが可能だろうか。教師文化のジェンダー分析を試みた木村（2014）は，男女平等教育を阻む教師文化の特質として「学級閉鎖性」「集団同一歩調」「多忙」という点を指摘し，それに対処するには実践を共有する場と時間，共有できるような同僚性の構築が必要であると述べている。例えば，高学年担任が授業も生活指導も行事の企画運営もすべて担うような学校のあり方を見直し，その業務を分散して再編するとどうだろうか。高学年担任の負担が分散されれば，育児や介護を抱える教師も高学年を担当できるようになり，男性教師も低学年の子どもの教育に携わる機会を取り戻すことができる。すべての教師が協働して，すべての子どもたちの教育に当たることができるようになるのではないだろうか。

　政治学者の岡野は「女性だけにケアの責任を負わせてきた社会の構造を変革していく一方で」，「自分自身をいったん脇に置いて，目の前の子どものニーズに応えようとする『ケアの倫理』」こそが，「非暴力と正義を求める，グローバルな連

帯の可能性を秘めている」と述べている。河上（2014）は「周辺に置かれ続けてきた女性教師たちが，それまでの学校や教師のあり方の自明性を問い直し，新しい市民社会に向けての教育のあり方を自由に発想し議論する場が必要だ」という。多くの女性教師たちが静かに行ってきた低学年の教育実践のなかには，腕力や迫力で子どもを抑えるのではない，個々の子どもに丁寧に向き合う教育，同僚と支え合い，一緒に実践を創っていく教師の仕事の在り方が見られるのではないだろうか。そこには，教師たちを多忙による疲弊から救い，子どもにとっても教師にとっても幸福に生きられる場として学校が拓かれるヒントが秘められていよう。

もっと詳しく知るために

- 木村涼子（1999）『学校文化とジェンダー』勁草書房
- 木村育恵（2014）『学校社会の中のジェンダー』東京学芸大学出版会
- 河野銀子編著（2014）『教育社会とジェンダー』学文社
- 黒田友紀・杉山二季・望月一枝・玉城久美子・船山万里子・浅井幸子（2010）「小学校における学年配置のジェンダー不均衡」『東京大学大学院教育学研究科紀要』第49巻
- 船山万里子・玉城久美子・杉山二季・黒田友紀・浅井幸子・望月一枝（2013）「小学校における女性教師のキャリア形成――学年配置に着目して」『東京大学大学院教育学研究科紀要』第53巻
- 岡野八代（2014）「リレーおぴにおん」朝日新聞2014年11月19日
- 河上婦志子（2014）『二十世紀の女性教師　周辺化圧力に抗して』御茶の水書房

（玉城久美子）

視点 53　新しい地域連携の在り方

地域が子どもと学校を支えるしかけとは

■ 求められる新しい地域連携

2006年に施行された教育基本法において，「学校，家庭及び地域住民等の相互の連携協力」（第13条）の規定が新設された。これまでも，既存の地域にある各種団体組織は個別，単独で地域の子どもたちの教育に寄与してきた。組織が子どもたちのために横断的に連携するということはほとんど見られなかった。また子どもが大人の組織に参加し意見を述べたりする機会もきわめて少なかったといえる。少子高齢化の現代においては，地域のなかで夢や希望が希薄になりがちである。その夢や希望を育むためには，子どもの力を積極的に活用していくことが必要である。

■ 八千代市睦小中学校支援地域本部教育協議会「睦學友会」の設立

「睦學友会」は「子どもたちに夢を，大人たちに希望を」を合い言葉に設立された，学校支援地域本部事業教育協議会である。学校支援地域本部事業とは，教育基本法で規定された条文を具体化するための方法の一つであり，学校・家庭・地域が一体となって，地域ぐるみで子どもを育てる体制を整えることを目的としている。睦學友会は，「子どもは大人に学び，大人は子どもに学ぶ」「子どもと大人が共に学び合い，また地域に学ぶことのできる」組織体をめざしている。さらに，地域にある団体組織がつながり合いながら大人と子どもが協働できる場をつくっていくことをめざしている。

學友会の活動を通じ，地域のすばらしさ，多くの人やモノに支えられて生きている幸せに気づいてほしい。さらに一人ひとりが幸せを創造し，幸せを運べる人間に成長してほしい。それが學友会の願いである。

■ 睦學友会の基本理念と事業

學友会の基本理念は，教育支援活動を通じて，伝統ある睦地域において，①"地域の壁を取り除いたつながり合う各地域"の維持，②"うるおいある心豊かな地域"，"安心安全な地域"の維持，③"幸せに気づき，幸せを創造する子どもたち"，"幸せを運ぶ子どもたち"の育成，④"世界に友達をつくる"ための教育

支援の醸成である。

　學友会の願いと，この理念のもとで，公立中学校では難しいとされていた海外の学校との国際交流（シンガポール・ヒルグローブ中学校との交流）を実現させた。海外交流を実現させた原動力は，学びの共同体の推進校がシンガポールにあったことと，八千代市教育委員会教育長の支援，そして大手商社の社長が學友会の求める理念に賛同し支援してくれたこと，そして何よりも學友会の役員の情熱と行動力が人と人とのつながりを広げ，つなげたことにあった。国際交流の支援のほかの事業内容については，①英会話教室，②環境整備（校庭整備や樹木伐採），③世代間交流，④睦小中生交流宿泊リーダー研修会，⑤地域行事への参加と支援，⑥伝承文化継承（春秋のお茶会），⑦歴史的遺産の継承（小さな旅睦歴史マップ），⑧睦學友会ホームページ開設，である。

つながり合う地域の組織

　上記のような試みは，学校を取り巻く，さまざまな地域組織のつながりがあったからこそ実現している。この學友会によって，自治会連合会・社会福祉協議会睦支会・習志野八千代保護司会・睦地区青少年健全育成連絡協議会・防犯連合会長・睦小中学校・睦小中学校歴代PTA役員などの地域の組織が，子どもたちの育成を核として初めて横断的につながった。そして，子ども・大人・地域の協働が，壁を取り払い，新しい地域連携が教育の在り方を無限に広げる可能性を見せてくれている。今後は，「子どもは地域の子，社会の子，日本の子としての認識」を再確認し，地域の諸活動の連携を強化し，子どもの育成を核とした新しい地域連携が発展し，さらに学び続ける共同体の在り方に挑戦していくことをめざしている。

もっと詳しく知るために

- 睦學友会ホームページ（http://mutsumi-gakuyu.com/）　アクセス：平成28年1月29日）

```
             "睦學友会"（八千代市睦小中学校支援地域本部教育協議会）会則（一部抜粋）
第1章 名称　第1条　本会の名称を"睦學友会"（むつみがくゆうかい）とする。
第2章 総則　第1条　本会は，平成20年度文部科学省指針である，地域ぐるみで学校を支援する学校地域本部
                  事業に則り，教育にかかわるボランティア活動を目的とする。
            第2条　本会は，睦小中学生がより充実した学校生活を送れるよう，教育環境の整備向上を図る
                  為の援助活動を行う事と共に，睦小中学校及び地域の国際交流，地域交流，世代間交流，伝統
                  文化継承等において，睦小中学校および各PTAを側面支援する組織とする。
第3章 会員　第1条　第2章に定める本会の趣旨に賛同する睦地区在籍の住民・法人を会員とする。
            第2条　会員は家庭単位，法人または団体単位とする。
            第3条　睦地区以外の住民・法人に関しても，本会の趣旨に賛同し，且つ役員会の承認を受けた
                  者は会員資格を有するもの。
            第4条　会員は第5章　第2条に定める年会費を負担する。
```

（武森公夫）

視点 54　評価と学校改善

競争と管理を超えるためには

評価とは

「評価」という言葉とそれに伴う活動は，対象や方法も多岐にわたる。学校のなかの教育の「評価」について考えるなら，本来，教育活動の実践を省察して次の教育活動につなげていくことを指し，子どもの能力を値踏みしたり，学校を管理したりするために行うものではない。「学校改善」についても，学力調査の点数や順位を上げるためだけではなく，子どもたちと教師による授業実践の質をより高めるために行われるものであるべきである。

現在，OECD（経済協力開発機構）による学習到達度調査（PISA調査）などの国際的なテストや，2007年から実施されている「全国学力・学習状況調査」の実施によって，国家間あるいは学校間での比較や順位づけが行われている。このような外部からのアカウンタビリティを課す教育政策が中心となり，具体策や財源も準備されないままに，学力問題に特化された「学校改善」を教育委員会や学校に自助努力として迫っている現状がある。

学校力を開発する評価・組織システム

近年，学校評価や改善の手法としての「PDCAサイクル」の導入と達成すべき数値目標の設定によって，多くの学校が学校改善に取り組んでいる。しかし，このPDCAサイクル自体が20世紀初めの工業製品の品質管理において導入されてきた点や，数値による目標設定が教育活動の評価に本当になじむかどうかといった点を再検討する必要があろうし（秋田，2009／大学評価学会編，2011／篠原，2012），学校全体の力を向上させるための新しい評価と学校改善のデザインを志向する必要があるだろう。すなわち，テスト点数の向上や数値目標の達成に表されるようなアカウンタビリティの名のもとに学校や教師に責任を負わせるのではなく，教育行政，学校，市民の関わり方を再考し，多様な評価による，応答性に基づいた責任（レスポンシビリティ）を分有する活動・システムを構築することをあらためて考える必要がある。

専門的なラーニング・コミュニティと学校改善

 そのために，一つは，学校内での校内研修や授業研究を通して，教師が授業と子どもの学びを語り，ディスコース（語り）を共有するラーニング・コミュニティのなかで，学校の教育活動が省察されることである。日本は，明治期以来の授業研究（レッスン・スタディ）の歴史や教師の実践記録の蓄積があるが，このような歴史を基礎としながら，ヴィジョンを共有し，協働と対話を中心とする組織的な改善モデルを新たに創り出すことが必要である。もう一つは，学校公開や学校参加などの機会を通して，保護者や地域の人々に，実際の授業における子どもたちの学びや学校の状況を知ってもらうことである。学校の実際をよく知ってもらうことは，アンケート調査などから導き出された数値以上に確かな評価である。子どもと学校のことをよく知る教師と保護者と地域の人々の協働によって，責任を分有しながら「学校力」を上げる評価や改善の組織的な取り組みが考えられる必要がある。

 プロフェッショナル・ラーニング・コミュニティの海外の取り組みや，学校経営の手法にも学びつつ，教育実践を中心とした改善モデルが，学校ごとに構築されることが望ましい。個人の授業技術や能力を伸ばす努力ももちろん重要ではあるが，団塊の世代の教師が教職から離れ，経験年数の浅い教師が増えて教職の年齢バランスがかなり変化することを考えるならば，教師が学校という「専門家としてのラーニング・コミュニティ」（佐藤, 2015）のなかでともに学び，子どもたちや学校に関わる人々とともに育ち合うことが重要である。そのとき，適切な支援を行うスーパーヴァイザーの存在や，教育行政の財政的な支援も重要になる。アカウンタビリティや管理を超えて，評価や学校改善の本来的な教育の営みを私たちの手に取り戻し，応答的な関係から「学校力」を構築することが考えられる必要がある。

【もっと詳しく知るために】

- 篠原清昭編著（2012）『学校改善マネジメント 課題解決への実践的アプローチ』ミネルヴァ書房
- ピーター M. センゲほか（リヒテルズ直子訳）(2014)『学習する学校 子ども・教員・親・地域で未来の学びを創造する』英治出版株式会社

(黒田友紀)

視点 55　米国の歴史や実践から

民主的な学校を求めて

◢ 公教育と民主主義

　公教育の目的を，学習権の保障そして社会を担う市民の育成とするならば，公教育を担う学校は，すべての子どもが授業に参加し世界を探究できる空間となる必要がある。市場原理に基づく改革の浸透が，子ども間を分断し学びの縮減をもたらしている今，民主的な学校を創造し維持してゆく試みの重要性は増している。このような試みの一つの手がかりとして，民主主義を理念として建設された米国における学校教育の歴史や実践に目を向けてみたい。

　米国において，共和国の市民を育成し民主主義を維持する要とされてきたのが学校教育である。公立学校を整備しようとする最初の広範な試みは，およそ1830年代からコモン・スクール運動として展開した。授業の中心はプロテスタントの道徳，3 R's（読み，書き，算数），歴史そして地理であり，暗記と暗唱が多用される。コモン・スクール運動は，移民に対して「アメリカ化」の機能を果たし，さらに黒人やアジア系移民はしばしば排除されていたものの，19世紀を通して学校教育の普及を担うものであった（Reese, 2005）。

◢ 子ども中心の教育

　ある日幼い女の子が，画用紙にクレヨンで一つ小さな印をつけては次の紙を手に取っている。50枚程も試した後，恐る恐る教師の方を向いたその子に，教師は「もう1枚どうかしら」と微笑みかける――。これは「子ども中心主義」の教師キャロライン・プラットの記した一コマである。じつはこの子は初めての学校に怯えてしまっていた。しかしこの出来事をきっかけに，ほかのモノにも手を伸ばし，周りの子どもと言葉を交わせるようになってゆく（Pratt, 1948）。

　20世紀初頭，米国の学校教育は転換期にあった。産業化と都市化，そして移民の流入に伴う子どものさらなる文化的多様化のなか，新たな学校像が模索される。そして急進的な民主主義を標榜したのが子ども中心主義の系譜であった。子ども中心主義の教師は，人種的マイノリティや貧困の子を含めすべての子どもに知性を見る。そして学校に，人々が個性と文化を交流できる共同体を創り出そうとす

る。子ども中心の教育を求めて世界的に展開していた新教育運動と連動し，数多くの革新的な学校が設立された（Sadovnik & Semel, 2002）。

しかし全国的には，学校改革を主導したのは「社会的効率主義」であった。産業主義の効率性の原理に依拠した系譜であり，学校教育は大工場の大量生産システムとのアナロジーで組織される。既定の教育目標のもと，教育過程の生産性を上げることがめざされ，子どもの学習過程は個別化されてゆく。子ども中心主義の系譜はこの傾向に抵抗し，学びを支える共同体の創造と，個性の解放を通しての社会の民主化を構想していた（佐藤，1990）。

学校を訪ねて

子ども中心の教育は今に続いている。子ども中心主義の教育者として現在最も著名な一人に，デボラ・マイヤーをあげることができる。ニューヨーク市やボストン市の社会経済的に困難を抱える地域において，質の高い公立学校を実現した。その一つミッション・ヒル・スクールを訪ねたなら，まず色彩の鮮やかさにひかれるだろう。教室や廊下には積み木，絵本，楽器，動植物，コンピュータなど種々のモノがあり，子どもの作品も飾られている。テーブルと椅子は子どもが動きやすいよう配置されている。クッションもあり居心地がよい。人種民族的に多様な教師と子ども，保護者が価値観を交流し，対話を重ねており，子どもは大人の姿を通して民主主義の作法を身につけてゆく。

米国の公立学校は，効率性原理の浸透と学校教育の標準化のなかで，子どもの個性と芸術性に目を向ける余地を失ってきた。格差の拡大と人種間抗争の激化は，貧困地域にさらなる困難をもたらしている。しかし子ども中心主義の系譜は，すべての子どもの豊かな学びとより民主的な社会を今も追求している。

もっと詳しく知るために

- デボラ・マイヤー著（北田佳子訳）（2011）『学校を変える力』岩波書店
- Pratt, C.（1948）*I Learn from Children*. New York, NY: Simon & Schuster.
- Reese, W. J.（2005）*America's Public Schools*. Baltimore, MD: The Johns Hopkins University Press.
- Sadovnik, A. R. & Semel, S. F.（2002）*Founding Mothers and Others*. New York, NY: Palgrave Macmillan.
- 佐藤学（1990）『米国カリキュラム改造史研究』東京大学出版会

（橘髙佳恵）

視点 56　ホリスティックなアプローチの可能性

つながりを回復する

◢ ホリスティックなアプローチとは何か

　ホリスティック（holistic）を辞書でひくと，「全体論的な」「全人的な」「包括的な」などと載っているが，訳を見てもよくわからない。しかし，ホリスティックなアプローチを行う医療の実際や文脈に落とし込んで読み解くと，理解しやすくなる。例えば，癌という病気を治療するとき，まさに患部に焦点を当て，それを切除するか，放射線を照射するか，抗がん剤を打つかする近代西洋医学だけに頼らず，患者自身のライフスタイル全体を見直し，自然治癒力を引き出してゆく気功や呼吸法などの伝統的な代替医療をも併用し行うことがある。このとき，治療の主体は医者であるというより，患者自らが治癒・ケアの主体であり，医者は患者に寄り添う援助者となる。このホリスティックな医療の根底にある考え方は，「つながり・つりあい・つつみこみ・つづく／つづける」ことである。教育におけるホリスティックなアプローチは，以下のように定義できる。

　「あらゆるひと・こと・ものとのつながりとつりあい，それらをつつみこみ，つづく／つづける意味を引き出し，深い学びに気づかせる営みである」（筆者定義）

　小学生にもわかる伝え方をするとすれば，常に「つながり」「つりあい」「つつみこみ」「つづく／つづける」という４つの「つ」を心がけ学び暮らすことである。

◢ つながりを回復するために

　ホリスティックなアプローチには，教科・領域・専門性を超える哲学的背景や心理学的・脳科学的背景などがあるが，ここでは４つの方法だけを提示するにとどめたい。

(1) Post 3.11の教育・社会では「つながり」という言葉（絆やトモダチなど）が多くのメディアを通じて大量に「消費」されていったことは記憶に新しい。誰もが公共善たる「つながり」の意義を語り，人々の多くはその公共善たる物語を読みたがった。しかし，震災・原発事故の当事者からすると，のどから手が出るほど，心底「つながり」がほしいという思いや願いを抱えながらも，その公共善とした言葉や物語が極まれば極まるほどにつながりを断ち切られた

「孤独感」にさいなまれ，引いては「つながり」への違和感を抱いた。「つながりの回復」を語るとき，まずは**自他の「つながり」への違和感を受け止め見つめる**ことから始めたい。決してその違和感を排除せず，まずはそのままに受け入れ，その違和感の背景や根源を探る，違和感のメタ認知をすることである。

(2) 子どもたちはもちろん大人たちも本来**「多様なつながり」のなかに生かされているという現実に気づくこと**である。その「多様なつながり」とは，①時間，②空間，③人間（じんかん：人と人との間），④事物，⑤情報，⑥精神（ものの見方，考え方，感じ方，在り方），そして①〜⑥のすべてである。自他の学びや暮らしのライフヒストリーのなかで意外な「つながり」に気づいたり，再発見したりすることがある。その気づきが，自己および社会の変革につながる可能性がある。

(3) 抽象の復権。すぐに答えが見つからない，解が複数あるような「本質的で根源的な問い」を探し創ること（探Q・創Q），その問いを抱え愛すこと（愛Q），その問いにレスポンスし続けること（レスQ）。「本質的で根源的な問い」とは，教科・領域・専門性を奥深いところでつなげてゆく問いのことである。例えば，「人が喜ぶとなぜ自分もうれしくなるの」（小1），「してはいけないとわかっているのに，なぜ人は戦争をするのかな」（小4），「授業という言葉，何かおかしくないですか」（中2）など，長いスパンで**「本質的で根源的な問い」を愛せる人を育むこと**。

(4) 認知をつかさどる大脳新皮質と情動をつかさどる大脳辺縁系，そして感覚運動をつかさどる脳幹という**脳の三位一体性を引き出すアクティブな学びを行うこと**。たとえ，サイエンスの世界を扱うにしても「驚き」や「実感」「共感」，そして，あの「違和感」をも大切にしていきたい。例えば，**創作叙事詩・解題法**。学んだ「事実・事象」に自らの「想像力や情動」を加え，「化学変化」を引き起こさせ，「創作叙事詩」（漢字1字やイラストでも可）を書く。そして，それをなぜ書いた（描いた）のか，自ら「論理と証拠」をもって「解題」を書く。さらに，それを教室のみんなで朗詠し合い，その学びを分かち合うとよいだろう。

> もっと詳しく知るために

- 成田喜一郎・西田千寿子編（2013）『「いじめ」を超える実践を求めて：ホリスティックなアプローチの可能性』せせらぎ出版
- 成田喜一郎（2013）「子どもと教師のためのオートエスノグラフィー：『創作叙事詩・解題』を書くことの意味」『ホリスティック教育研究』第16号，1-16頁

（成田喜一郎）

視点 57　学校教育におけるケアリング

ケアと応答を中心に学校を組織する

■ 学校教育におけるケアリングの重要性

　学校現場を定期的に訪ねていると，疲弊し，鬱屈し，焦燥している様子の子どもと教師たちに出会うことも少なくない。彼らは，複雑で多様な困難を抱えているがゆえに誰かのケアを渇望しながら，誰からのケアも受けられない（と少なくともそう思い込み）絶望感に打ちのめされている。『学校におけるケアの挑戦』の著者であるノディングズは，学校教育の最大の目的は，有能さを追究するだけでなく，「ケアし，愛し愛される人を輩出すること」（ノディングズ，2007，310頁）にあるとし，学校はケアリングを中心に組織されるべきであると訴えている。「ケア（care）」の語源をたどると「嘆き，悲しみ（kara）」という言葉に行き着く。この語源を踏まえれば，ケアリングを中心に組織された学校とは，子どもや教師が互いの嘆きや悲しみをわがことのように受け止め，一人ひとりに誠実に応答していく責任を分有するコミュニティであるといえよう。近年，「成果主義」や「自己責任」といった言葉が飛び交う社会のなかで，ケアと応答を中心に学校を組織することは，ますます難しくなっている。果たして，ノディングズの提唱するようなケアリングを中心とした学校組織を実現するために，われわれはどのような点に留意しなければならないのだろうか。

■ ケアリングは，個人の資質ではなく他者との関係性に基づく

　ケアリングは，多分に道徳的・倫理的な行為を含むことから，個人の資質の問題としてとらえられることも多い。しかし，ノディングズは，ケアリングを個人の問題ではなく，対象との関係性のなかでとらえることが重要であると指摘している。具体例をあげて説明しよう。学校現場において，困難な状況に苦しんでいる子どもを目の前にしたとき，何とかしてその子に寄り添いケアしようとする資質を教師が有しているということはいうまでもなく重要である。だが，たとえ教師がそのような資質を有していたとしても，必ずしもケアリングがうまくいくわけではない。教師がどんなに心を尽くしてケアしても，子どもの側がそれを受け入れず，ますます事態が悪化し教師も疲弊してしまうという例は少なくない。ノ

ディングズによれば，ケアリングは，ケアする側の教師からの働きかけだけでは成立せず，ケアされる対象の子どもがその教師のケアを受け入れ応答したときに初めて成立するものだという。このように，ケアする側とケアされる側が互いに応答し合うことによってのみ成り立つという性質を踏まえ，ノディングズはケアリングを関係性と切り離して論じられないものとらえているのである。近年，困難な状況に置かれている子どもたちに対応する教師に求められる心構えや態度などを，カウセリング・マインドやケアリング・マインドといった言葉で表現するのを耳にすることがある。もちろん，ケアする側の教師がこのような心構えや態度を身につけることは重要であるが，それと同時に，ケアの受け手である子どもたちも，他者のケアを受容しそれに応答する経験を積んでいかなければならないのである。

◢ ケアリングは，人間関係づくりや道徳教育に限定されない

ケアリングは，人間関係づくり，道徳教育，生徒指導，生活指導といった領域に限定して論じられることも少なくない。しかし，ノディングズの提唱するケアリングは，人間に対するケアだけでなく，自然環境やモノ，さらには数学や文学といった理念に対するケアをも含む大きな意味の広がりをもつ概念であることに留意したい。例えば，友人やペットを慈しむだけでなく，教室の机や椅子を愛情をもって大切に使ったり，数学の世界に魅了され夢中になって学んだりといった行為もケアリングの一つのかたちなのである。さらに留意したいことは，「ケアリングが，一つの領域から他の領域に容易に転用できる，単一の能力」（ノディングズ，2007，48頁）だと思い込んではならないという指摘である。つまり，たとえ人間へのケアができるようになったとしても，それが理念のケアもできるようになることを意味するわけではないし，その逆もまた然りである。それゆえ，学校教育においては，子どもたちが良好な人間関係を築けるようになることだけで満足するのではなく，彼らがさまざまな自然環境やモノや理念に興味をもち，各対象に心を尽くして応答していくケアリングの力を養っていくことが重要となるのである。

もっと詳しく知るために

- 西平直（2013）『ケアと人間 心理・教育・宗教』ミネルヴァ書房
- ネル・ノディングズ（佐藤学監訳）（2007）『学校におけるケアの挑戦』ゆみる出版

（北田佳子）

第3章

21世紀の学校教育
―指針と展望―

1節　教育実践研究とは何か，またどのように記述するか

═══ A　教育実践研究とは ═══

1．教育実践研究とは

　教育実践研究の対象は，学習者，教師，学習方法，国際交流，社会・家庭教育，特別支援教育，関係諸機関との連携等々多岐にわたっている。そうした教育実践の概念について和井田は「教育実践という営みは，高度で複雑で繊細なプロジェクトである。同時に，個別・臨床的であり，可能性を信じた試行錯誤である。そのため教育実践には共同的で未来志向的な実践空間が不可欠となる」と記している（和井田清司，教育新聞，2014）。

　近年，教育実践の研究は，教育現場の事実を解明する観察，分析から，研究者が参加・協働・介入しつつ，教育実践を内側から改革することをめざした質的研究，アクションリサーチ，拡張型学習研究などが行われてきている。また，既存の理論の枠組みで教育実践をとらえるのではなく，授業の経緯，エピソードや教師の成長の足跡，そこに生起した感動などの事実をとらえ，実践から生成する教育理論を探究していこうとする研究動向が見られる。

2．教育実践研究の目的と目的達成の方法

　あらゆる分野での教育実践研究は，学習者の可能性を引き出し，人生を生きる力を培うことに共通の目的がある。そのための第一歩は学習者理解を深めること，具体的には「見る・見える力」を高めることにある。齋藤喜博は，教師も教育研究者も「『見る』と『見える』の二つの能力を持つことに，最大の願いを持ち，努力をしていかなければならない」と述べている（齋藤，1979）。

　学習づくりの視点からは，創造力と，企画力・形成力・構想力などを含む発想力を高めることが教育実践研究の目的といえる。学習は，ねらいの分析としかけの工夫により成り立つ。その全体構想や学習プロセスを発想する力が，学習者の可能性を引き出し，時代に対応した資質・能力を高めていく学習を創生する。

　学習者理解力や発想力は，同僚性やメンタリングによる教育実践の検証・省察

によって高められていく。それとともに，理論研究が重要である。教育に関わる研究はもとより，生物学，脳医学などの多様な分野の研究成果を活用することが教育実践研究を拡充し，それが教育実践の質的向上にも資していく。

3．教育実践の事実から生成する理論

省察的実践を提唱するショーンは有能な実践者は「実践のなかの知の生成(knowing-in-practice)を行なっており，その多くは暗黙のうちになされている。ただし，実際に行動を記したプロトコル（会話記録）をもとにすれば知の生成モデルをつくり，吟味することは可能である」（ショーン，2009）と記している。このことは，複雑で動的な教育実践から，新たな教育理論を構築していく可能性を明示している。教育実践の事実から理論を生成するための要件を整理してみる。

その第一は，教育実践者たちが，実践の事実を丁重に見取り，実践のなかから紡ぎ出される実践知を集約し，構造化することである。第二は，研究者と実践者との協働である。その際，研究者が，観察・分析者としてだけでなく，当事者意識をもち実践を共創していくことにより，実践を深く探究することができる。また必要なのは両者の対話である。研究者が教育実践では見通せない世界を提供し，実践者が実践の立場からの反撃をする，その緊張から新たな教育理論が生成されていく。このプロセスは，実践者に研究的資質を，研究者に実践者としての資質を賦与し，a teacher as a researcher を輩出させていく。

4．教育実践者にとっての教育実践研究

学ぶことは新たな世界を知ることである。大切なことは学び続けることである。その知的旅の途上で出会う発見・気づきが自己の教育実践を高め，教育理念を形成していく契機となる。特定の教育理論の深い探究は重要である。と同時に，教育実践者には多様な分野に関心をもち，広く探究することが望まれる。教育に直接関係ない分野への関心が教育実践の本質を感知させることは希ではない。また教育実践者は「広さ」にこそ誇りをもつべきである。なぜならば，「広さ」こそ，多様な学習者への臨機応変かつ適切な対応を可能にするからである。

【もっと詳しく知るために】
- ドナルド.A.ショーン（柳沢昌一・三輪健二監訳）(2009)『省察的実践とは何か』鳳書房
- 山住勝広 (2010)『活動理論と教育実践の創造』関西大学出版部
- 矢守克也 (2014)『アクションリサーチ』新曜社

(多田孝志)

===== B　教育実践論文の書き方 =====

　学術的な研究論文とは異なり，教育実践論文の書き方に「こうしなければならない」といった作法は特にない。しかし，単なる実践の紹介文ではなく，実践を論文化するとはどのような営みなのだろうか。以下では，あえて学術的な研究論文の一般的な構成に沿った書き方を検討することで，教育実践論文だからこそ描けること，また描かなければならないことは何かを考えてみたい。

1．問題の所在

　問題の所在を明らかにするということは，ある教師，ある教室，ある学校の実践が，単にその小さなコミュニティのなかだけで意味をもつと見なすのではなく，教育という大きな文脈のなかにどう位置づくのかを示すものである。だがそれは，優れた実践を一般化・理論化することを目的とするものではない。実践を一般化・理論化するという作業は，最終的には，それがどの教師，どの教室，どの学校の実践なのかは重要視されないレベルに到達することをめざすものである。しかし，むしろ，教育実践論文は徹底的に，この教師，この教室，この学校のなかでこそ創出された意味を重視し，その個別固有の実践が，教育という広大な領域にどのような一石を投じることができるのかを問題として設定すべきである。

2．先行研究の検討

　教育実践論文で扱うテーマは，その多くが個別的，文脈的であることから，なかなか依拠できる理論や関連する先行研究が見つけられないことも少なくない。そのような場合には，まず①そのテーマについての問題意識はすでに提起されているが研究方法の問題などで十分明らかにされていないのか，あるいは，②そもそも誰にも問題視すらされていないテーマなのかということを見きわめなければならないだろう。①の場合であれば，問題提起されながらも研究が十分進んでいない要因に言及し，それに対して自分の教育実践論文が貢献できる可能性を示すことが重要となる。また②の場合であれば，これまでそのテーマが問題視されてこなかった背景を記述し，あえて自分がそのテーマに挑む理由を明示しておくことが必要であろう。

3．研究方法

　研究方法には，「量的研究法（quantitative research）」，「質的研究法（qualitative

research)」，そして両者を統合した「混合研究法（mixed methods research）」などさまざまなものがあるが，教育実践論文に最も多く見られるのは，質的なアプローチである。ただし，質的研究法と一口に言っても多種多様なものが存在するので簡単に定義することはできないが，教育実践論文に多く見られるのは，教室での実際のやりとりを交えた事例の記述と分析，インタビューや協議会での発言に登場するキーワードの抽出と分析，実践記録をもとにした子どもや教師の変容過程の描出，といった記述を伴う研究である。時おり，こういった事例やデータは論文執筆者の主観が入っているので信頼性や妥当性に欠けるという批判がある。しかし，たとえ量的方法による研究であっても，どのようなデータを集め，どの視点から分析するのかという一連の決定は，論文執筆者の主観に基づいて行われているのだから，いくら結果を明確な数値で示していたとしても，そこに主観が入っていることに変わりはない。主観は言い方を変えれば，研究する本人の強い思いや訴えである。主観をできるだけ減らそうと努めるよりも，むしろ，事例やデータをどのような視点で収集し分析し考察したのかという，いわば執筆者の主観の所在を明瞭に示すことの方が重要である。

4．結果と考察

　ときどき，膨大な実践記録や会話記録を，かなりの紙幅を割いて結果として記載している論文を見かける。しかし，読者への伝わりやすさを考えれば，特徴的な事例やデータを厳選して提示する方がよいだろう。ただし，その選定においては，最初から主張したいことを早々に決め，それを裏づけるような事例やデータばかりを提示し，「○○に効果があった」「○○が明らかになった」といった考察を行うようなことは絶対に避けなければならない。仮に予想に反したり，意に沿わないような事例やデータがあれば，それらを安易に無視するのではなく，そういった事例やデータの意味を考察してみることで，かえって思いも寄らなかった重要な知見が得られる可能性も少なくない。

【もっと詳しく知るために】
- 鯨岡峻（2005）『エピソード記述入門――実践と質的研究のために』東京大学出版会
- 能智正博ほか編（2007）『はじめての質的研究法――教育・学習編』東京図書

（北田佳子）

C 教育実践事例の記録と活用

1．データの取り方・授業編

「自分の実践が，本当に目の前の子どもたちの変容につながったのか，事実として成長に寄与することができたのか」(多田孝志)

実践事例を記録し，それを活用していくことは，自分の実践を振り返り，新たな手立てを考える自分との対話の時間である。

したがって，「研究のための研究」や自己満足のために論文を書くのではなく，自分の足跡を残し，自分の取り組んできた研究を多くの人に理解してもらい，さらに広がりが見られるものでなければならない。そのためには教育科学としての価値が存在していなければならず，授業記録が最重要となる。

授業記録は子どもの言語活動において，「授業を通してどこで子どもはめあてを達成したか（どこでわかったか）」「達成できない子どもは誰か（どこでつまずいたのか）」等を分析し，達成できた要因と達成できなかった原因とその改善の手立てを探るうえで，実践研究論文の重要なエビデンス（証拠）となる。

最も一般的なものは，授業そのものをビデオ記録し，教師(T)と生徒(S_1-S_o)のやりとりを文章に起こす方法である。そのなかで，子どもの変容が見られる箇所に下線を引いてもよい。「表1」で示すように，グループ討議などがある場合，1台のビデオカメラでは追い切れないため，数台準備が必要となる。

表1　ビデオ記録の起こし文例

【一斉】	
T：独立採算ができない赤字の動物公園をこのまま存続させることについて，皆さんはどのように考えますか。	
S_1：賛成です。動物公園は市民の憩いの場所だから。	
S_2：でも，すごい赤字で，みんな税金で補っているんだよ。反対だな。	
【G1賛成派】	【G2反対派】
S_4：入場料を上げたらいいのでは。	S_8：1時間以内のところに別の動物園があるからいらないと思う。
S_5：どのくらい上げれば採算合うの。	S_9：そもそも檻に入れてかわいそう。
S_6：2万円だって。そりゃ無理。	S_{10}：パンダがいないからつまらない。
S_7：そうか，動物の研究施設として認めてもらって国に補助してもらう。	S_{11}：廃止して商業施設を作る。

二つめとして，子ども一人ひとりに学習の記録を記述させ，ポートフォリオとしてストックするものである。記述内容は，例えば「話し合いでの発言」「調べ

てわかったこと」「授業後の感想」「自由記述」等である．自分の心の変容に気づくのは自分しかおらず，その意味においては，実践研究論文を書くにあたり，自己評価におけるポートフォリオは有効なデータとなる．

2. 授業記録を活用する

　実践研究論文の最も重要な部分は，子どもの変容が明らかになり，実践の科学的有効性を実証するところにある．そのもとになるのは，子どもの言語活動である．したがって，記録をどのように分析し活用するかというところが論文の成否にかかってくる．そこで授業記録にしても子どものポートフォリオにしても，丹念に読み込み，教師の発言，提示した資料，話し合われた意見等に対して，変容する箇所を探す．この変容に関しても，一括りにせず，タイプ別に分類するとよい．例えば，認識タイプとして，「強化」「停滞」「その他」，目標レベルとして「到達」「気づき」「非到達」とマトリックスに落とし，タイプ別に分類するとまとめやすい．

表2　認識タイプと目標レベルを指標とした分析表

		合意形成レベル			
		到達	気づき	非到達	その他
				疑問	否定	
認識タイプ	強化 ・拡大 ・精緻 ・深化	S_2　S_4 S_5　S_{12} S_{15}　S_{18}	S_1　S_7 S_8　S_9 S_{11}　S_{19} S_{22}　S_{25}			S_{24}　S_3
	停滞	S_6			S_{10}	
	その他		S_{29}			S_{20}　S_{13} S_{27}

　なお，変容をつかむには，実践前の子どもの状況を把握していなければ，その差異が計れない．そこで，実践前に子どもの学習状況をつかむために，事前調査をする必要がある．

　最後に特定の子どもを抽出する場合，個人が明らかに識別されないように気をつけるとともに，作品（作文・絵画・レポート等）も著作物として留意することが肝要である．

（青木　一）

2節　東アジア型教育改革システムの変容と学校

1．学校改革の課題に直面する東アジア

　東アジアの各国地域において，あらためて学校の在り方が問われている。振り返ると，東アジアにおいて，近代学校制度は上からの近代化の手段として機能した。共通の知識と言語で結ばれることが，産業の発展や国家の集権化に不可欠である。そこで東アジアでは，中央集権的教育行政と知識伝達型授業様式が構築され，長い間圧倒的な影響力を行使してきた。そのシステムのもと，追いつき型近代化に果たした東アジア型教育の役割は大きかった。

　だが，21世紀に入り，そうした学校の在り方が鋭く見直されている。改革の背景や動向について，検討しよう。

2．学校改革の背景と方向性

　東アジアにおいて，抜本的な学校改革を必要とする共通の背景・必然性として，二つの側面が指摘できる。一つは，世界的・国際的動向である。世界規模で進展する社会的変容，すなわち，グローバル化，大競争時代の到来，情報化の急進展，ポスト産業社会，知識社会化の波，知の変容，労働時間短縮等の動向である。こうした社会的変容に対応する教育改革が要請されてきた。もう一つは，国内的背景である。すなわち，少子化（「小皇帝」としての子ども），受験過熱に伴う「応試教育」の激化，ストレスの拡大，学習意欲の減退，「生きる力」（生活力・活動力・社会力）の衰弱，学級崩壊，学校・教師への不信の拡大等の諸問題である。

　こうした国際的・国内的動向に対応するには，中央集権型教育行政・国家統制型教育課程・知識伝達型一斉画一授業様式という旧制度ではもはや困難である。急変する社会や多様化するニーズに対応できないからである。

　それらに代わり，地方分権型教育行政・学校の自律性・開かれた学校づくり・学校を基礎にしたカリキュラム開発・探究型個別化個性化授業様式・改革を遂行する教師の専門性向上等が模索されてきた。その意味でみれば，東アジア型教育システムの危機（ピンチ）は，21世紀型教育システム構築のための好機（チャンス）でもある。

3. 教育改革の同時的展開

　東アジアで進行する教育改革を，学校教育改革の面から考えてみよう。教育の基本フレームを定める学校法制改革，開かれた学校づくりを指向する学校経営改革，総合学習の創設に代表される教育課程改革，一斉画一授業様式の変容をめざす教育方法改革，教師の力量形成をめざす教師教育改革など，多方面にわたり，共通の改革動向を指摘することが可能である。東アジアにおいて，同時多発的に学校教育の「構造改革」が進行しているのである。

　改革を象徴する事象の一つとして，世紀転換期にあたり，東アジアにおいて「総合学習」がほぼ同時的に創設された点があげられる。日本では「総合的な学習の時間」(1998)，中国では「総合実践活動」(その下位領域の一つとして「研究性学習」)，韓国では「裁量活動」(その一環としての「自己主導的学習」)，台湾ではカリキュラム全体が統合的に編成されてきた。韓国の場合，最近では「自由学期制」としてより大胆な改革に前進しつつある。自律的で探究的な学習を経験する枠組みが，共通に求められてきていることの証左である。

4. 相互理解・相互参照の関係を

　東アジアにおける相互依存関係は深まっている。日中韓三国を合わせ，世界のGDPの20％，人口の20％を占め，経済面では顕著な発展地域を構成する。また，三国間で相互に年間数百万人単位で人的な交流がある。経済的相互依存関係は，表層における政治的・軍事的対立にもかかわらず深化している。こうして「政冷・経熱」(政治冷却・経済過熱)に対して，教育はどのような関係をとりうるか。教育における共利協調の関係を模索したいと願う。

　また，日本の教育とその改革課題を東アジアというスパンのなかに位置づけ相対化することが求められる。なぜなら，日本の改革課題の多くが，東アジアの各国地域と共通のものであり，日本的課題と考えられるものが実は東アジア的課題にほかならないからである。さらに，東アジアにおいては，教育改革の課題や方法において，相互に参照し合ってきた部分も少なくない。そうした相互の浸透過程を分析し，同時に個々の取り組みの試行錯誤を交流し，啓発し合う関係を構築することが重要である。

> もっと詳しく知るために

- 上野正道ほか（2014）『東アジアの未来をひらく学校改革——展望と挑戦』北大路書房
- 和井田清司ほか（2014）『東アジアの学校教育——共通理解と相互交流のために』三恵社

（和井田清司）

3節　東日本大震災 (3.11)と学校教育

　2011年3月11日に発生した大地震と巨大津波，そしてその後に発生した原子力発電所事故によって，数百年に一度といわれる未曾有の被害が発生した。東日本大震災は，防災教育の重要性，地域の拠点としての学校の役割をあらためて考えさせるとともに，その後の学校教育の在り方についても大きな示唆を与えている。

1．大震災発生時の学校
(1)　児童生徒の命を守った学校

　東日本大震災においては，想定を超えた巨大津波によって多くの地域住民の人命が失われたが，その一方で，学校の管理下にあった児童生徒の人的被害は，全体として非常に少なかった。三陸地域は，過去の津波被害の教訓から，津波対応の訓練を積み重ねていたという経緯がある。「釜石の奇跡」に代表されるように，多くの学校では平素の津波防災の取り組みが生かされただけでなく，指定避難場所からさらに第二次避難，第三次避難を行うなど「想定外」に対応する臨機応変な対応の工夫が見られた。その一方で，自治体が指定した避難場所で多くの地域住民が被災したり，下校した後に児童生徒が被災する事例も見られた。多くの人々の犠牲によって得られた教訓は，その後の防災対応の見直しに貴重な視点を提供している。

(2)　地域の拠点としての学校

　東日本大震災においては，地域全体が被災し，自治体などの行政組織が機能マヒに陥り，周囲から孤立して混乱する地域があちこちで見られた。こうした状況のなかで，多くの被災住民が地域の学校に避難する状況が見られた（都市部においては，交通のストップに伴い都市型の一時避難場所として多くの通勤者や旅行者が避難する学校も見られた）。学校は，初期には，避難，医療，救援活動，物資の配給などの拠点として，その後は，グランド等に被災者の仮設住宅が建設されたりするなど生活拠点として活用された。学校によって1000名を超える避難者が集まったところもある。初期の避難所運営において大きな役割を果たしたのが，学校の教職員で

あった。津波によって，交通，情報が遮断され，教育委員会からの指示系統が分断されても，学校が自立した生きた組織として動くことができたことは，混乱期に学校が避難所として機能した大きな要因であった。なお，福島第一原子力発電所事故に際して，大熊町では，学校を中心として自治体の集団移転を行うなど，学校が地域住民の紐帯としての役割を果たした事例も報告されている。

2．東日本大震災後の学校教育のとらえ直し

(1) 防災対応，防災教育の改善

　東日本大震災における被災体験等を踏まえて，被災地だけでなく，全国的に，学校，教育委員会，自治体，国を含めて防災対応の見直しが行われている。学校保健安全法によって学校に義務づけられている危険等発生時対処要領（防災マニュアル）の見直しが進み，防災訓練，防災教育，安全管理の在り方が検討されるとともに，教職員研修の見直しも進められている。各地では，地震や津波に限らず，洪水や火山噴火などそれぞれの具体的な地域課題に応じて，固有の環境条件のなかで，生きた対応はどうあればよいのか真剣な模索が続けられている。

　学校においては，被災体験の伝承の工夫，児童生徒自身による地域の防災マップの作成，さらには，「想定外への対応能力」を含めた保護者や地域住民，自治体との連携した避難訓練等の防災教育の改善が行われている。

(2) 学校教育の見直し——震災復興教育

　東日本大震災での被災経験は，子どもたちや教師たちの心に大きな傷を与えたが，それは同時に新しい教育への息吹ももたらした。被災地の教育委員会や学校では，こうした経験を踏まえて，学校における各教科，総合的な学習の時間，道徳，特別活動などの日常の教育活動の見直しを進めている。例えば，岩手県教育委員会では，県内のすべての公立学校において「いきる」「かかわる」「そなえる」の三つのテーマに基づいて「いわての復興教育」を展開している。県教育委員会は，「いわての復興教育」の副読本『いきる　かかわる　そなえる』（小学校低学年用，高学年用，中学校用の3種類）を作成して全児童生徒に配布し，震災復興教育プログラムを進めている。

[もっと詳しく知るために]
- 佐々木幸寿・多田孝志・和井田清司（2012）『東日本大震災と学校教育—震災は学校をどのように変えるのか—』かもがわ出版

（佐々木幸寿）

引用参考文献

- 秋田喜代美（2009）「教師教育から教師の学習過程研究への転回―ミクロ教育実践研究への変貌」矢野智司他編著『変貌する教育学』世織書房
- 今川恭子（2002）「子どもの生きる文脈から発想する音楽的発達研究へ」『音楽教育研究ジャーナル』第17号，東京芸術大学音楽教育研究室
- 佐藤学（2015）『専門家として教師を育てる―教師教育改革のグランドデザイン』岩波書店
- 篠原岳司（2012）「第5章　学校経営計画の立案」篠原清昭編著『学校改善マネジメント　課題解決への実践的アプローチ』ミネルヴァ書房
- 大学評価学会編（2011）『PDCAサイクル，3つの誤読―サイクル過程でないコミュニケーション過程による評価活動の提案に向けて』
- 中央教育審議会（2012a）「新たな未来を築くための大学教育の質的転換に向けて――生涯学び続け，主体的に考える力を育成する大学へ（答申）」（平成24年8月28日）
- 中央教育審議会（2012b）「新たな未来を築くための大学教育の質的転換に向けて――生涯学び続け，主体的に考える力を育成する大学へ（答申）用語集」
- 林光（1998）「音楽に」『岩波講座　現代の教育　教育への告発　第0巻』岩波書店
- 日高庸晴（2014）「子どもの"人生を変える"先生の言葉があります。」（平成26年度厚生労働科学研究費補助金エイズ対策政策研究事業「個別施策層のインターネットによるモニタリング調査と教育・検査・臨床現場における予防・支援に関する研究」）
- 文部科学省（2014）「初等中等教育における教育課程の基準等の在り方について（諮問）」（平成26年11月20日）
- 文部科学省（2015）「教育課程企画特別部会　論点整理関係資料（案）」（平成27年8月5日）
- 文部科学省（2015）「幼稚園，小学校，中学校，高等学校等の特別支援教育について（発達障害に関することを中心に）」平成27年11月16日　教育課程部会特別支援教育部会（第3回）資料3
- Hord, S. & Sommers, W.（2008）*Leading Professional Learning Communities, Voices from Research and Practice*, Corwin Press.
- Leithwood, K., Aitken, R. & Jantzi, D.（2006）*Making Schools Smarter — Leading with Evidence — 3rd edition*, Corwin Press.
- Stoll, L. & Louis, K.（eds.）（2007）*Professional Learning Communities- Divergence, Depth and Dilemmas*, Open University Press.

あとがき

　戦後70年が過ぎ，憲法－教育基本法を基盤とした戦後の教育体制が，次第にあるいは急激に変えられようとしている。とりわけ，政治主導で早急かつ場当たり的に進行する操作的な「教育改革」は，学校や教師のうえに必要以上の負荷を与え，教育実践の意欲や余裕を減少させはしないか。子ども・学校・地域の固有の状況に即して，エコロジカルに展開する多様で内発的な改革の芽を育むことが重要ではないか。そうした思いが私たちにある。

　もちろん，グローバル化や情報化の急進する現在，変化や改革が必要なことはいうまでもない。だが，立憲主義や平和主義，憲法理念の活性化，教育における基本原理（教育の中立性や目的としての人格の完成等）の深化という基本線に沿った改革こそが重要なのではないか。「何のために」を深く問うことなく，現実に拝跪する「改革」は，角を矯めて牛を殺す愚になりはしないか。その点で，戦後の教育および教育実践の何を継承し，どのように革新していくのか，未来志向でしかも冷静な判断が求められているように思う。

　本書はそのような危惧に応えるべく，激動する教育動向を的確に把握し，厳しい現実のなかで確かな教育実践を構築していく指針を提示することを意図して編集した。現場の先生方や教師をめざす学生および教育に関心を寄せる市民の皆さまに参照いただけたら幸甚である。各分野ごとに重要なテーマを取り上げているので，大学や（教職）大学院のテキストとしても活用いただきたい。

　本書の執筆は，若手の研究者や実践家を含め，その分野を拓いてこられた方たちに依頼した。ご多忙のなか，玉稿をお寄せくださった皆様に深謝したい。

　ところで，本書の編集代表である多田孝志氏が，今年度末に目白大学を定年退職となる。本書はくしくも，その一区切りの記念でもある。戦後の教育および教育実践研究をリードされ，多くを学ばせていただいたことに感謝するとともに，今後もともに研究を進めていけることを誇りに感じている。

　末筆ながら，出版事情の厳しいなか，本書の意義を理解してくださり，刊行にご支援いただいた教育出版ならびに編集の阪口健吾氏に心からお礼を申し上げたい。

　　　2016年1月

　　　　　　　　　　　　　　　　　　　　　　　　　　　　和井田 清司

索 引

【あ行】

アカウンタビリティ　8, 13, 162, 178
アクションリサーチ　188
アクティブ・ラーニング　9, 100, 129, 136, 144, **148**
新しい教育委員会制度　**64**
新しい地域連携　**176**
いじめ　6, 34, 37, **44**, 46, 59, 64, 120, 170
一貫教育　**60**
いわての復興教育　112, 197
インクルーシブ教育　**164**
内向き思考　33, 40
エビデンス　192
大津いじめ事件　44
オープン・スクール　20

【か行】

外国語活動　92, 118
外国語教育　92, **118**
海洋教育　91, **110**
海洋リテラシー　111
科学的リテラシー　41
格差　32, **36**
学習科学　129, **140**
学習障害　75
学習する専門職　159
学習到達度調査（PISA）　9
学制改革　61
拡張型学習研究　188
隠れたカリキュラム　93, **124**
学校づくりと特別支援教育　164
学校から仕事への移行　**52**
学校財務マネジメント　73
学校制度　60

学校設置会社　74
学校選択制　57, 68
学校統廃合　**84**
学校評価　57, **62**
学校評議員制度　57, 68
学校を基礎にしたカリキュラム開発　114, 116
家庭科の男女共修　172
過度画一化　18
ガバナンス改革　68
株式会社立学校　**74**
釜石の奇跡　196
カリキュラム　**90**, 97
カリキュラム編成　90, **98**
企業内教育（OJT）　53
キー・コンピテンシー　102, 117
規範意識　47
義務教育学校　60
キャリア（教育）　52, 79
教育委員会制度　6, 56, **64**, 85
教育課程特例校　95
教育基本法　8, 55, **58**
教育実践　10, 188, 190
教育長　65
教育特区　90, **94**
教育の機会均等　57
教育の根本法　58
教育予算と学校財務　72
教育臨床　19
教育を変える17の提案　62
教員人事システム　86
教員組織　**82**
教員の勤務実態と職務負担　88
教員評価　57, **62**

教員免許更新制　18
教科書制度　56, **70**
教師教育　19, **76**
教師の成長支援　19, **28**
教職員の長時間勤務　57, 88
教職大学院　18, 56, **76**
共創型対話　100, 146
協調学習研究　140
協調問題解決　**135**
協同学習　126, 129, **144**, 146, 156
クリティカル・リーディング　119
クロスロード　113
グローバル化　6, 9, 18, 40, 54, 91, 102, 138, 160, 162, 194
グローバル人材育成　118
ケアリング　162, **184**
芸術教育　128, **138**
「系統」　60
研究開発学校制度　90, **94**, 95
県費負担教職員制度　86
合科学習　10
高大接続　61
校長の専門職基準　72
国際バカロレア　54, **78**
子ども（児童）の権利条約　34, 48
子ども人権オンブズパーソン　34, 49
子どもの最善の利益　**80**
子どもの貧困　32, **36**
子どもの貧困対策法　37
子ども・若者意識傾向　33
子ども若者白書　33
コミュニケーション力　39
コミュニティ・スクール　6, 56, 68
混合研究法　191

【さ行】
ジェンダー　126, 161, **168**, 172

自己肯定感　40
自己肯定感の国際比較　40
自己有用感　46, 47
持続可能な開発のための教育（ESD）　21, 91, **106**
持続可能な学校教育　85
自尊感情低下　33
質的研究　188, 190
シティズンシップ教育　91, **102**, 126
指導教諭　83
市民　**26**, 27, 103, 104, 110
修士課程　**76**
習熟度別指導　130, **152**
18歳選挙権　104
主幹教諭　55, 83
授業記録　192
授業研究　130, **156**, 179
主体的・協働的に学ぶ学習　148
小1プロブレム　60
小学校外国語活動　54
少子（高齢）化　54, 58, **84**
小中一貫教育　**60**, 61, 85
人口減少社会　3, 6, 84
震災復興教育　197
新自由主義　6
人種的マイノリティ　180
真正の学び　128, **136**
スクールソーシャルワーカー　161, **170**
生活困窮者自立支援法　37
生活の質（QOL）　52
省察　154, 189
政治的リテラシー　104
性的マイノリティ　126, 161, **168**
「接続」　60
全国学力・学習状況調査　178
専門職の学習共同体　131, **158**
総合的な学習の時間　92, 94, **114**, 151, 195

【た行】

大学入学希望者学力評価テスト　157
対話型授業　22, 126, 129, **146**
脱・定型（de-sign）　18, 20
タブレット端末　39
多文化共生　2, 126
多様な教育機会確保法案　75
探究ツール　117
地域コーディネーター　69
地域組織のつながり　177
地域に根ざす教育　68
地域連携　162
地球市民　105, 118
知識基盤社会　6, 9, 76, 98, 128, 132
知識経済　132
知識構成型ジグソー法　145
チーム学校　89
注意欠陥／多動性障害　75
中1ギャップ　60
著者性（authorship）　137
ティームティーチング　20
デザイン研究（DBR）　140
デジタル教科書　38
デジタル・ネイティブ　38
道徳の時間の教科化　92, **120**
同僚性　8, 31, 155, 174, 188
特色あるカリキュラム　94
特別支援教育　**164**
読解力　98

【な行】

ナレッジフォーラム　134
21世紀型教育システム　194
21世紀型スキル　38
21世紀型能力　117, 128, **132**
認定こども園　56, 80
ネット社会　32, **38**

【は行】

パフォーマンス評価　111, 123, 127
バーンアウト　19
反省的実践家　130, **154**
反転授業　38
東アジア型教育　194
東日本大震災　6, 54, 112, **196**
引きこもり　33, 42
評価　**162**
評価と学校改善　**178**
貧困の連鎖　36
副校長　55, 83
不登校　6, 33, 37, **42**, 58, 75, 170
フリースクール　74, 96
変容的評価　134
保育（幼児教育）　80
防災教育　91, **112**, 196
ポートフォリオ（評価）　123, 192
ホリスティックなアプローチ　162, **182**
ホール・スクール・アプローチ　108

【ま行】

学び続ける教師像　8
学びのイノベーション　150
学びの共同体　9, 145
ミドルリーダー　29, 57, 63, 83
民間企業の学校教育への参入　56
民間資金等の活用による公共施設等の整備等の促進に関する法律　74
民主的な学校　162
メンター研修　31
メンタリング　188
モニタリング　141
モラルジレンマ授業　121

【や行】

ユニバーサルデザイン　21, 164

ユネスコスクール　91, 106, 107
幼児教育　80
幼小連携　61
幼保一元化　56, 80
4・5制　21

【ら行】

ラーニング・コミュニティ　179
リフレクション　101
量的研究法　190
リレーション　31
ルーブリック　111
レジリエンス　163
連携教育　**60**
6・3・3・4制　54, 60, 104

【わ行】

ワーク・ライフ・バランス　29, 173

【A－Z】

ADHD　75
ATC21S　38, 102, 117, 132
CAN-DO（能力到達指標）　118
DP　79
ESD　21, **106**, 126
IB　**78**
ICT　6, 38, 85, 129, **150**, 156
LD　75
LGBTI　161, 168
MYP　78
ＮＰＯ　74, 96
ＮＰＯ立学校　74
OECD　9, 41, 57, 80, 88, 98, 102, 117, 141, 150, 161, 173, 178
OJT　53
PDCA　101
PDCAサイクル　13, 63, 101, 162, 178

PISA　9, 98, 178
PISA2012　41
professional learning community　**158**
PYP　**78**
QOL　52
SBCD　114
SNS　33
TALIS　57, 88, 150, 161, 173
TALIS 2013　28
TIMSS　98

編集委員・執筆者一覧

【編集委員】 （＊…代表）

＊多田　孝志　目白大学
　和井田　清司　武蔵大学
　佐々木　幸寿　東京学芸大学
　青木　一　信州大学
　金井　香里　武蔵大学
　北田　佳子　埼玉大学
　黒田　友紀　日本大学

【執筆者】 （執筆順）

多田　孝志	目白大学	安藤　知子	上越教育大学
佐々木　幸寿	東京学芸大学	金井　香里	武蔵大学
和井田　清司	武蔵大学	安彦　忠彦	神奈川大学
青木　一	信州大学	米澤　利明	横浜国立大学
善元　幸夫	目白大学	西村　公孝	鳴門教育大学
鹿野　敬文	明治学園高等学校	永田　佳之	聖心女子大学
宮下　与兵衛	首都大学東京	鈴木　悠太	東京大学
今田　晃一	文教大学	藤井　基貴	静岡大学
林　幸克	明治大学	南　美佐江	奈良女子大学附属中等教育学校
和井田　節子	共栄大学	林　泰成	上越教育大学
藤平　敦	国立教育政策研究所	北田　佳子	埼玉大学
関　芽	日本体育大学	黒田　友紀	日本大学
辻野　けんま	上越教育大学	藤井　康之	奈良女子大学
山﨑　保寿	静岡大学	齊藤　萌木	東京大学
林　剛史	静岡県教育委員会	杉山　二季	東京大学
堀井　啓幸	常葉大学	高橋　純	東京学芸大学
古賀　一博	広島大学	増田　美奈	富山大学
藤原　文雄	国立教育政策研究所	織田　泰幸	三重大学
大野　裕己	兵庫教育大学	涌井　恵	国立特別支援教育総合研究所
渡辺　恵子	国立教育政策研究所	関戸　直子	川崎こども心理ケアセンターかなで
赤羽　寿夫	東京学芸大学附属国際中等教育学校	玉城　久美子	京華中学・高等学校
奥泉　敦司	東京立正短期大学	武森　公夫	元 八千代市立睦中学校
末松　裕基	東京学芸大学	橘高　佳恵	東京大学
植田　みどり	国立教育政策研究所	成田　喜一郎	東京学芸大学
川上　泰彦	兵庫教育大学		

教育の今とこれからを読み解く57の視点

2016年2月27日　初版第1刷発行

編集代表	多田孝志
編集委員	和井田清司　佐々木幸寿 青木　一　　金井香里 北田佳子　　黒田友紀
発行者	小林一光
発行所	教育出版株式会社

〒101-0051　東京都千代田区神田神保町2-10
電話 03-3238-6965　振替 00190-1-107340

©T. Tada 2016
Printed in Japan
落丁・乱丁はお取替いたします。

組版　ピーアンドエー
印刷　モリモト印刷
製本　上島製本

ISBN978-4-316-80430-9　C3037